JN090564

文化資本とリベラルアーツ

人生を豊かにする教養力

小宮山博仁
Komiyama Hirohito

明石書店

はしがき

　昭和から平成という時代に入ってから、日本では社会問題が山積し、生活に影響を与える危機も定期的に起こっている。

　1980年代後半はバブル経済絶頂期で、1991年はソビエトが崩壊した頃にバブルが弾け、金融危機がひたひたと迫っていた。1990年代は東西のイディオロギー闘争が終焉し、労働者を解放するはずだった平等社会を目指す「計画経済社会」は頓挫した。アダム・スミスの言う、見えざる手を借りて生産と消費を規制なく自由に活動できる、資本主義社会だけが存続することになって、30年以上が経過しようとしている。

　今考えると日本が自由主義経済を謳歌していたのは、1960年代から1980年代にかけてであった。「ジャパン　アズ　ナンバーワン」ともてはやされた土台をつくったのは、高度経済成長期（1950年代後半から1970年代前半）であることは明らかであろう。日本がこれから豊かな社会に向かって邁進していたのが1960年代である。アメリカのホームドラマ『パパは何でも知っている』『奥さまは魔女』といったアメリカンドリームを象徴している映像を、テレビを通して見ていた当時の若者は、自分もいつかは大きな冷蔵庫と家族それぞれの自家用車を持つ、という夢を持っていたのではないだろうか。

　しかし1960年代から、世界各国（主に欧米）では環境悪化が社会問題化しつつあり、「エネルギー資源」に警鐘を鳴らす知識人の集まりも出現した。1970年に世界的なそして危機的な社会問題を解決すべき設立された民間組織、ローマ・クラブの提言「成長の限界」は一時期日本でも話題になった。しかし、これから「ゆたかな社会になる」ことを目指していた労働者・資本家ともに、環境を配慮する発想にはなかなか及ばない。ましてや化石燃料を中心としたエネルギーや資源は無限ではない、というローマ・クラブの提言は、やっ

と敗戦の痛手から抜け出て、「さあこれから欧米の民主的な薫りのする文化的生活をしよう！」と思い始めた日本人にとっては、「聞かなかったことにしたい」という提言・出来事であった。

　ローマ・クラブが「成長の限界」を提言した1年後、エネルギー資源は有限でしかもリスクが高い化石燃料が多いことを思い知らされた「第一次石油ショック」（1973年）を日本も経験した。この時期に高度経済成長は終わったが、電気や自動車などの製造業を中心に次々と世界的な大企業が成長し、それが1980年代末頃まで続いた。

　1991年に経済体制の決着がほぼつき、これからは資本主義経済社会の独壇場と思われた時期に、日本の経済はバブルがはじけてしまい、金融危機へとまっしぐらに進んでいった。

　バブルが崩壊した後の30年は、さまよう日本経済となり今日に至っている。日本全体に影響を与えた出来事は5年から10年ごとに勃発している。

　1995年の阪神淡路大震災は、関西の生活や経済に大打撃を与え、その約1、2年後に戦後最大の金融危機が起こり、山一證券、北海道拓殖銀行、日本長期信用銀行、日本債券信用銀行が相次いで実質倒産した。それが収まったと思った頃に、今度は戦後一番と言われた世界的な金融危機、リーマンショックが2008年に発生した。これにより自由にビジネスができる資本主義社会が、実はだんだんと疲弊してきているのではないかと、多くの市民が気がつき始めた。そのわずか3年後に、東日本大震災（2011年3月11日）が発生し、大地震の被害だけでなく、津波による原子力発電所の被災により、エネルギー資源を再考しなくてはならない状況になった。

　半世紀前は、人に被害をもたらす放射能もれは絶対にないと断言していた東京電力（東電）などは、強力に原発の建設を進めていた。当時の東電は、日本では企業時価総額で1、2位を争う大企業で、絶対倒産しない株式会社と言われていた。しかしこの「絶対」という神話は、神話でないことが証明されてしまった。3・11以降は自力で再建できず、東電は実質的には国の管理下になっている。

　原発の後始末がまだまだ続き、日本の経済が復活しないでいる時に、2020

年1月に新型コロナ感染症が世界中に蔓延してしまい、2年間は経済停滞をほとんどの国が余儀なくされた。日本も例外ではなかった。

現在はアメリカやヨーロッパでリベンジ消費が活発化し、物価高になり金利が急上昇している。日本もやや遅れ、観光やレジャーを中心とした消費が活発化し始め、円安の影響もあり自動車や商社といった輸出に関連する企業は軒並業績はよくなってきている。しかしその利益を各企業が国内にどのくらい投資するかが、これからの日本経済の動向の鍵をにぎっているが、どの程度になるかは定かではない。この点に関しては終章のあとの補論1を参照していただきたい。

海外に目を移せば、二酸化炭素（CO_2）による地球温暖化の問題、有限な化石燃料の不安定な提供、食糧生産と人口増加とからんだ貧困の問題などが山積している。富める国とそうでない国の南北問題、発展途上国間の南南問題は、国内の格差だけでなく、国と国との間の経済格差の社会問題である。また現在も地球上のどこかで紛争や戦争が生じている。

このような日本国内及び海外で、我々人類が直面する危機的な状況が続いていると、多くの国の市民や知識人や指導者的立場の人は思っている。それを解決する手段のひとつが「教育」であるという考えのもとでOECD（経済協力開発機構）が本腰で「教育」の分野への提言を続けている。

私も「教育」が危機を回避するキーワードであると考えているが、この用語は一般の市民には大変受けがよくない。「また教育か……。もう学校卒業したから関係ないよ！」、と教育関係者以外の方は思うのではないだろうか。それは「教育」という営みが常に試験や受験という呪縛から解き放されないからであろう。

このような議論の時、我々は今まで教育の内容について真剣に検討してこなかったのではないだろうか。このような疑問が常に頭を過っていたので、私なりに「文化」「文化資本」「リベラルアーツ」「社会関係資本」という4つの用語をキーワードに、学びの内容を、具体例とロジカルな方法でグイグイ迫っていこうとしているのが本書である。

自然科学系・社会科学系を問わず、何かを解決しようと思ったら、何らかの「知識」が必要であることは言うまでもない。日本で生活していくために必要なものも含め、主に小・中学校で様々な「知識」を得ることになっている。それらの「知識」が多量に蓄積されていくと、それは「文化」となり、その「文化」を活用することによって「文化資本」になる。活用しなければそれは単なる特権階級の「教養」に過ぎない、そういう立場で論を進めている。

　学校教育がうまく機能せず多数の市民の「知識」が少なかった場合を想定してみよう。このような社会では一部の特権階級が「知識」を独占している可能性が高い。知識が豊富なカリスマ的なリーダーのもと発展途上の国では、一般の市民が追随して発展してきたことは、世界の歴史を見れば明らかであろう。ギリシャ・ローマの頃の7科の学問を「リベラルアーツ」と呼んだのは、その最たるものである。一部の指導的立場の人の学問であり教養であることは、この用語を思い出せば、だれでもが納得するのではないか。

　このような構図になるのは、多数派の市民の「知識」が不足しているため、世の中に関心を持たない市民が多い状態になっているとも解釈できる。

　一方、多数の人が「知識」を重視する社会での役割を現代の日本を例として検証してみることにしよう。知識を豊富にすると高学歴を獲得する確率は高くなる。ピエール・ブルデューの言葉を借りれば他の人との差異化（ディスタンクシオン）のための「文化資本」となるが、象徴的価値に近い「文化資本」であるから、他の人のために役立つとか自分の利益になる知識ではなさそうだ。マウントを取るために、高学歴を得るための勉強であり、社会との「つながり・連帯感」は意識していない。またそのような市民社会では、知識や文化を独占しようとして、何らかの組織のリーダーになろうとする人も出てくる。他の市民よりもたくさんの知識を独占しようとする熾烈な競争を展開すると、それは格差を通り過ぎ、分断化した社会へと突き進むことは明らかである。これは今までの「知識」や「文化資本」は、特権階級のリベラルアーツであるとの思い込みから生じる現象ではないだろうか。

　しかし今日本は成熟した経済であり、耐久消費財よりも、サービスを中心と

した文化・芸術・スポーツを楽しむ市民が多くなってきた社会とも言える。物を買うよりもサービスを消費する行動は、文化資本の多寡によって左右されるのではないか。このような社会では、世の中の動きに機敏な一般庶民のための「リベラルアーツ」があってもよいのではないだろうか。ギリシャ・ローマ時代とは違うふつうの市民が社会参加をするのが議会制民主主義の大前提ではないか。成熟経済の社会だからこそ、余裕をもって市民社会を形成していくことが可能である。そのキーワードは「文化資本」であり、人と人とのつながりをふやす「社会関係資本」である。それらの「文化資本」は、特権階級ではなく一般庶民の「リベラルアーツ」ととらえ直すと、混迷した社会を打開できる光を見ることができるのではないだろうか。その「文化資本」や「リベラルアーツ」の素になっているのは、中学で学ぶ5教科（社会科・理科・国語・数学・英語）であることが、第5章から第8章を読んでいただければ、納得していただけるのではないだろうか。

「文化」「文化資本」「資本」「社会関係資本」「リベラルアーツ」といった本書のキーワードは、『広辞苑』『日本国語大辞典』『新明解国語辞典』『日本大百科全書（ニッポニカ）』『ブリタニカ国際大百科事典』などから、最初は意味を引用することが多い。これはまず「最大公約数的定義」を皆さんに提示し（例えば文化資本など）、次に私のその用語に対する考えを提示している。ここでカギカッコ（「　」）で示した用語は、研究者によって解釈や定義が異なってくるのは当然である。本書全体を読み通して、これらの用語を読者の方がそれぞれ解釈していただければ幸いである。

なお第1章と第2章は理論的な部分が多く、社会学の用語がいくつか出てくる。「文化資本」「社会関係資本」といった用語が初めてで、「苦手だな」と思ったら、具体的な記述が多い第3章から第8章までを先に読んでいただければと思う。それから第1章から第2章・終章に進むという方法もある。

2023年6月24日

小宮山 博仁

7

文化資本とリベラルアーツ

人生を豊かにする教養力

目　次

はしがき　3

第1章　文化資本を考える ……………………………………… 13

  1　外国の文化を知る　14

  2　日本の文学を考える　16

  3　海外の文学作品から文化資本を獲得した個人の体験　17

  4　文化資本とは　19

  5　文化資本をもっと知る　20

  6　親の文化資本　23

  7　生涯学習と文化資本　25

  8　生涯学習のねらい　27

  9　農村共同体の文化を再考する　28

  10　現代社会に関心が薄い市民　34

  11　さまよう日本社会と文化資本　37

  12　文化資本と資産選好　40

  13　子どもの頃のいろいろな文化資本　42

  14　家族の文化の再生産　45

第2章　リベラルアーツを考える ……………………………… 49

  1　リベラルアーツとは　50

  2　小説の神様・志賀直哉とリベラルアーツ　55

  3　文化資本の分類とリベラルアーツ　64

第3章　教科書について考えてみよう ………………………… 67

  1　ふつうの市民から見た教科書　68

  2　教科書は膨大な時間とお金がかかっている　69

  3　なぜ教科書は嫌われるのか　71

第4章　生きていくための土台になる教養 ························· 75

　　1　小学校の学びと生きる力　76
　　2　小学校で学ぶ国語　77
　　3　小学校で学ぶ算数　79
　　4　小学校で学ぶロジカルな発想　81
　　5　小学校の社会科　82
　　6　小学校の理科　85

第5章　幸せ度をアップする中学の国語と数学 ··············· 87

　　1　中学で学ぶ国語　88
　　2　中学で学ぶ数学　92
　　3　数学とリベラルアーツ　93
　　4　中学で学ぶ数学のカリキュラムを精査する　96

第6章　生活力がアップする中学社会科 ························· 99

　　1　中学で学ぶ歴史　100
　　2　中学で学ぶ地理　103
　　3　中学で学ぶ公民　106

第7章　仕事力がアップする中学理科 ························· 129

　　1　理科の学びとリベラルアーツ　130
　　2　中1で学ぶ理科　132
　　3　中2で学ぶ理科　140
　　4　中3で学ぶ理科　150

第8章　グローバル化した社会での英語 ························· 165

　　1　全体の概要　166
　　2　中1で学ぶ英語　168

　　3　中2で学ぶ英語　170
　　4　中3で学ぶ英語　173
　　5　英語を活用する場面を考える　174
　　6　英語とリベラルアーツ　179

終　章　文化資本とリベラルアーツでコミュニティを ……… 181

　　1　文化とは　182
　　2　日本の文化と立居振舞　185
　　3　文化資本とは　196
　　4　社会関係資本とは　203
　　5　これからの社会関係資本とつながり　206
　　6　リベラルアーツで分断化した社会を修復する　209

補論1　日本経済をよく知るための4冊 ……………………… 217

　　1　『日本の分断』（吉川徹，光文社新書、2018年）　218
　　2　『平成時代』（吉見俊哉，岩波新書、2019年）　221
　　3　『平成経済衰退の本質』（金子勝，岩波新書、2019年）　224
　　4　『資本主義の方程式』（小野善康，中公新書、2022年）　227

補論2　「令和の日本型学校」答申を冷静に読み解く ……… 233

　　1　「令和の日本型学校」答申（2021年1月26日）の概略　233
　　2　STEAM教育とは　236
　　3　Society 5.0を考える　240
　　4　AI時代の文化資本とは　247

あとがき　249

索　引　258

第 **1** 章

文化資本を考える

環境、旧統一教会、原発再稼働、ロシアのウクライナ侵攻、防衛などの問題で、欧米だけでなく日本も一気に分断化した社会へ進もうとしている。今以上に経済資本の格差が広まり、多くの市民がストレスを受け、日本全体の判断する力が弱体化してくると、現在のアメリカのようにさらに分断化は進むような気がしてならない。100年に1度あるかないかの感染症（新型コロナウイルス）の拡大、そしていまだに収束の見通しが立たない、そういう社会では、時として、労働者は文化人バッシングに快楽を求め、資産家は一人勝ちを決め込み、消費するより貨幣がたまっていくことに快楽を覚え、私的な蓄財にエネルギーを振り向けることに熱心になる。日本経済は沈滞しているにもかかわらず株式市場が活況なのは、分断化した社会を象徴している気がしてならない。

　成熟した経済社会で不安感を持つ富裕層は、そこそこの消費はするが、危機に対応するために貨幣を貯める行動をとることが多いと、指摘する金融経済学者もいる（『資本主義の方程式』小野善康、中公新書、2022年）。分断化する社会の要因は「経済格差」だけではない。今の日本の状況をみる限り「文化資本」及び「社会関係資本」の質と量の違いや格差も、分断化した社会を助長しているように思えてならない。分断化した社会を修復するための方法を考える前に、まず欧米と日本の文化資本の違いを、ざっくりと調べてみることにしよう。

1 ▐ 外国の文化を知る

①欧米の文化

　その国の文化を知るには、文学作品を読むとはっきりしてくることがある。最近書評のための本を1冊読んだが、日本と欧米の文化の違いにあらためて気がついた。その本のタイトルは『世界の名作を読む』（角川ソフィア文庫、2016年）である（なおこの本は欧米の作品のみで構成されている）。この文庫

本を読むと欧米の文化は、改めてキリスト教の影響を強く受けていることがわかる。

　個人的な体験になるが、海外の小説はあまり読んだことはなかった。なぜなのかと、過去をふりかえりメタ認知を働かせて考えてみたら、次のようなことが要因のひとつではないかと思うに至った。小学校から高校までの国語の教科書に登場するのは、圧倒的に日本の小説・物語であったことだ（半世紀近く前までの話になるが）。

　高校や大学の時に外国の作品をもっと読んでおけばよかったと今頃反省しているが、チャレンジしたことは何回かあったが、そのままである。また半世紀前の世界文学全集には、ロシア・フランス・イギリスといった国の作家の本がかなり入っていたという記憶がある。キリスト教も含めもう少し宗教に関心があったら、積極的に読んだかもしれない。そうすればもっと早い段階で、欧米の文化に触れていたのではないかと思っている。グローバル化した社会になる前に生まれた、大多数の日本人はこのような経験をしているのではないだろうか。

②外国の文化と宗教

　外国の文化を知ろうと思うと、宗教の知識が必要であることがわかる。欧米ならキリスト教、中近東ならイスラム教、インドならヒンズー教、東南アジアならイスラム教と仏教、といった具合に。

　タイやカンボジアは熱心な仏教徒が多いことで知られているが、日本の仏教とはだいぶ違っている雰囲気がする。日本の仏教関係の建築物はほとんどが木造である（大仏などの像は金属が使われていることがある）。しかしタイの寺院の外観は日本のお寺関係の建造物とはかなり違うことが一目でわかる。唐招提寺や法隆寺の五重塔などを思い浮かべてほしい。タイやカンボジアは、スリランカ・インド・中近東の宗教施設の建物に似ているところもある。地理的にタイはインドや中近東に近く、陸続きであり、気候は日本よりもかなり暑い。

同じ仏教でも、それぞれ違う文化を発達させてきたことがわかる。宗教は同じでも人々の立居振舞は当然異なってくることが予想される。

2 日本の文学を考える

　日本の小説や童話は、社会科学系を出た者にしては、けっこう読んだ方だと思っている。それは小・中・高の国語の教科書の影響が強かったことは明らかだ。無意識のうちに学校文化を素直に受け入れていたのかもしれない。「城の崎にて」を教科書で読んだのがきっかけとなって、他の志賀直哉の短編はほとんど読んだ。同じように「蜘蛛の糸」に出会えば芥川龍之介の著作集を読む、「坊っちゃん」に触れれば他の夏目漱石の作品を読む、といった連鎖反応が私の場合は生じた。

　このような流れで太宰治、井伏鱒二、川端康成、井上靖、森鷗外、永井荷風、谷崎潤一郎、安部公房といった文壇史に登場する作家の作品を読むようになった。

　また学生時代から塾などで子どもに国語を教えていたことがあり、文庫になっている昔話を中心に童話作家の本を読むようになった。松谷みよ子、小川未明、あまんきみこ、安房直子、斎藤隆介、佐藤さとる、神沢利子、灰谷健次郎、宮澤賢治、いぬいとみこ、新美南吉、坪田譲治、浜田広介、これらの作家の作品の多くが文庫になっていた（1970年代には）。教えるという職業に就いたということもあるが、教科書に掲載された作品がきっかけで読み始めた本がほとんどであった。

　日本文学では、文芸評論・小説家の伊藤整の作品を読むことにより、他の日本人作家の作品に触れるようになった。伊藤整を知る直接のきっかけは、我が家の本棚に『女性に関する十二章』という新書があったからだ。それを手にとって高校生の時に読んだ記憶がある。また当時伊藤整は「チャタレイ裁判」で有名な作家として、度々マスコミなどに出ていた。

　日本文学の発展に貢献したと言われている伊藤整は、1950年代から1960年代にかけて活躍した文芸評論家であり小説家（詩も含む）である。彼は団塊の世代にも影響を与えた文化人であった。日本の文芸作品を読んでいるうちに、伊藤整の評論にふれることが面白くなっていった。『得能五郎の生活と意見』や『女性に関する十二章』、その他文芸評論集に目を通し、そして他の日本の作家の作品も読んでいった。しかしどういうわけか時代小説はほとんど読まなかった。たぶん伊藤整の評論にあまり出てこなかったからだと思われる。このような過程で日本の文学から、日本の文化を意識せず身につけていったのかもしれない。私の場合は欧米の文化は主に映画やドラマを通して知った。

　日本の小説や童話といった作品を読むと、仏教の影響を受けている日本の文化資本を知らず識らずに身につけ、しかも自分の立居振舞に影響を与えてきていたことに、ピエール・ブルデューが広めた文化資本に出会い、初めて気付いたという経験がある。文化資本を養った私の読書のきっかけは、教科書と家の本棚であったと言ってもよいかもしれない。

3 ┃ 海外の文学作品から文化資本を獲得した個人の体験

　一方、世界の文学作品の読書歴は大変貧弱なものであることを告白しなくてはならない。グリム兄弟及びアンデルセンの童話は文庫で読んだ。小説は学生時代にもてはやされていたカフカの『変身』、大学の語学の授業のテキスト、サン・テグジュペリの『星の王子さま』、経済学のテキストに出ていたダニエル・デフォーの『ロビンソン・クルーソー』、そして題名にひかれてチェーホフの『かわいい女』『犬を連れた奥さん』などを読んだ。

　学生の頃（1960年代後半）に大ヒットした『卒業』（ダスティン・ホフマン主演）という映画を観て、元の小説を知りたくなり、ペーパーバックで読んだ（まだ邦訳がなかったので）。この時、映画のシーンで意味がよく分からなかったことが、原作を読んで疑問が解けたことをよく覚えている。文学史に残る小

説ではなかったが、私がアメリカの悩める社会状況を知るきっかけになった本である。

　今思うと経済学者ガルブレイスが『ゆたかな社会』（岩波書店初訳、1960年）を書いた頃の、アメリカの中産階級に言及した小説であった。主人公ベンジャミンは高学歴で、アメリカ製ではなく、イタリア製のアルファロメオのスポーツカーを乗り回す、まだ職についていない若者で、父親はそこそこ資産のあるアメリカの典型的なインテリであるという想定だ。

　婚約者エレンの母親ミセス・ロビンソンは、アルコール依存症になり、生きる目的を失っている、お金には不自由しない中年の女性である（このことは映画からは感じとれなかった。ミセス・ロビンソンを演じたアン・バンクロフトの印象が大学生の私には強烈すぎたからだろうか。数回見ているはずなのに）。ゆたかな社会で成功したと思われるアメリカの中産階級の家庭のことを描いた内容で、インパクトは弱いが、単なるラブストーリーではない、社会派小説に近いと直感的に学生時代に思っていた。このベンジャミンの悩める中産階級の家族は、半世紀後の日本の富裕層の目的を見つけるのが難しい、若者の行動と重なる部分がある。

　余談になるが、ここで車と文化資本について手短かに考えてみることにしよう。1960年代から1970年代にかけては、フォードのマスタング（日本では当時ムスタングと呼んでいた）やGMのシボレー・コルベットというスポーツタイプの排気量5000ccを超える車が、アメリカの若者に人気があった。マスタングに乗る若者の親は、アメリカではあまり教養ある階層ではないというイメージがあると思われる。中間層や富裕層などのインテリ層には、当時はデザインが優れていたおしゃれなイタリア製や、機械の信頼度が高いドイツの車に人気があった。馬力だけ大きい野暮なアメ車よりステイタスが上だったのが、排気量が2000cc以下の品のよいヨーロッパの車であった。成り上がり者とは違うことをインテリ層が示そうとした道具のひとつが当時は車であった。ブルデューの言う「ディスタンクシオン（差異化）」である。車の選択も階層によって異なること、それぞれの文化資本が異なっていることを『卒業』という映画

は示そうとしていたことに気がつくのに私は約40年かかった。

　もうひとつ気がついたことがあった。それは卒業という映画の最後のハイライトの場面である。ベンジャミンが、インテリの息子を象徴するようなアルファロメオのスポーツカーで、エレンが結婚式を挙げる教会に猛スピードで行くシーンがある。金とセンスと美を表すスポーツカーでも、ガソリンが切れたら、ただの金属のかたまりにすぎない。最後は自分の手足を使って、何の手助けもなく、彼自身のエネルギーで全力で進むしかない。だれもが羨ましく思う道具（スポーツカーという客体化された文化資本：p.64-5参照）は、何かが足りないと機能せず全く役に立たない。体を使って働く労働者のように自力で教会にたどり着く、それが本来の人間の姿ではないか。そういうメッセージを伝えたかったのではないかと思いついたのは、ブルデューに出会ったという経験が役立ったのではないだろうか。

　ブルデューが広めた文化資本やハビトゥスの視点から映画を見直すと、その当時のアメリカ社会が炙り出されてくる。ミセス・ロビンソンがアルコール依存症であることはペーパーバックを読んでわかったが、豊かな社会だからこその病であることは、大分あとに知った。今回の新型コロナ感染症拡大で、アルコール依存症にふつうの人がかかってしまい、患者がふえていると言う報道もある（NHKクローズアップ現代2021年6月16日）。

4 ┃ 文化資本とは

　私は親の文化資本を引き継いでいたとは、つい最近まで全く思ってもみなかった。しかし40代に文化資本やハビトゥスという用語に出会ってから、家から引き継いだ様々な文化資本や社会関係資本がかなりあることに気がついた。

　2007年から全国学力・学習状況調査が始まったが、家庭での学習環境を調べている。これは文化資本が学力に及ぶ影響が大きいことが、エビデンスとして認められてきたからと言ってもよいだろう。そのため、親子の会話時間はど

のくらいか、読み聞かせをしているか、朝食をとっているか、本棚に本がどのくらいあるか、家庭での学習時間はどれくらいか、新聞や本を読んでいるか、といった質問事項は定番となっている。

　特に読書量と家庭の本棚については、他の国（OECD諸国など）でも調査されており、学力との相関関係が強いことがわかっている。そのため教育熱心な親は多くの本を与え、本を読むように子どもに促すという話もよく聞く。受験関係の記事では、読書時間をふやして本をそろえることの大切さを親子に伝えようとしている。本に接すると日本だけでなく世界中の人々と、文学を通してその国の文化を知ることが可能となる。しかも過去の時代の人々の考えや立居振舞も知ることができる。それは現代の生き方の参考になることは言うまでもない。

　しかし、ここで重要なことが見逃されている。学習環境は子どものことだけに目が向きがちである。フランスが階級社会であることを論証するためにブルデューが考えた用語（概念）は、大人（親）の文化資本である。このことが忘れられている。教育熱心な親もだれの文化資本のことなのかは、実はあまり知らない。なお、文化資本の分類については、第2章「3　文化資本の分類とリベラルアーツ」を参照のこと。

5 ┃ 文化資本をもっと知る

　ここでは教育と関係が深そうな文化資本についてフカボリしてみることにする。

　理屈っぽい話になるが、少しがまんして付き合ってほしい。資本（Capital）はふつうは経済資本のことであり、資本を投下して拡大再生産を目指し、投下した資本以上の利潤を得るのが一般的である。少なくとも最初の投下資本と同じ量を回収できる、単純再生産を考えて投資をする。それと同じように「文化」も再生産する、しかもその社会の「階級」を再生産する原動力の

ひとつが「文化」である、という考えのもとに、文化のあとに資本を付けて、「文化資本」という用語を考え出したと思われる。ここには一見教養と同義のように思える「文化」と言う用語が、実は利益をもたらすものだという意味が込められている。ある特定の「文化」を身につけていると、何らかの「利益」が得られるから、資本をつけて「文化資本」としていると解釈することもできる。

　親が身につけていた「文化資本」は、「経済資本」の「遺産」のように相続されて、社会階級が固定化していくととらえることができる。このように考えると「文化資本」と「経済資本」と言う用語はかなり親和的であることが予想できる。

　すでに気がついた方もいると思うが、このような概念の用語であるから、子どもに本を買い与えたり、朝食を必ずとったり、約束事は必ず守るといった教育をいきなりしても、効果は限定的であることが推測できる。実はこの文化資本は親が身につけ、子どもたちと接する時の「立居振舞」（ハビトゥス）であることは言うまでもないだろう。このハビトゥスが気付かないうちに、親から子どもに文化として伝播すると考えられている。このことを第4章以降で小・中学校の教科書を利用して詳しく検証していくことにする。

　親が社会の出来事や文化・芸術に関心が強いと、子どもも常に新聞を読みテレビの報道番組も見て、さらに様々なジャンルの本を読む傾向がある。また読まなくても読もうと思って、いくつかの本を棚に並べておく。最初は読まなくても何となく文化的雰囲気が子どもに伝わっていく。そして時々本の背表紙を見て、大人の世界の文字を最初は意味がわからなくても覚えていく。ひょっとして、興味本位で本棚の本を1冊取り出して読むかもしれない。これが子どもの学力が向上する要因のひとつとなると考えられるのではないか。本が並んでいる本棚を急遽リビングに備え付けても、子どもの学力が上がる確率は高くならないと考えた方がよい。

　「以心伝心」「沈黙は金なり」「阿吽の呼吸」といったことわざ通りの夫婦関係が理想的で、会話をできるだけ少なくして波風立てないで「平和な家庭」を

築き上げるのがベスト、と信じる。世の中に何の不満もないので選挙にはあまり関心がない、めんどうくさいのでできたら棄権したい。このように考えている親の家庭の子どもの学力は伸び悩むのではと推測される。

　夫との会話はあまりはずまないので気の合ったママ友と、テレビドラマや人気アイドルグループの話で盛り上がる。そこでは学校や塾の教師の悪口や、夫や家族の失態を面白おかしく情報交換する場へと早変わりするかもしれない。貧困や原発や経済の停滞や防衛費、ましてや税金の使われ方の話などにはあまり関心がない。遠い離れたところの戦争なら身の危険を感じないし、アフリカなど貧困家族の多くの子どもが餓死していくという、ユニセフのテレビCMはスルーしてしまう。関心を持とうとしても、新聞や本を読んでいなかったら、芸能関係以外は友人とうまく話は続かない。ひょっとして夫婦の会話も弾まないかもしれない。

　フェイクなニュースが含まれているネット上の情報だけを熱心に集めている父親や母親のもとにいる子どもは、学校の勉強と親和性がないことは明らかだ。なぜなら学校は科学をもとにした授業を行い、エビデンスを重視したテキストを使用するというのが建前だからだ。社会に関心が薄い親の文化資本下で育った子どもは学校の授業に身が入らない可能性が高い。

　SDGsのことは教育熱心な親は知っているが、それが環境問題と深いかかわりがあることに気がついていない場合もある。SDGsは学校で子どもがお勉強することで、それを知らないと中学受験や高校受験で不利になるかも知れない、そのレベルの知識の親もかなりいるのではないか。「SDGsは受験に出てくるからよく覚えておくのよ！」で終わってしまう家庭があるかもしれない。最近はSDGsを取り上げて宣伝をする大企業もあるぐらいであるから、この言葉は少しずつ軽くなってきているような気がしてならない。この受験に役立つというだけの知識では、なぜ教育にSDGsが出てくるのかを理解するのに時間がかかってしまう（私なりの回答は第6章と第7章の中学社会と理科の章で詳しく論じている）。

　ここまで現実に即して具体例を述べてきたが、実は親の文化資本の多寡が子

どもの学力に強い影響を及ぼすことを示したかったからである。無理やり子ど
もに文化資本らしきものを急場しのぎで与えようとしても、うまくいかない確
率は高くなるであろう。

6 ┃ 親の文化資本

　親（主に子どもが小6と中3）の文化資本の量の多寡や内容などを、文科省
が2007年から毎年調査をしていることを、前節でお伝えした。家庭環境の善
し悪しで学力が左右されることが（しっかりとしたエビデンスで）わかってき
たからである（耳塚寛明編著『平等の教育社会学』勁草書房、2019年；松岡
亮二『教育格差』ちくま新書、2019年）。

　親が生まれて育ってきた環境で得た文化資本によって、子どもとの接し方や
育て方が異なることは予想できる。親が背負ってきた文化をもとにした立居振
舞が子どもに影響し、それがフランスでは階級の再生産・階級の固定化につな
がっていることを『ディスタンクシオンⅠ・Ⅱ』及び『再生産』（藤原書店、
1990年、1991年）で明らかにしたのが、ブルデューである。その文化資本の
有無や質を調べているのが、全国学力・学習状況調査と考えてもよいだろう。

　日本もフランスと同じように階層・階級が再生産されている状況なのだろう
かという検証が、2007年から本格的に行われている。それだけでなく、どの
ような家庭環境なら学力が上がるのかを調べている。以前から子どもの学力は
「学校だけではない」と多くの教育関係者は思っていた。思っていてもあまり
はっきりと主張する教師はほとんどいない。ましてや子どもが勉強できないの
は、学歴の低い親だから（勉強ができない親だから）当然だと言う人はまずい
ない。時折IQ（知能指数）を持ち出して子どもの学力を「運命論」的なとら
え方をする人もいた（正確には今もいる）。

　このような家庭教育論に一石を投じたのが「文化資本」という用語である。
もともとはフランスの階級社会を調べる際のキーワードのひとつとして知られ

るようになったが、「効果のある学びは？」という発想から、学校教育などに取り入れていく余地はあると思われる。庶民階層・中間層・富裕層に同じような文化資本を「共有」することができるのではないか。これを「社会共通文化資本」と拙著では呼ぶことにする。以下ではこのような視点で文化資本を取り上げていく。ただし日本の親の文化資本は神社と仏教の影響が強い農村共同体の文化と親和的なものがかなりあることを忘れてはならない（気付いていない親や市民は多いと思われる）。各地域の共同体の文化を知ることは今でも重要であると思われる。

　ひとつの例を挙げておこう。A氏が何か不祥事を起こしたとする。A氏が東大の法学部を出た官僚の場合、2つの批判のされかたがある。当然ながらA氏個人の資質や倫理観を指摘する人がいる。もうひとつの指摘は、「東大の法学部を出ている輩は！」「官僚というのはいつもこのような不祥事を起こす！」、だからけしからん……。もう気付かれた方もいると思うが、前者は個人の批判に、後者は「組織」の批判になっている。一定の企業や学校や職業を大上段に批判してストレスを発散しすぎると、いつのまにか組織を超えた他民族を批判するヘイトスピーチのようになってしまう。これは田畑で農産物をつくりだす江戸時代の農村共同体の異質なものを排除しようとする、排他行動が今でも無意識に出てしまうと、とらえることもできる。

　文科省の家庭環境調査は、学校関係者だけでなく多くの親も知るところとなった。様々な文化資本と学力の「相関関係」が、統計学を利用した緻密な分析で明らかになりつつある。新聞・テレビ・雑誌などのマスコミを通して、教育熱心な親は子どもの学力の向上に寄与しそうな文化資本に興味を示す。

　ここで気を付けなくてはならないのは、階級が再生産する要因のひとつが文化資本であり、どのようなメカニズムで再生産するのか、固定化するのかは、実はあまりまだよくわかっていないということだ。経済資本の多寡によって階層などが再生産されるのは、富裕層の遺産相続や惜しみない教育費の投入を見れば、容易に関係性がわかるはずである。しかし文化資本の場合は因果関係を明らかにするには、心理学や脳科学や社会学の援用を要するだろう。しかし経

済資本の量と学歴と文化資本の質はかなりの親和性があることがわかってきている。

　文化資本と学力は密接な関係があるが、多くは親の文化資本の量や質が、子どもより重要であることが判明しつつある。子どもが学校教育や地域社会での交流で獲得する文化があることは言うまでもない。しかし親がどのような文化をどのくらい所有しているか、それによって階級が決まり、その階級（階層）は学歴及びその質・価値で確定することが多いと思われる。またその学歴は経済資本との相関関係が強く、当然子どもの学力とも強い関連性があることがわかってきている。このように論理的（ロジカル）な方法で文化資本を調べていくと、子どもよりも親の立居振舞にメスを入れなくてはならないことが明らかとなってくる。子どもを対象とした教育だけでよいのか、親も含めた社会人の生涯学習が重要になってくるのではないか、このような疑問が涌いてくる。このあたりに、これからの学校教育や民間教育のヒントが隠れている気がしてならない。

7　生涯学習と文化資本

　親の文化資本を充実させる方法のひとつが、20年程前から注目されてきた、生涯学習ではないだろうか。21世紀に入ってから生涯学習が脚光を浴び始めた。この発信源は、経済発展と環境問題のバランスを取ることに熱心な、OECD（経済協力開発機構）と思われる。文化資本と学力の関係が教育界及び教育熱心な親に注目されるようになったが、これは主に家庭の学習状況、もう少し具体的な表現を使うなら、子どもが育っている環境を調べていると考えてよいことは、前の節で述べた通りだ。

　子どもの学力に関係するのは、親の文化資本やそこから醸し出されるハビトゥス（立居振舞）が主であることが明らかにされつつある。子どもにだけ「勉強せよ！」といってもなかなか効果が表れないことは、我々の身近な経験で納

得していただけるのではないだろうか。

　生涯学習の対象は、子どもから大人まで幅広い年齢になったと私はとらえている。しかし一般的には大人向けの用語である。以前は生涯学習の講座は「公民館」と呼ばれる自治体の施設で行われていた。いわゆる公民館活動と言われている事業である。しかし生涯学習の大切さを世の中に広めるため、都会を中心に「生涯学習センター」などの名称に変更していったことに、気がついた方はどれだけいるだろうか。

　10年程前ある自治体の教育委員会管理下の生涯学習に関する審議会の委員を2年ほど務めたが、その時はすでに「生涯学習センター」や「文化センター」という名前に変わっていた。他の自治体との合同会議も何回かあり、「公民館」という名称を使っていた自治体がいくつかあったが、少数派だった。私は「生涯学習センター」と「公民館」の意味の違いを当時よく知らなかったので、生涯学習を広めるために、わかりやすい施設名にしたのでは、と単純に思い込んでいた。しかし中学の社会科で「公民」の原稿を書く時、ふとなぜ高校の社会科のように「政治・経済」といった名称にしないのかと疑問を持ち、辞書で「公民」を引き、その意味がはじめてわかったという経緯がある。

　「公民」は選挙権を持っている国民で18歳以上であるから、中高生といった青少年は含まない用語である。しかし生涯学習という概念は、義務教育の段階の子どもを含むから公民館では都合が悪くなってしまう。子どもの頃から生涯学習を意識して「勉強」して、大人になっても「学び」続けるのが理想的な流れであろう。子どもはある程度強いて勉める勉強が必要な時もあるが、大人は自分から学ぶことをしてほしいという気持ちが、「生涯学習」という四文字に込められている気がしてならない。

　公民館は選挙権を持っている市民が利用する場、というイメージが強い。そのため小・中・高生が学び続けてほしいという願いを込めて公民という用語を避けて、生涯学習になったと考えられる。「公民」の文字を外して、小学生から大人まで参加できるようなイメージの「生涯学習センター」といったような名称がふえたのではないか（公民の意味に関しては、第6章「3　中学公民」に

詳しい）。

　次節では社会の分断化を解消する可能性も秘めている、生涯学習について考えてみることにしよう。

8 ｜ 生涯学習のねらい

　もう少し詳しく生涯学習のねらいを検討してみよう。生涯学習のねらいは主に3つあると思われる。大人になっても何かを学ぶことによって、何がしかの文化資本を身につけて、知識がふえて技術を身につけることによって、労働力の価値（賃金）が高くなる可能性がある、これが1つ目のねらいである。いわゆるキャリア教育と呼ばれているものだ。

　学び続けるという行為は、社会との何らかの接点を持つことになる。社会に関心を持つ、そして好奇心を抱くことにより、より学びの動機づけは強くなる。社会に関心を持つことにより、議会制民主主義が成立することは言うまでもない。さらに新聞・テレビ・雑誌・ネット上などから正確な情報を、いかに集めるかという技術を身につけることが重要になる。コロナ禍で我々は「フェイクなニュース」に気をつけなくてはならないことを学んだ。この時生涯学習が必要なことを知った市民も多かったのではないだろうか。多くの市民が参加できる社会を構築することが重要である。これがうまくいかないと、独裁的な国家になる可能性が高くなる。これが生涯学習の2つ目のねらいである。

　3つ目のねらいは、昔からよく言われている「リベラルアーツ」を身につけるための学びである。企業で働いている時間以外に、自分の趣味のために投資をすると言ってもよいだろう。スポーツ（ダンス、ヨガ、水泳、テニス、卓球、サッカー、バスケットボール、スキー、アーチェリー、乗馬……）を楽しむことによって身体が丈夫になるだけでなく、心もリラックスするので、幸せ度はかなりアップする。体が丈夫になり心が安定すれば、医療費は低く抑えられ、生産活動をする時の効率もアップするに違いない。このようなエビデンス

は21世紀に入って続々と報告されている。

> 「運動は、老化の進行を阻む数少ない方法の１つであり、脳の衰えを防ぐだけでな
> く、老化に伴う細胞の衰えを逆行させ、脳の回路の結合や血流を増やすため、加
> 齢に伴ったダメージに対する効果がある。」（『成人の発達と学習』岩崎久美子、放
> 送大学教育振興会、2019年）

　スポーツだけでなく、読書・俳句・習字・篆刻・絵画・合唱・楽器演奏といっ
った芸術系の学びも、心を豊かにするに違いない。生涯学習によって、文化的
な生活をするための土台作りをすると言ってもよいだろう。以前は「教養」と
いっていたが、これらの文化資本をリベラルアーツと呼んでも、それほど違和
感はないと思われる。今なぜリベラルアーツなのかについては第２章と終章で
詳しく検証する。

9　農村共同体の文化を再考する

　今さら何で農村共同体の文化なの？　と訝る方は多いと思う。江戸時代の農
民は日本の人口の約85％であると推計されている。そこで生まれて300年以上
の年月をかけて育まれ、代々受け継がれてきている文化資本がある。それは現
代の日本人の立居振舞にかなりの影響を与えているはずである。このような視
点から農村共同体を再考してみた。ちなみに現代の日本の文化を知るために
は、室町時代の後期の日本史にある、と主張する歴史家もいる（須田努・清水
克行『現代を生きる日本史』岩波現代文庫、2022年）。
　ここでお断りしておくが、農村共同体が根をはっていた時代は「良かった」
といったノスタルジア的な回顧ではない。ましてや封建制時代の風習は、現代
とはそぐわないものであった、と言うつもりもない。現在の親を含めた大人の
立居振舞に影響を与えている文化を辿るためである。それは現代にプラスにな

るものマイナスになるものが混在していることは言うまでもない。

　社会関係資本を機能面から見た場合、2つの型があると言われている（詳しくは終章）。その1つが「結束型」であり、排他的なアイデンティティと等質的集団を強化する機能を持つ（前掲『成人の発達と学習』）。日本の農村共同体はまさに、アメリカの社会学者パットナムが命名した「結束型」である。

　フェイクな情報かどうかをチェックするのも、生きていく上で大切な文化資本である。過去の出来事を我々は歴史で学ぶが、政治的な思惑から史実と思われることが歪められることが時々起こる。1910年の「韓国併合に関する条約」で事実上韓国を日本の植民地にしたこと、1932年に満洲国を中国の中に建国して、これも植民地のようにしたこと、このような、今の日本にとって不都合な事実は「なかったこと」にしたい人々がいる。1923年に発生した関東大震災の時、東京下町では朝鮮人虐殺事件が発生したが、これも同様であろう。

　このようなことを今の子どもに伝えることは不都合なことだと思えば、現教科書を使いたくないと考える人々がいる。現在生存しているほとんどの人間は、直接それを見たわけではないので、歴史は後になってその解釈を史実（エビデンス）を無視して、他の多くの人の考えを変えようとする勢力が出てくる。このような時、新しい解釈をする「根拠」とは何かを見極めなくてはならない。この眼力を養うのがエビデンスに基づいて醸成された文化資本でありリベラルアーツであると私は確信している。フェイクのニュースや一部の野心家の甘い言葉に惑わされないためにも、エビデンスにもとづいたしっかりとした過去の出来事を文化資本として身につけるのは有効であることは言うまでもない。

　100年程前のある農村共同体をひとつの例として考えてみることにしよう。農村共同体は、ヨコは神社を中心とした共同生活（農作業の効率化・セーフティネット・村の団結力）、タテは代々の家族の先祖を祭る宗教（一族の団結力強化・結束力）、という2つの軸で江戸時代以降は成り立っていた（日本の宗教は主に仏教である）。

　日本の多くの地域は米を中心とした農作業を共同でするが、そのためには一定の「つながり」が必要である。異なる状況下で異質な人々を結びつけ、広い

人的資本を活用する、結束型とは違う「連結型」の社会と言ってもよいだろう（終章「4 社会関係資本」の「③パットナムの社会関係資本」p.205-6を参照）。一方、家族を存続させるのに必要な、一族の結束を強めるための宗教として仏教が広まり、先祖を供養する行事が今でも存続する。神社で地域のヨコのつながりを、仏教寺院で家族のタテつながりをそれぞれ持つことによって、すなわちヨコの平面とタテの長い歴史によって農村共同体をしっかりと維持してきたと言ってもよい（すでに江戸時代から都市部ではこのような構図は成立しにくくなっていた）。

　その地域で生活していくには、そこ独自の文化風習（方言と言われている言葉も含む）を学んでいかなくてはならない。主なメリットとしては、「人間はお互いのつながりを大切にしないと生活が難しい」という認識をすることである。これは連帯感を強くするという文化と言ってもよいかもしれない。デメリットは、自分たちと価値観が違うと「村八分」のように他者を「排除」して「排他的」になりがちになることである。そのため「おつとめ」が半強制的に課せられ、ムラのオキテに縛られて生きていくのが「しんどい」という農民もいたと思われる。このように過去の歴史はメリットとデメリットが常に伴うのがふつうである。

　江戸時代には、そういう人々は生まれ育った土地を離れ、人が多く集まる都市に流れていった。江戸の初期には日本橋界隈に、近江や関西の商人が定住し、中期以降は各地方の土地を離れた農民や士農工商以外の身分の人が、浅草あたりに流れついたと言われている。このように考えると、江戸に住む人はほとんどが当時の地方から何らかの理由で集まってきていたことがわかる。京都や奈良さらには大坂（堺）などに比べたら、歴史の浅い辺境の地であったのが当時の江戸である。同じ関東でも歴史がある鎌倉から見ても、人が集まる場所ではなかったはずだ。

　家としての歴史が浅いために「3代続くと江戸っ子」という用語が生まれた、という説もある。江戸の中心地に、各地方（藩）から人々が集まって定住していたことになる。故郷と呼ばれる居所がない人々の集団であると同時に、

各地の文化が集積している場所と考えることもできる。また政治の中心であり、参勤交代により全国各地の支配階級の文化も短期間に一気に集まった江戸の中心部は、19世紀前半に「化政文化」として花がひらいた。川柳・俳句が広まり、十返舎一九や滝沢馬琴などが活躍した。写楽・喜多川歌麿、葛飾北斎、歌川広重といった絵師による錦絵が大流行し、今でもすぐれた作品として世界で評価され、各国の美術館で展示されている。

　歌舞伎や落語、さらに花見や墨田川などの花火大会も季節に応じて楽しむ江戸の庶民がふえてきて、それがまた各地に伝播していった。花火を見たら「鍵屋！　玉屋！」といった掛け声もいまだに健在だ。このように江戸に住む人々の文化及び立居振舞は、今で言う「都会的雰囲気」があふれ出るものであり、京都や堺と同じように各地の庶民の生活の目標になっていたのではないだろうか。このように考えてくると、すでに江戸時代から、地方の農村共同体と江戸のような様々な職業が集まる場所とでは、文化資本が異なってくると推測できる。

　江戸の中期以降、もうひとつの繁華街浅草に全国から人が集まってきた。浅草に集まる人は、江戸の初期に日本橋で商売などをしていた商人や職人とはかなり違っていたと思われる。1657年の明暦の大火により、日本橋付近の遊郭を浅草奥に当たる今の吉原に移してから、各藩の農民や下級武士や士農工商から外れていた旅芸人などが、浅草界隈に職を求めて集まってきた。いわゆる江戸の下町の浅草文化の始まりである。この文化も多くは各地の農村共同体から外れた人々の流れを汲むものであると思われる。このように江戸の文化を2つの地域に分けると、日本橋界隈と浅草界隈の文化とではかなりの開きがあることが想像できよう。

　日本橋周辺の文化は、近江や京都や堺方面から移り住んだ商人や職人が多かったと言われている。京都や大坂の文化を背負って一家で新しい地で仕事を始めたため、一族の団結は重視されていた。共同で行う農作業はなかったので、農村同共体の農家よりは、家同士の横のつながりは弱い。しかし他の地域の文化を積極的に排除することはなかったと思われる。他の国（藩など含め）の文化を尊重しなければ「商売」は成り立たないからであろう。商人だけでなく、

浮世絵ずり、釣竿、弓、くみひも、扇子、三味線を造る人や大工、左官、といった職人も住みついている（時代考証をしっかりと行っている時代劇の映画やテレビドラマでは、江戸時代のこのような文化を見ることができる）。よそ者を排除していたら、商人や職人の仕事は、うまく回らないのは明らかであろう。一定の約束事を守る人なら、基本的に地域と関係なく「ウェルカム」であったと思われる。

　そのような流れで江戸日本橋あたりの文化が形成されていったと考えられるが、食べ物・衣装・住まい・遊びといった文化は、京文化の影響を受けながら化政文化へと進んでいったのではないだろうか。浮世絵が今でも世界中で評価されているのは「品の良さ、繊細さ」にあることは確かであろう。次に述べる浅草文化よりかなり「繊細」で「品」がある。夏目漱石の「吾輩は猫である」などに出てくる、心が安まる三味線をひいたり琴を奏でたりする文化と重なる部分が多い。

　一方浅草はひと言で言うなら「ドロクサイ」文化、もう少し良い言葉なら「庶民的」な文化となるだろうか。今はスカイツリーや江戸情緒の雰囲気を醸し出している一見華やかに見える浅草寺のあたりが観光地として有名になり、海外からの人が集まる東京名所のひとつとなった。人力車が行き交うにぎやかな「浅草」という印象を持つ人が多いのではないか。

　江戸時代後期から昭和の中頃までの浅草は、下町の大衆文化発祥地と言われていた。60年以上前の浅草寺の仲見世は、お祭りの時の出店より、ちょっと見映えが良い、そこに下町のおじさん・おばさんが集まってくる、そんな感じの路地であった記憶がある。江戸時代から全国から様々な職を求めて集まって来たのは、浅草寺という寺だけでなく、江戸中心街の明暦の大火（1657年）により日本橋周辺にあった遊郭が集められ、まとめて現在の台東区千束に移した吉原があったからだと言われている。

　日本橋や上野あたりを中心とする大名屋敷には、参勤交代のたびに全国から武士などが集まってきた。そのため男女比は男が多い、他の国の大都市に比べたら特異な街であったことは、意外と知られていない。1700年前半では、男

女比は2：1ぐらいとされていた（『大岡越前守忠相』大石慎三郎、岩波新書、1974年）。しかし江戸末期はほぼ1：1になっていたと言われている。

　地方から来た武士が上野あたりの大名屋敷の近くから大挙して隅田川の土手を歩きながら、吉原の大門に吸い込まれていく、という逸話も語り継がれていた。

　このような江戸時代に各地から人が集まった、文化の集合体のような街では、庶民文化が根付くのは自然の流れだったのではないか。『広辞苑』で浅草をひくと、浅草オペラ、庶民が使う下等品の浅草紙、という用語が出てくる。また落語やお笑いを中心とした芸人が数多く出ている場所としても知られている。映画やテレビの初期の頃は、榎本健一（エノケン）、古川ロッパ、伴淳三郎、森川信、浅香光代、水ノ江瀧子がいた。昭和の中頃からテレビ・映画に出てきた芸人では、渥美清、萩本欽一、ビートたけし、内海桂子、内海好江、牧伸二、三波伸介、といった人たちがいる。一時期テレビなどによく出ていたので名前ぐらいは覚えている方もけっこういるのではないか。

　浅草の芸は、江戸時代を通して洗練されてきた歌舞伎とはかなり違う。京都の能・狂言・日本舞踊・茶道といった伝統的な文化や、大正から始まった宝塚歌劇団とは全く違う文化であることは言うまでもない。これらのタレント（今風に表現するなら）は皆私生活や自分の失敗談を面白おかしく言うネタではない「芸」を売る、商売をしていたという共通点がある。

　浅草界隈とは少し違うが、渥美清主演でシリーズになった映画『男はつらいよ』では、葛飾、柴又地区の文化が表現されている立居振舞を登場人物が演じていた。浅草文化と似ている面があるような気がする。

　浅草は「人情がある街」とよく言われるが、江戸の中期以降全国各地から人が集まってきた地域であるから、新しく来た「よそ者」もすぐ「ウェルカム」となったのだと思われる。皆で力を合わせなくては、お互い生活できないことをよく知っていた文化を身につけていたとも考えられる。

〈江戸の文化は西山松之助『江戸文化誌』（岩波現代文庫、2006年）に詳しい。〉

　日本は山と川が多く、平地が比較的少ないという地形である。そのため、山をひとつ越えたり川をひとつ渡ると、ことばや文化風習が異なることが多いと

言われていた。実際、同じような昔話が、山をひとつ越えると、言い方が違ったり、結末が微妙に異なったりしている事例は多い。同じ県でも、南と北や西と東の地域でお互い「張り合う」という話は今でも聞く。文化の違いだけでなく、過去対立していた歴史を忘れない人たちもいる。A県とB県の地域が450年前の戦国時代に、侵略したりされたりしていたとしたら、現代でもA県で育った人はお酒の席などで「B県の人は！」と非難する人がいると聞く。浅草や日本橋でこのようなことを言っていては、生活することじたいが難しくなるであろう。

　自分と異質なものは排除してしまおうという態度は、大人としてのふるまいではなく、文化人とは見なされなくなる。しかしどこかで異質な文化を拒否する立居振舞が身体の中に浸透していることに、私も含めて気がつかないことが多い。農村共同体が消滅して都市に移住し、各地の文化が混在している現代の中間層が集まる地域（東京や大阪の郊外など）でも、この「異質なものを排除する」という立居振舞が出ることがあるのではないだろうか。

10 　現代社会に関心が薄い市民

　現代社会の状況はどうなっているのだろうか。

　25年程前から、教育の世界でも地球全体の環境のことが話題になってきた。特に二酸化炭素（CO_2）の排出による「地球温暖化」は気候変動を激化させることが明らかになりつつある。1997年に「京都議定書」が採択されたが、先進国と発展途上国の間の対立が続きうまく機能していなかった。そうするうちに日本では2011年3月11日に、今まで経験したことがないような東日本大震災に見舞われ、死者・不明者は約2万2,000人にも及んだ。人的被害だけでなく、津波によって原子力発電所から放射性物質が漏れ出し、歴史に残る大事故となり、いまだにこの後始末はできないままである。

　温暖化という環境問題だけでなく、1次エネルギー資源がほとんどない日本

にとっては、まさに国が存続するかどうかの瀬戸際に立たされている状況だが、一般の市民にはまだ正確な情報が行き届いていないような気がする。企業で働いている労働者や教育関係者及び何らかの研究職に就いている人は、その重大さに気がついている。グローバル化した社会では、ロシアのウクライナ侵攻により、戦場ではない日本も、エネルギー資源の輸入や食料の獲得が今までのようにスムーズにはいかなくなってしまう。グローバル化した社会がどこかでうまく機能しなくなると、食糧自給率が低く資源が乏しい日本は物価の急上昇という、負の影響を受けやすい国だということを知った市民も、ふえたのではないだろうか。

　このような危機感は、今まで学校教育でよい成績をとり、それなりの生活をしてきた、出自から経済資本及び文化資本に恵まれた生徒は危機感を持つことに時間がかかるようだ。

　子どもには「政治的な話はしたくない、しない」と考えていた富裕層の親は少なからずいたが、欧米の中間層の家庭とはかなりこの点が異なる（『日本の高校生』千石保、NHKブックス、1998年）。親も社会の出来事をそれほど知らなくても、「この子たちは最初から恵まれているから、今からそんなにあくせくしなくてもいい。恵まれた人生を末永く送れる」そう堅く信じている人もいた。

　親からの遺産として受け取った土地や資産があれば、自分たちはいつまでも「今の生活を続けることができる」だからそんなにむきになって社会問題に目を向ける必要はない、そういう大人を大量生産していたのが、高度経済成長期（1950年代後半〜1970年代前半）ではなかったのか。その後1990年頃まで日本の経済成長は続き、「ジャパン　アズ　ナンバーワン」と欧米からもてはやされていた。そしてその頃それを本当に信じていた、ジュリアナ東京に熱中してバブリーな生活をしていた中間層・富裕層の日本国民は、少なからずいたのではないだろうか。ちなみに、ジュリアナ東京をプロデュースしたのは、防衛大卒の大手商社のエリート社員であったと言われている。今ではこのようなケースはめったにないことだが、当時は私も含めほとんどの市民が、土地とマンシ

ョンは永久に上がり続けると思っていたのではないだろうか。

　そのような家庭の雰囲気の文化の中で育った子どもは、社会問題や世の中のしくみに関心を持たない確率が高くなると推測できる。中間層・富裕層はそれなりの学歴は保持しているから、学校で学んだ知識は豊富であるに違いない。しかしその知識や学歴は、他の人との差異化（ディスタンクシオン）に役立つだけで、マウントをとる時に使うぐらいになっている市民もいるのではないか。その証拠に、大学で何を学んだのかを聞くよりも、どこの大学の何学部なのかを聞こうとする。もっとせっかちな人は大学名を聞いただけで、「ふ〜ん、すごいね！」と言うか、冷たい視線を浴びせるかのどちらかが多いようだ。欧米の学歴社会を研究している人からは、日本人は大学名にこだわる文化が根付いているという報告もある（小宮山博仁『学歴社会と塾』新評論、1993年）。彼らはただ知識を獲得しただけで、それを利用して何か社会のために役立てるという機会が少ないのではないか。知識をただ溜め込んでいるだけでは知識の集合体の単なる「文化」・「教養」のままである。知識を社会のために使って初めて「文化資本」となる。なぜなら使うことによって何らかの「利益」を得る又は役に立つからだ。このようにあからさまに文化のことを言うと、「教養を高める文化なのに！」と眉をひそめる教育関係者は今でも少なからずいると思われるが、現実も直視したい。

　高学歴で多くの知識を得て文化を身につけると、自然にそれは「教養」になると信じている人がいる。いろいろなことを知っていると「あの人は教養がある」とみなされる場合もある。

　しかし多くの知識が集まって文化となりそして「文化資本」さらには「リベラルアーツ」になるには、大きなハードルが2つある、と私は考えている。ひとつはその知識を社会に役立てること、もうひとつは知識を利用して「人と人とのコミュニケーションをとる」ことである。絵画や音楽や演劇やダンスや映画といった芸術（Arts）は、「人と人との心の触れ合い」で成り立つと考えると、ゴッホやルノアールの絵を知っている、ベートーベンの「第九」やムソルグスキーの「はげ山の一夜」を知っているだけでは、学校などで学んで知った

単なる知識にすぎないことが判明する。

　中3の社会科の教科書のタイトルには「公民」という言葉が用いられている。「公民」の教科書は世の中に対して関心を持ってほしいと願って製作されていることは言うまでもない。「公民」の意味を辞書で引くと、最初は大化の改新で学ぶ「公地公民」に使われている意味が出てくる。この公民とは「私有を許されない国家の人民」のことである。2番目に、「国政に参加する地位（参政権を持つ）の市民」がある。公民の教科書を学んでいる中学生はまだ「公民」でない、という意味でもある。まだ公民でない中学生に世の中のしくみをよく知ってもらい、立派な「公民」になってほしいという願いが国側にあるのかもしれない。

　公民の教科書の中には、実はほとんど「公民」の用語は出てこない。代わりに国民・市民という用語が多用されているという、何とも不思議な社会科の教科書であることを、この原稿を書いている時に気がついた。なぜ高校のように政治・経済という用語を使わないのかが謎だが、私の論考では公民ではなく主に国民又は市民を使うことにする。

11　さまよう日本社会と文化資本

　今の日本は敗戦当時と同じくらいの危機のはずだが、78年前よりも危機感が薄い。ひとつの理由は、経済資本の多寡と文化資本の多様化ではないか。

　国民全体の経済資本が少ない時代は、まず衣・食・住を充実させるという「目標」が持てるし持ちやすい。1950年代前半の生活ラインギリギリから、1960年代からの三種の神器のような電化製品を購入して、生活レベルをアップする。そのために貯蓄をして、ほしいと思う商品を手に入れる、そのようなハングリー精神旺盛な共通の目標があった。そのため多くの農村や都会の労働者はそれこそ朝から晩まで働いていた。働けば貯蓄がふえまた便利な道具を手に入れることができるからだ（人間は「目標」や「目的」が必要な生き物であ

るが、成熟経済の社会で育っていると、忘れてしまうことがあるようだ）。

　このような状況下では、多くの国民の共通化した文化資本が各家庭に、無意識に入ってきたと思われる。世の中の動きに関心が向く青少年が多くなったため、政治や社会問題に鋭い発言をするようになったのが1960年代から1970年代の学生運動ととらえることもできる。団塊の世代以上の市民の青春時代は、政治や学生運動に関心があるのが当たり前で、ないとしても内心は社会問題に常に関心を持っている「ノンポリ」のふりをして　学生生活を送っていた。そういう共通した文化資本が存在していたのではないだろうか。

　豊かな生活をするために労働問題に積極的に関与する市民も多かった。1970年代の労働組合の組織率は約35％だったが、2020年はその半分以下の約17％となっている（日本国勢図会2021年）。

　子どもに社会問題に目を向かせる教育が、敗戦後の教育関係者の悲願であった時代があった。1960年代の頃の「教え子を再び戦場に送るな」というスローガンを掲げていた日教組の組織率は80％台をキープしていたが、現在では20％前後まで落ちてきている。この数字を見ても、現代の学校では「世の中に関心を持たせる授業」はなかなか難しいことが推測できる。社会に関心を持つぐらいなら、部活動に熱中してほしいと願っている親がふえている気がしてならない。

　1970年代までに日本は驚異的な経済発展で欧米の約3分の1の期間で大衆消費社会に突入したと言われている。良いか悪いかは別にして、しっかり労働してその稼いだお金で好みの商品を買ったり海外旅行に行ったりできる中間階層がふえてきた。「よく働きよく消費をした」と言い換えてもよいだろう。この好循環で高度経済成長が約15年近く続いた（1950年代後半から1970年代前半）。しかし同時に急速に環境が悪化したことも忘れてはならない。

　経済が成長している時は、一時的に景気が悪くなったら、景気を刺激するために金融政策（金利を下げる）をしたり公共投資政策をしたりすれば、一定の水準に回復して、また成長経済へと進んでいく。ケインズの乗数理論が有効であった時代である。

　このような経済状況下の文化資本は、現代とはかなり違っていると思われる。俗にバブルが弾けたと言われた1990年以降、どのような金融政策や公共投資政策をしても以前よりも機能せず、今日に至っている。はっきりしているのは金利を低くしても消費は伸びず、公共投資をしても以前のような乗数効果が得られないという事実が、30年近く続いているということだ。この経済状況だけでも危機がひたひたと迫っているのに、団塊の世代の子どもや、その孫が社会問題に関心を示す割合は少ない。そのひとつの根拠に選挙の低投票率を挙げておく。

　豊かな経済資本や文化資本を相続した（生前贈与も含め）若者及び壮年の市民は、当分の間生活には困らないという人たちの割合が高いことが推測される。一定の資産があったら、それをどのように使ってよいかという判断も、文化資本と考えることができる。バブルがはじけた以降は、消費のしかたを工夫するというような文化資本に変化してきたような気がする。少なくともここ30年、金利を低くして公共投資をしても、消費や民間企業の投資が活発にならないという、経済停滞に日本は悩まされている。消費スタイルが変われば企業の投資の方法も変化してくる。サイフの紐が緩まなければ企業は積極的に投資しないのは当然であろう。

　この、消費と生産の停滞と格差拡大という日本経済の謎は、私のような門外漢でも気になる状況である。まじめな経済学者は、金利を下げ続けても消費や生産のための投資は拡大しないことに、早くから気付いている。

　このような日本の経済の現況を、「資産選好」に注目して、その謎の解明に迫っているのが、マクロ経済学や金融経済論の論考が多い経済学者小野善康である。経済が豊かになるにつれて人々の興味が消費から蓄財に向かい、経済構造が大きく変貌したという。成長経済と成熟経済での、消費と資産の関係が全く違うことを資産選好という用語で明らかにした。そのことを次のように簡略に述べている。

「成熟経済では、総需要不足によっていくら物価が下がっても、人々は消費を増や

すよりも資産（貯金・株式・国債など……小宮山）を増やしたいという欲望を持っているため、カネが消費に回らず、不況が長期化する。そのような経済では、カネを増やしても消費にも投資にも回らず、金融資産だけが実体経済と無関係に膨れあがって……」（『資本主義の方程式』小野善康、中公新書、2022年）

　消費者Aが100万円持っていたとして、30万円を消費し70万円を資産で持つ。消費者Bは同じ金額でも、70万円を消費し30万円を資産で持つ。この場合BよりもAの方が資産を選好していると言う。しかし、成熟した経済社会では「なぜ資産選好」に向かっていくのか、という問いに対しての明確な回答は、小野の論考からは読み取れなかった。次にこのことを解明したいと思う。

12 ▎ 文化資本と資産選好

　資産選好を、中間層と富裕層に焦点を当てて考えてみることにしよう。
　成熟経済社会の中間層・富裕層の衣・食・住はどういう環境であろうか。20代・30代の市民なら親の豊かな経済資本の恩恵に浴しているであろうし、40代・50代・60代の市民は自立しているか、親から受け継いだ文化資本や社会関係資本を活用して、それなりの資産をすでに蓄積しているだろう。ファッション性のあるそこそこの価格の衣服をまとい、定期的に家族や友人たちとランチやディナーを楽しみ、冷暖房の効く断熱性の高い使い勝手のよい住宅で生活している。電気冷蔵庫・電気洗濯機・電気掃除機・エアコン・テレビ・ビデオ・電子レンジ・オーブントースター・炊飯器・パソコン・スマホといったふつうの生活をするための必需品は、ほぼそろっている。故障した時に買い換えればよいという中間層・富裕層の家庭は、持っている貨幣の割には消費活動は活発でない。
　車が好きな人はセカンドカーを持っているかもしれないが、土地が狭く地価が高い日本では車庫のことを考えると、交通の便が良い都市の中間層・富裕層

ではそれほど需要はない。20代・30代の若者は自家用車以外の移動手段を使う傾向があり、車の免許や車を所有していないケースもふえてきたと聞く。貨幣を所持していても「使いみちがない！」、買いたいと思わせる「魅力のある商品が少ない！」と感じている市民もいるようだ。物を買うよりもちょっとぜいたくなランチやディナーや旅行に関心が向く人もいる。また将来を何となく不安に思っている中間層は無理をして消費せず、危機に直面した時の「ストック」を考えるかもしれない。

　もうひとつの理由として、文化資本の相違を挙げることができる。成熟経済社会下でさらに何かを消費したい、という気持ちになるには、「何かを利用して楽しむ、幸せになる」という、目的らしきものがなければ積極的になれない。食べること、ファッショナブルな衣服、旅行、スポーツ、読書、音楽、絵画、俳句、短歌、映画、ドラマ、友人と一緒にできるゲーム・百人一首・トランプ・将棋、自分も他の人も楽しめる娯楽（エンターテイメント）など、幼少期から青年期までの時期に上手に消費することを知ると、体や心の健康にもよい楽しみ方が、無意識のうちに身についていくのではないだろうか。その立居振舞をする人同士が集まり、社会関係資本を蓄積していく。これは親の文化資本にかなり左右されることは明白だ。親が身につけている文化、さらにそれを発展させたリベラルアーツに関心が高いかどうかに左右される気がする。文化資本の質と資産選好は相関関係が強いことが推測できる。

　余暇を楽しむにはお金が必ずしも必要とは限らない。少ないお金の範囲で楽しむことは可能だ。むしろ少ないお金でどのような余暇を楽しむかを工夫することにより、費用対効果が良い「遊び方・レジャー」を覚えていく。しかしそのような工夫しながらの消費行動は大人になってすぐできるものではない。

　都会の中間層の家は、それほど広いとは言えない。そのためファッション関連の衣料や身につけるもの（靴・帽子など）、車やバイクや自転車や家具は、広い土地と家屋を持っている富裕層よりも買う数は少ない。収納場所が限定されるから当然と言えよう。そのような環境で育てば、効率のよい消費行動を学ぶことになる。これも文化資本の親から子への伝播と考えれば、遺産相続のひ

とつととらえることができる。中間層の消費するモノやサービス（消費行動）は、日本の企業が生産するモノやサービスとの「ミスマッチ」ガ生じている可能性が高い。資産選好に関しては、補論1小野善康「資本主義の方程式」を参照。

13 ┃ 子どもの頃のいろいろな文化資本

　経済が成熟した社会では幼少期から金銭的な面で不自由なく育つと、いろいろ工夫して何かを楽しむという機会がむしろ減少してしまう気がしてならない。60年程前の日本はまだ豊かな階層の子どもは少なかった。なわとびやボール投げや地面を使った陣地取りゲームといった、あまりお金がかからない遊びがあった。「かごめかごめ」や「だるまさんがころんだ」といった体を使った遊びも、場所と人さえ集まればどこでもできた。家の中での遊びはトランプ・将棋・百人一首・あやとりなど、これもあまりお金（貨幣）を必要としない。このようなお金のかからない遊びは、工夫しなければ面白いものにならない。2人以上で行う場合が多いので、他の人の気持ちを考えながら遊ばないと楽しくないし長続きしない。

　これが60年以上も前のふつうの家庭の子どもの遊びであったが、その頃から地域や階層によって遊びの内容が大部違っていたことは、あまり知られていない。

　当時（1960年前後）の小学校の給食は、児童の食生活の貧富の差を解消するのに一役かっていたことを知る人は少なくなった。私は転勤族だったので岐阜市と浜松市の小学校を約3年ずつ経験している。2つとも市のほぼ中心部にある学校であったが、大きな病院の病院長の子息や地場産業で成功したと思われる経営者の子息がいると思えば、雨と風を凌ぐのがやっとという、壁の向こうを見ると隙間から光がこちらの目に入ってくる、そういう状況下で生活している子どもたちが混在していた。生活が大変そうな子どもはいつも同じ服だ

が、富裕層と思われる人たちは毎日服が変わり、おしゃれをしているなと、（私の場合は）小3あたりから気がついた。

　小学校高学年の頃は友人同士で自転車で遠出することがあったが、今考えてみると参加したのは数人だった記憶がある。私ともう1人の友人は、今のママチャリ（電動式は当時はない）のような自転車だったが、あとの2人は新聞配達などに使われていた、頑丈な実用的なものであった。東京に来て（1960年代）はじめて目にしたスポーティな10段変速、15段変速といったサイクリング向き（今ならロードバイクという乗り物）の自転車などは夢のまた夢であった。地方でも中間層の子どもは自分の自転車（ママチャリ）を持っていたが、多くの友人は大人や上のきょうだいが使ったお下がりだった。

　給食がその日の唯一の滋養にみちた食事で、他の子が飲まない脱脂粉乳のミルクを飲み、残りのコッペパンを持って帰っていた子どもがいた。その一方で自転車を移動の手段として遊びの範囲を広げていた中間層の子どもがいた。さらに体調がすぐれない時は、家族のおかかえ運転手が運転する自家用車（たぶん国産車ではない）で、送り迎えしてもらう子どもも地方にはいた。

　富裕層の子どもの家には65年前にはすでに8ミリ映写機があり、家族で旅行に行った時の様子を記念に撮っていた。また室内遊びの遊具も、ふつうの子どもたちが夢中になったトランプや野球ゲームや人形遊びや薄い板の将棋盤とは、ケタが1つも2つも違っていた。モーターで走るプラモデルや模型電車をレールに走らせる、高価な室内遊びをすでにしていた小学生・中学生もいた（HOゲージなど）。模型飛行機にアルコールのような燃料で動く小さなエンジンをつんだ、Uコンと呼ばれていた外遊びをしていた子どもが、東京にはいた。65年前の将棋やトランプは高くても数百円で手に入ったので、子どもの遊び道具は2ケタも違っていたことになる。

　このような約65年前の頃の状況を紹介したのは、貧富の差で衣・食・住だけでなく子どもの遊びもかなり左右されていたことを示したいためである。ある同じ地域の中での格差がある一方で、地方と大都市での遊びの格差も相当なものがあった。これらの違いを「文化資本」をキーワードに考えると、もっと

43

フカボリできそうだが、ここで止めておく。

　子どもの頃の経験は、その後の生き方に相当な影響を与えると思われる。子どもの遊びだけを取り出しても、貧しすぎて生きていくのがせいいっぱいで友達と遊ぶ時間も機会もない、そういう貧困層の子どもが小学校では1クラスに数人はいた。

　中間層は比較的安価な道具で友達と一緒に工夫しながら長時間遊んでいたが、富裕層の子どもの高額な道具（おもちゃなど）を使った遊びは1人が中心で、他の人の気持ちを考えなくてもマイペースでできることが多い。工夫して楽しくというよりも、たんたんと操作するだけなので遊びが長続きしない。このような場面を何回となく見たことがあるし、知人の道具を借りて遊んだ経験を私もしている。

　遊びを文化資本という視点からみると、人間関係が濃い1時代前の中間層の子どもの遊びが、多様な文化を取り込む可能性が高いと思われる。人と人との交わりの基本を、我々は幼少期の頃からの「遊び」で学んでいるのではないだろうか。このようにみてくると、時間をたっぷり使ったあまり機械的な道具に頼らない遊びは、社会関係資本も含めた文化資本を充実させる土台になっていたような気がする。少なくともスマホが小中学生の手に渡る前までは。遊びによって文化資本のもととなる経験をふやしながら、関心事を自分だけでなく「他の人たち」にも向けていくことを、無意識のうちに体で覚えたのではないだろうか。このような経験をつむことによって大人になってから知らないうちにその人の立居振舞が、そしてその人が持っている文化が表に出てくると思われる。

　人と人との出会いは最初は母親・父親、きょうだいがいれば姉・兄・妹・弟、親族のおじ・おば・いととなるだろう。身内以外では近所の友達・おじさん・おばさんとの交流がある。幼稚園・保育園・小学校に行けば、同じ年や異年齢の子どもや学校の先生との出会いがある。スポーツクラブや塾などの習い事やお勉強をする場でも、様々な人と一緒に目的を持った行動をする。

　親から1人で買い物に行くことを頼まれるという経験では、商品を売る大人

と金銭のやりとりをしながら話す場面もある。旅行に行くと、今でも日本は地域によっても言葉（方言）や食べ物や雰囲気が違うことを何となく知る。親と海外旅行をすれば、日本語でない言葉に出会い、緊張することもあるだろう。このような様々な体験は、大人になってから文化資本や社会関係資本を手に入れる時に有利に働くことは間違いないだろう。なぜなら、多くの人に出会い自分とは違う家族の文化を知ることは、世の中のしくみに関心を持つきっかけになると思われるからだ。

　もし人と会うのが億劫で、与えられた高価な電車模型などで1人で黙々と遊んでいたとしたら、家族だけの文化にしか接してこないことになる。他の人との出会い、もう少し具体的に言うなら、育った環境で得たのとは違う文化に接することで、広い範囲の出来事に人間は関心を持っていくのではないだろうか。このような下地がなければ、学校教育だけで必死に「持続可能な社会、SDGsの大切さ」を伝えようとしても、効果は半減してしまう気がしてならない。

14 ┃ 家族の文化の再生産

　封建制時代に醸し出された夫婦の美しい文化のひとつとされていた、「以心伝心」「沈黙は金なり」「夫唱婦随」といった四字熟語などには、人と人との間の明白なコミュニケーションは存在しない。何も言わなくてもなんとなく相手のことがわかるのが「美徳」であると思い込んでいる人（特に男性）も、いまだにいるようだ。たいがいはお互い勘違いしているのだが。

　よく話をしている男女がカフェにいれば「あの2人は恋愛中だね」、お互い寡黙のカップルがいたら「あの人たちはお互いをよく知っている（？）熟年カップルだね」と断定する人もいる。このような家庭の文化を否定するつもりは全くないが、学校文化とはかなりの距離感があることは否定できない。

　話をするという行為は、お互いをよく知ろう、という強い意思の表れではな

いだろうか。同じ家に住んでいる家族だから、何も話さなくても相手がわかると豪語する方もいるが、たいがいは1人相撲になっていることが多いのではないか。

　もしリビングなどに本や新聞や雑誌や絵や家族で音楽を聴く道具（CDコンポなど）があれば、常にリベラルアーツに接することが可能となる。しかも共通の知識や情報があれば、夫婦での会話がふえて家族との交流が活発になる。逆に共通なものがないと（若い人はよく価値観と言うらしい）会話は少なくなり、「コミュニケーションをする」という、社会に出てから一層重要視される文化資本が育たないことになる。もし家族とはあまり会話をしないという文化資本が根付いてしまうと、双方向性のやり取りや自分の意見をしっかりと言うことを重視する学校文化とも、相容れなくなる可能性が高くなるであろう。これからの学校では、アクティブ・ラーニングのような授業がふえてくるはずだ。学校文化に馴染むのに遅れると、学力に負の影響を及ぼすことになりかねないことは明白である。

　このように考えてくると、リベラルアーツにつながる中学での学びは、大変重要なことになる。中学で学ぶことを土台として、朝日・読売・毎日・日経・東京といった新聞を読めるようになり、一定の社会の共通なできごとを理解することが可能となる。もしここの部分の知識が欠けていたら、新聞やテレビの報道番組を理解するのが苦痛になり、芸人の内輪話やスキャンダル中心のバラエティ番組しか見なくなり、世の中のしくみや出来事への関心が薄くなってしまうかもしれない。

　ドラマや映画を見て感動したり同感したりして、その作品や俳優が好きになる。落語家や歌手やお笑い芸人の「芸」や「歌」や「ダンス」に引き込まれて、その「わざ」に夢中になる。このような楽しみ方は、リベラルアーツとの相性がよくなってくるのは当然であろう。芸を通して他の人に何か自分の気持ちを伝えるというパフォーマンスが共通している。リベラルアーツは「人と人との心のふれ合い」であることを思い出してほしい。

　しかし俳優や歌手や芸人と呼ばれる人の私生活をフォーカスして、彼らの失

敗談やスキャンダルを面白おかしく取り上げている番組は、人と人との心の通い合いは全く感じられない。リベラルアーツの「Arts」とはかけ離れた空間のような気がしてならない。

　家族全体の知識や情報が不足していれば、当然会話が弾むことはなく、ただの同居人になってしまう。バラエティ番組を親子で黙って見ているという文化は、家族が一緒にいるにもかかわらず一体感はあまりない。学校文化とは相性が悪いことは明白であろう。この寡黙な文化や立居振舞が習慣化されている状況下では、子どもの学力の向上は望めないだけでなく、親も生涯学習とは無縁のまま年月が過ぎていくことが予想できる。親と子がお互いに言葉などを使って交流することによって、親から子どもへ大人社会の文化が伝わり、親には子ども社会や学校の文化が伝わっていく。このように考えると、親子のボディアクションを含めた会話はお互いの文化を蓄積していくことになる。これは親子の間のことだけではない。知人をふやしお互いがしっかりとした言葉で交流すれば、双方の文化資本をふやすことにつながる。これは社会関係資本とも強いつながりがあることは言うまでもない。このようなメカニズムによって、豊かな文化資本の再生産が行われる場合があるのではないだろうか。社会関係資本がふえていけば、自ずと社会に関心を示すことになっていくと思われる。

参考文献

岩崎久美子『成人の発達と学習』放送大学教育振興会, 2019年.

大石慎三郎『大岡越前守忠相』岩波新書, 1974年.

小野善康『資本主義の方程式——経済停滞と格差拡大の謎を解く』中公新書, 2022年.

ガルブレイス『ゆたかな社会』鈴木哲太郎（訳）, 岩波書店, 1960年.

工藤庸子・池内紀・柴田元幸・沼野充義『世界の名作を読む——海外文学講義』角川ソフィア文庫, 2016年.

小宮山博仁『学歴社会と塾』新評論, 1993年.

須田努・清水克行『現代を生きる日本史』岩波現代文庫, 2022年.

千石保『日本の高校生——国際比較でみる』NHKブックス, 1998年.

西山松之助『江戸文化誌』岩波現代文庫, 2006年.

松岡亮二『教育格差』ちくま新書, 2019年.

耳塚寛明（編著）『平等の教育社会学』勁草書房, 2019年.

第 2 章

リベラルアーツを考える

ではリベラルアーツとはどのような意味であろうか。「知識」「文化」「文化資本」の3つの用語をキーワードにして論を進めていこう。

1 ┃ リベラルアーツとは

　拙著ではなぜ社会問題と関係性が薄そうな「リベラルアーツ」の話を持ち出したのか、訝る方も多いのではないだろうか。ここではリベラルアーツの定義を再検討してみることにしよう。「職業に直接関係のない学問、芸術のこと」（『日本国語大辞典』）と定義されている。

　この中の芸術に焦点を当ててフカボリしてみよう。芸術を同じ辞書で引くと、「鑑賞の対象となるものを人為的に想像する技術」とあり、絵画、音楽、演劇、映画などを指していることがわかる。広辞苑を引くと説明のしかたは違うが、双方とも「鑑賞」という用語が使われている。

　「鑑賞」という行為はまさに「人と人との気持ちの触れ合い」であり、もう少し広い意味を考えるなら「交流・関係性」と言ってもよいだろう。人と人との関係性を持つことは、「世の中」との交流を無意識に実行していることになる。絵画や映画やダンスなどの演舞などは、間接的な触れ合いであり、気持ちの交流であり、それがマッチングした時が「芸術」と言える。これは「社会関係資本」ともつながりがありそうだ。

　このようなロジカルな発想で考えてくると、「世の中」に対する関心が強くないと、その人が持っている知識や文化はリベラルアーツには転化しないことになる。またその知識を活用して企業に勤めたり何らかの組織を通して社会との交流をすると、文化は意識しなくても、「利益」を自分と相手の双方に与えることになるので、この時「文化資本」となるのではないか。この「利益」とは必ずしも貨幣とは限らない。

　生産性がないと思われていたリベラルアーツと文化資本は、このような視点で見てくると、共通性・親和性があることが判明してくる。

　リベラルアーツという用語は「教養」という日本語が当てられることが多く、実用的でない知識ととらえる人もいる。辞書を引くと「職業に直接関係のない学問、芸術のこと。実用的な目的から離れた純粋な教養」（『日本国語大辞典』）と出ている。『広辞苑』には「自由学芸と同義で、ギリシア・ローマ時代からルネッサンスにかけて一般教養を目的とした諸学科」と説明している。もうひとつの意味として「自由な心や批判的知性の育成、また自己覚醒を目的にした大学の教養教育の課程」がある。東大の教養学部を思い浮かべる方も多いのではないだろうか。

　『日本語大辞典』の定義は、一昔前の生涯学習の学びとよく似ている。生涯学習センターが公民館と呼ばれていた時代に行われていた、講座やイベントのイメージではないだろうか。退職した人、家にいて時間が比較的自由な人で何かを学んでみたい、そういう市民を対象にしていた市民講座が多かった。

　このリベラルアーツと一昔前の生涯学習の概念は相性がよさそうである。この用語は、仕事に役立つ知識や情報はすべて除外すると単純にみなすと、単なる暇つぶしかお遊び程度の学びになってしまうことがある。実用的な目的から離れた知識ととらえることができるが、リベラルアーツのことを辞書には「役に立たない」とは書いていない。「実用的でない」＝「役に立たない」とつい考えてしまう方が多いのではないだろうか。しかし一見実用的でない知識が、生活していく上で役に立ったり、仕事に活用できることがよくあるのではないだろうか。これが市民生活をしていく時に気がつかないうちに活用している文化資本かもしれない。成熟した経済社会でこのように考えると、リベラルアーツは市民の平均の生活の質を高める役割をしている気がする。人間の立居振舞にかなり影響している可能性が高い。

　生涯学習のねらいを思い出してほしい。「Ⅰ　自分の労働力の価値向上」「Ⅱ　公平な市民社会（議会制民主主義）を成り立たせる土台づくり」「Ⅲ　人生を幸せにする学問・芸術を身につける」、シンプルに表現するとこの3つのねらいがある。

　リベラルアーツを獲得することによって、無意識のうちにⅠが高まっていく

ことがある。絵をかくことが趣味だが、いつのまにかイラストレーターになっていた、小説を読んだり文章を書くのが好きだったが、気がついたらプロの編集者になっていた、子どもの頃からサッカーが好きで全国大会まで行ったが、そのスキルと身体的機能を生かしてスポーツトレーナーになった、このような例は枚挙にいとまがない。

　Ⅱと関連するが、趣味・教養などが仕事につながれば、それは積極的な社会参加となる。それによって自ずと社会との接点を持ち、世の中のしくみを考える機会がふえると思われる。本物のリベラルアーツを身につけると、社会から遊離するのではなく、むしろ社会に関心を持つことが多くなるのではないだろうか。リベラルアーツの「Arts」は人と人との心の触れ合いで成り立つことを考えれば当然かもしれない。このようにロジカルに考えてくると、リベラルアーツによって人脈をふやせる可能性が高いということになる。

　夏目漱石の「吾輩は猫である」や「坊っちゃん」を読むと、明治の頃の人間の行動や文化、さらには当時の学校教育の雰囲気や立居振舞が、いきいきと伝わってくる。「吾輩は猫である」には、当時の理想的な女性の雰囲気が猫の目を通して描かれている。「坊っちゃん」には都会から来た青年を地方の人々はどのようにして迎え入れたかが、面白おかしく「バッタの事件」などで、表現されている。

　海外に目を向けてみよう。チャタレイ裁判で有名になった、伊藤整が訳したD・H・ローレンスの「チャタレイ夫人の恋人」をよく読めば、社会派の小説であることが歴然とする。貴族趣味的な階級と、肉体労働をする労働者階級の人間の考えや行動が、対比的に物の見事に描写されていたという記憶がある。底辺で働いている森番の労働者と経済資本には何不自由しない炭坑を持っている富裕層の人々の矛盾した社会を、人間の目線で描写している小説を、ローレンスは95年前に書いていた。一部分だけを取り上げて発禁扱いにするのは、社会文化を見る目が欠けていたと言わざるをえない。

　かつて大英帝国と呼ばれた紳士の国イギリスは、毛織物と石炭で確立した階級社会としても有名な先進資本主義国家である。イギリスは世界を最初に制覇

した大英帝国であったが、国内の階級社会が固定化し始めた時代でもあった。18世紀のイギリスは、三角貿易の核として栄華を極めたことは、中学の歴史の教科書にも詳しい。階級によって話す言語（正確には発音や言い回し）が異なっていることは、『マイ・フェア・レディ』という映画や舞台で、日本でも世に知られるようになった。このことに最初に気がついたのは、言語コード理論で名が知られているイギリスの社会学者バジル・バーンステインであった。

　言語には精密コードと限定コードがあり、前者が上流階級、後者は労働者階級が主に話す言語であるとし、イギリスの階級社会を見事に分析している*。私がバーンステインを知ったのは、40代中頃であり、その論考を読んですぐ思いついたのがオードリー・ヘップバーンが主役であった『マイ・フェア・レディ』という映画であった。もしこの映画を見ていなかったら（経験していなかったら）、精密コードや限定コードを理解するのに時間がかかったに違いない。映画やドラマを見て人間は様々な文化を知り身につけていくのだという確信を持った出来事であった。

　この映画をハビトゥスという視点から見ることもできる。英国社会のヒギンズ教授の上流階級と、花売り娘イライザの労働者階級の違いが鮮明に浮かび上がる映像である（ここは前掲『成人の発達と学習』に詳しい）。

　生涯学習のねらいのⅢは、リベラルアーツそのものである。知識が多いと周囲から一目置かれるが、時には知らないうちに足をひっぱられることが日本では時々ある。文化資本がありすぎると思われると、良い意味でも悪い意味でも目立つことが多いので、人前ではあまりそのような文化資本を見せない人もいる。しかし、マウントを取りたいためにあえて文化資本をちらつかせる人もい

＊　精密コードと限定コードは、イギリスの社会学者バジル・バーンステインが広めた用語。
　・精密コード…あらたまった標準英語で、主語・述語がある。主に中産階級及び富裕層が使う。
　・限定コード…くだけた非標準英語で単純な単語が多く、命令的な言い方。主に労働者階級が使う。
　具体的な例を示すと次のようになる。
　＜親が子どもに静かにしてほしいことを伝える言葉＞
　・精密コード … I'd rather you made less noise, darling.
　　　　　　　（あまりさわがないでちょうだい、かわいいあなた！）
　・限定コード … Shut up!（うるさい！　だまれ！）
　以上、『文化的再生産の社会学』（宮島喬、藤原書店、1994年）を参考に作成した。

る。日本人にとってリベラルアーツとみられる文化資本は、その見せ方が難しいことがよくある。まだなじみが薄い用語のためだと思われる。日本とイギリスを比較してもリベラルアーツは国によって立居振舞が違ってくることがわかる。

　農村共同体の負の文化資本を背負っている人は、自分と価値観が異なり、しかも知識も経済資本も自分よりあるように見える他者を許せなく、無意識に排除しようとすることがある。そのため自分が身につけているリベラルアーツは、人前ではできるだけ出さないようにしている賢い教養人もいる。「能ある鷹は爪を隠す」というグローバル化した社会では通用しそうにもない日本のことわざは、それを象徴している。これはまさに農村共同体の負の面を表現する、日本特有な文化の用語と思われている。

　一方、ほかの人より自分を上に見せたがる人もいる。リベラルアーツを（この場合正確には教養と私は考えている）、マウントをとるための手段と割り切っている。欧米の社会学者や哲学者のカタカナ言葉を使い、一般の市民がよく知らない作家や芸術家を取り上げて、一部のマニアックな人しかよくわからない話をする。故事・熟語が好きで、辞書を引かないとわからない中国由来の四字熟語や、めったにお目にかかれない漢字を書いて満足する人もいる。このような似非リベラルアーツの使い方では、たぶん人生は楽しくないであろう。楽しくないからマウントをとろうとするのかもしれないが。

　約120年程前のアメリカの富裕層の立居振舞を、これでもか、というような感じで、皮肉たっぷりに詳細に論じた経済学者の本がある。ソースティン・ヴェブレンの『有閑階級の理論』（講談社学術文庫、2015年）である。第14章「金銭的な文化の表現としての高等教育」で、次のように述べている。「書く場合であれ話す場合であれ、優雅な言葉遣いは、名声を得るための効果的な手段である。どのような話題について話す場合でも、慣例的に要求される程度の擬古主義というものをかなり正確に知っていることは大切である」。これが当時のアメリカの富裕層のリベラルアーツ（教養）の使われ方と考えることもできる。アメリカの有閑階級の立居振舞を様々な角度（金銭的な張り合い、顕示的な消費、顕示的な余暇やスポーツなど）から検証しているが、60年後にフラ

ンスのブルデューが用いた文化資本と大変類似性がある。しかしなぜか、ヴェブレンとブルデューを結びつけるような論考を私はまだ見たことがない。

　リベラルアーツを生涯学習の視点で見てくると、近年教育熱心な親が注目する文化資本との関係が判明してくる。この文化資本は子どもの学力ともかなり深い関係があるので、教育関係者や子育てに熱心な親にとっては、目が離せない用語となってきている。

2 ┃ 小説の神様・志賀直哉とリベラルアーツ

　明治と昭和の間にはさまれた大正時代のリベラルアーツとは、どのような雰囲気なのかをチェックするために、小説の神様と言われた志賀直哉の作品を鑑賞してみることにしよう。

　大正時代は「大正デモクラシー思想」が文化人の中に広まってきた。1907年には小学校の就学率は97％を超え、学問に対する熱が急速に高まっていった時代である。知識、文化、教養にも関心が向く一般の市民がふえていき、無意識のうちにリベラルアーツという考えが広まり始めた頃が大正時代と言ってもよいだろう。その頃から活動していた文化人の1人が小説家志賀直哉と考えてよさそうだ。現代人にも非常にわかりやすい短編小説を紹介したいと思う。

　以下は、拙著『国語の教科書から消えた心に響く名作・名場面』（小宮山博仁、日本文芸社、2013年）より抜粋し、加筆・修正を加えたものである。

「宿かりの死」志賀直哉

　大きな栄螺（さざえ）の殻（から）に入つてゐる宿かりが岩の上から下に沢山集つてゐる①細螺（きしやご）を見下して、「小さいな」と思つた。
　「相変わらずうぢうぢして居やがる」と腹で冷笑（れいしよう）した。
　彼は以前自分が其殻（そのから）の一つに入つて仲間のやうにして居た事を思ひ出して、自分ながらもよくもこんな大きくなつたものだと己惚（うぬぼ）れた。

宿かりは勢よく細螺を押し分けて岩を駈け下りると一度宙返へりをしてどぶんと海の中へ飛び込んだ。

わぁーと云ふ細螺共の笑ひはやす声が聞えた。

「馬鹿共が」かう思ひながら彼は大きな者のみが感じられる寛大な心持を味ひながら海の底をのそのそと歩いて居た。彼は傍に何かごりごりと云ふ音を聞いた。見るとそれは自分よりも大きな栄螺がそろそろと岩を這上つて行く所だつた。彼は急に堪らない恥かしさを感じた。

彼は栄螺に見つからないやうに抜足差足其処を退いた。

一人になると彼は急にむかむかと腹が立つて来た。そして直ぐ無理矢理に自分の殻を脱いで了つた。

砂地を今度はそろそろと臆病に這つて行つた。柔かい尻が砂で擦て痛くやりきれなかつた。

彼は苦しんだ。一日一ト晩苦しんだ。そしてやりきれなくなつた時に丁度其処に非常に大きな法螺貝の殻を見出した。それは昨日彼をおびやかした栄螺よりも更に更に大きかつた。

其貝は重く且彼の身体にはゆるゆるだつた。が、かまはず苦しい想ひをしてそれを曳きずつて歩いた。

彼は又大きくならうならうと云ふ欲望に燃え立つた。

一年程経つた。

そして彼は驚くべき発育で其法螺貝の中に一杯の大きさまで育つた。もうそれを曳きずつて歩く事は何の苦もなくなつた。

彼は余り苛々しなくなつた。先程には大きくならうと云ふ欲望も燃え立たなくなつた。

其時彼は偶然又素敵に大きな法螺貝に出つ食はした。

彼は吃驚した。殆ど気絶しかけた。

彼は栄螺の殻に入つて居た時、大きな栄螺に会つた時よりも倍の倍も自分を恥かしく感じた。

腹を立てるにしてはもう力が足らなくなつた。

彼は全く自分に失望した。

自分がどれ程大きくなるにしても其処には何時自分だけの大きさの貝殻がなければならぬと思つた。彼は全く絶望して了つた。

彼は直様自分の入つて居た法螺貝を捨てて了つた。

彼は又殻なしで痛さを我慢してそろそろと大病人のやうに海底の砂地を這つて行つた。

時々その傍を軽蔑するやうな横眼使ひをしながら伊勢海老がピンピンと勢よくはねて通つた。辰の落子が②怪訝な顔をして立ち止つて彼を見送つてゐた。彼はいよいよやりきれなくなつて来た。

それでも未だ何かを求めるやうに海の底を一方へ一方へ、ずるずると其柔かい腸の尻を曳きずつて歩いて行つた。

路々彼が入れる位の大きな法螺貝の殻にも出会つた。然し彼は今更それにもぐり込もうといふ気はしなかつた。

彼は極端に憂鬱になつた。

力もなえて来た。

彼はもう自分も死ななければならないと思つた。

何故自分の生涯の結末がこんなにならなければならなかつたろうと考へた。

それよりも何が只の宿かりで居られない欲望を自分に与へたのだらう。

そしてそれは何の為だらうと考へた。

彼が細螺の殻にゐた頃の夢想は遠の昔彼に来て了つた。が、それは彼に何の幸福をも持ちきたさなかつた。彼は常に満たされずに来たのだ。

彼の精神も肉体も段々まゐつて来た。

たうとう動けなくなつた。

そして死んだ。

其処に丁度、近所の臨海試験所の船がやつて来た。

宿かりの死骸は偶然にも其網にかかつて曳き上げられた。

学者等はそれを見て驚いた。どうしてこんな大きな宿かりが出来たのだらうと驚き、且それの手に入つた事を喜んだ。

彼等は直ぐ船を引きかへして早速それをアルコール漬にすると、世界中に恐らくこんな大きな宿かりは有るまいと話し合つた。

彼等は独逸の動物学会宛に其報告書を書く事にした。

壜の外から宿かりの柔かい尻の擦りむけて腸の出た所をしきりに眺めて居た其内の博士が、「あんまり大きくなり過ぎて、もう入る貝殻がなくなつて死んだに相違ない」と云つた。

宿かりの身体はアルコールでそろそろ色が変つて来た。

そして彼は未だ死んだ時の絶望と③苦悶とを顔に表して眠つたままで居る。

動物学者等も其表情は素より宿かりの心理に就ては何も知る事は出来なかつた。

<注>
①細螺…キサゴ（巻貝の一種で、殻は直径2cm内外）の異称。
②怪訝な顔…不思議に思ってうたがうような顔
③苦悶…肉体的・精神的にたえがたい苦しみを味わうこと。

宿かりの死とリベラルアーツ

　志賀直哉は社会科（歴史）や国語の教科書（文学史として）に必ずといって
よいほど出ている小説家である。短編では、「城の崎にて」「小僧の神様」など
が小・中学校の国語の教科書に掲載されてきた。長編では「暗夜行路」が有名
である。

　1883年に生まれ1971年に没した、明治から昭和までの目まぐるしく変化し
ていった時代を生きた小説家である。江戸時代の文化がまだ色濃く残ってい
る、文明開化の雰囲気を子どもの頃は感じとっていたであろうし、日清戦争・
日露戦争・第一次世界大戦・日中戦争・第二次世界大戦・朝鮮戦争といった、
日本の歴史の教科書に必ず出てくる「戦争」をすべて体験してきた文化人と言
ってもよいだろう。戦争だけではなく、敗戦前までは繰り返して生じた経済の
好景気と恐慌を何回となく経験し、人間の浮き沈みを見てきた小説家である。し
かも敗戦直後の貧しい時代から高度経済成長で日本が年々物質的には豊かになっ
ていくところも見ている。このような一生は作家としては大変珍しいと思われる。

　志賀直哉は作家仲間からも一目置かれ、「小僧の神様」からつけられたのか
は定かではないが「小説の神様」と呼ばれている。志賀直哉の文章は簡潔明瞭
で、余分な言葉はないと言われている。長々とした不必要な修飾語はなく、の
りやすいリズム感のある文章であるから、一気に読むことができる。修辞の言
葉が少ないという点では、日本の伝統的な短歌や俳句と似ているところもあ
る。古い言い回しや表現があるが、中学生や高校生だけでなく、学校を卒業し
た社会人に今でも読んでもらいたい小説家の一人である。

　短編の中では一般的には知られていない「宿かりの死」をリベラルアーツと

の関連で取り上げてみた。これは中学の国語の教科書（1980年代）に掲載されたことがある。難解な言葉や言い回しはほとんどないので、高学年の小学生でも読める（旧仮名づかいを改めたなら）はずである。童話によくある単なる教訓話としてとらえることはできない内容だ。

「宿かりの死」は1914年（大正3年）の作品であるが、もう少し時代背景を概観してみることにしよう。

この作品が世に出た10年程前に産業革命が完了し、7年前は就学率（小学校6年まで）は97％となり、国としての一応の基礎が出来た時期である。利益優先の資本主義社会が動き始めた頃でもある。多くの人が、学ぶことや政治に関心が向いていた頃であった。社会風俗としては、モダンボーイ、モダンガール（モボ・モガ）という用語で表現される、西洋文化をまねた立居振舞が大都会を中心に話題になっていた。西洋文化が浸透し始め、競争を是とする経済活動が活発化し始めた時代である。江戸時代の「共同体での人の和」を尊ぶ文化とは違い、資本家を中心とした富裕層と、工場労働者を中心とした貧困層とに二極分化していった時代でもあった。資本家と労働者の間の対立だけでなく資本家同士、労働者同士の競争や争いが、大都市を中心に頻発するようになった。この頃に、プロレタリア文学と言われる作品が注目され始めた。江戸時代の人々の生活意識と違和感がある、「経済競争」をして生きていくという習慣が根付き始めた時代と言ってもよいかもしれない。

自由と思える社会が実はそれほどでもない、常に「見栄を張る」ことを求められる、人によっては窮屈な社会とも言える。このような日本人の価値観が大きく変化していた頃に、志賀直哉は生きていたととらえると、この作品がよりよくわかってくるのではないだろうか。

教育から光を当てると、20世紀の初頭は、学歴社会の実質的な幕開けであった。江戸時代の士農工商（穢多非人）といった身分制度が廃止され、一応平等な社会になったのが明治の初めであった。能力と多少の財力、それと機会があれば、たいがい上級学校に行けるしくみが明治時代には確立した。江戸時代のゆったりした流れの社会とは違い、明治の終わり頃には、競争原理が企業だ

59

けでなく学校も含めてありとあらゆるところに侵入していった頃であった。「末は博士か大臣か」という言葉は、努力して大学まで行ける可能性がだれにでもある、競争社会であることを示している。この用語は、学問（博士）が政治（大臣）より上であることを示唆している、と考えることもできる。

　社会全体が競争社会になりつつあり、現在とはまた違った意味での急激な社会変化が起きていた時代であった。封建制の社会では一定の分野での競争はあったが、一般庶民の生活上での競争は、大正時代以降ほどではなかったと言ってもよいだろう。

　「宿かりの死」という短編小説は、企業も学校も地域社会も競争に巻き込まれるようになった1914年（大正3年）の作品であることを知ると、昔話のような教訓話とは違った角度から見ることができるであろう。

　「幸せとは何か」という重要なテーマに取り組んだ作品として読むと、現在のグローバル化した社会での生き方のヒントを得られるのではないだろうか。競争社会ではどうしても他人のことが気になることがある。他人との競争で幸せになる、他人という鏡があって初めて幸せを感じる（他人の不幸は蜜の味）、そういう生き方には限度があることが、この作品を読むと、改めてよくわかる。

　この小説の最初に、自分より小さな細螺を見下す場面が出てくる。「『相変わらずうぢうぢして居やがる』と腹で冷笑した」、さらに少し間をおいて「『馬鹿共が』かう思ひながら彼は大きな者のみが感じられる寛大な心持を味ひながら海の底をのそのそと歩いて居た」と続く。『他人を見下す若者たち』（速水敏彦、講談社現代新書、2006年）という心理学者の本が2006年にベストセラーになったが、その内容とカブル部分が多い。小さい頃から、金銭的な不自由がなく育てられてきた20代・30代の若者の親は、学歴獲得競争に熱心であった。そのため子どもは小学生から競争的な勉強を親から強いられ、高学歴を手に入れた若者の中には、ベストセラーになった本の題名に該当する立居振舞をするケースも多々出てくる。「他人を見下す」という行為はマウントをとりたがる人のひとつの方法なのではないか。

　志賀直哉のこの作品は、学歴獲得競争の渦中にいる現代の親子の心境と大変

似ているところがある。110年近く前に書かれた作品であるが、高学歴を手にした者が何かの折にふと感じることではないだろうか。日本では最高の学府のひとつと思われている東大でも、文Ⅰ、文Ⅱ、文Ⅲで序列化（入試の難易度での）があると言われている。文Ⅰの学生の中には、文Ⅱ、文Ⅲに優越感を持つ者がいるという。逆に文Ⅱは文Ⅰにコンプレックスをいだき、文Ⅲに対しては優越感をいだく学生がいるという。先の、宿かりの立居振舞と同じである。

　この宿かりは自分よりも大きな栄螺を見て急に恥ずかしさを感じ、彼は栄螺に見つからないように抜き足差し足でそこを退いたのである。そしてその後「彼は急にむかむかと腹が立って来た」という文章が続く。ここには強い者には委縮してへつらうが、プライドだけは高い宿かりのことがうまく表現されている部分である。「強きをくじき弱きを助ける」ということわざがあるが「弱きをくじき強きになびく」というホワイトカラーが出現してきている現代社会では、考えさせられる文章である。

　この競争心理は、現在の中学受験で進学校に合格した勝者と思われている親子にも色濃く出ている。中高一貫の進学校に行っても、全員が東大のような希望校に行けるわけではない。Ａ君がもし希望する東大に合格できず、Ｂという大学に行ったとする。一方この中堅のＢ大学はＣ君にとってはあこがれの大学である。しかしＡ君は東大に対するコンプレックスを持ったままでいると、Ｂ大学への愛着はわかず学業に身が入らないこともある。一方Ｃ君は熱心に大学で学ぶ可能性は高くなる。ひょっとして東大に行った同級生は、宿かりのような態度をＡ君にとるかもしれない。

　この宿かりは栄螺より大きな法螺貝を身につけ、一時安心するが、さらに大きな法螺貝に出会って「全く自分に失望」してしまった。これ以上の見栄の競争をしていても無意味とさとったのであろうか、彼は「もう自分も死ななければならない」と思ったのであった。競争社会を勝ち抜くという強い気持ちを持ち続けているビジネスパーソンは、志賀直哉の「宿かりの死」を認めたがらないかもしれない。しかし良いことも悪いことも経験していると、「マウントをとる」ことのむなしさを知る人も多いのではないだろうか。

競争社会でのこのような見栄の張り合いのむなしさは、宮澤賢治の「注文の多い料理店」にも出ている。アメリカの経済学者ヴェブレンが約120年前に「顕示的（みせびらかしの）消費」という表現で示した消費と類似的である。「宿かりの死」は1914年であるから、日本とアメリカという地域の違いはあるが、競争しながら生きていくという、冷静に考えると大変こっけいなことを、それぞれ違う国の国民が行っていたことになる。日本は産業革命がほぼ完了して間もない時代、アメリカ合衆国は産業革命が完了してある程度時間がたっていた大衆消費社会の時代という違いはある。しかし遠く離れた国で社会の動きや人間の行動（文化資本と関連のある立居振舞）を冷静に観察していた作家や経済学者が、同じような表現をしている部分があるのは大変興味深いことである。

　この志賀直哉の短編の末尾に「〜早速それをアルコール漬にすると、世界中に恐らくこんな大きな宿かりは有るまいと話し合つた」という学者らしき人物に言わせている文章がある。このような状態を多くの人にさらすことによって、「見栄の張り合いや顕示的な消費行動」がいかにこっけいであるかということを作者が強調しているような気がした。でもこの学者は宿かりの表面だけを見て心までは見ようとしていない。志賀直哉の学者に対するアイロニー（軽い皮肉）を感じるのは私だけであろうか。

　グローバル化した現代は、100年以上前よりもさらに競争社会となってきている。少し気に入らない著名人がいればSNSを活用して好き勝手な誹謗中傷でストレスを発散させる人もふえてきた。だからこそ、この「宿かりの死」が伝えようとしていることは、重みがあるのではないだろうか。見栄や限りない消費の欲望だけでは人の心は安定せず、幸せにはなかなかなりにくい現代では、この短編をきっかけに、豊かな商品に囲まれた社会での「幸せ」とは何かをもう一度考え直したいものである。

　かなり強引なたとえだが、この宿かりの貝殻を貨幣と置き換えると、現代の日本社会では同じような光景がいたるところで見られる。特に1980年代から1990年頃までのバブル景気の時は、限りない貨幣の量に置き換えた商品がもてはやされた。ゴッホやピカソなどの億の値段がつく絵画、何千万円もするス

ーパーカー、普通のサラリーマンでは手にできないロレックスの時計、ダイヤモンドなどをちりばめた宝飾品、ルイヴィトンやシャネルのバックや装飾品、数え上げたらきりがない。これらの商品の使用価値を十分に認識して所持するのは理解できるが、その商品の価格（交換価値）のみにしか関心がない人々は、その「良さ」でなく、まっ先に値段が口から出てくる。「ゴッホのこの絵は10億円で落札した」といったような話を、バブル絶頂期の頃（1990年前後）はよく耳にした。

　この「宿かりの死」を読んで私がまず浮かんだのは、「成り金も含めた富裕層の人々の幸せや満足とは何か？」という疑問であった。時々、上から下までブランド品で身をまとったタレントらしき人がテレビに登場する。またそのような貨幣価値の高い商品を売って大金持ちになった実業家を見ることもある。彼ら彼女らを見ていると、高価な宝飾品やお金の話の時にはいきいきとした表情になるが、それ以外の話題（芸人ならドラマの話や芸のこと、歌手なら歌のことなど）ではあまり楽しそうな顔をしないことがあった。社会問題に何らかのアプローチをするような雰囲気でもない。あまり世の中の出来事には関心がなく、自己のPRに熱心である人形のような彼ら彼女らを見ていると、はたしてどんな社会貢献をしているのだろうかと、勘ぐってしまう。

　ひょっとして、そのことを一番よく知っているのは本人なのではないだろうか。マスコミの中で売れている期間はそれほど長くはない、と直感的に思っている芸能人は多いと思われる。顔を忘れられないように、意識してテレビに出る俳優や歌手がいるかもしれない。短期間でブレイクした俳優やモデルなどは、心が落ち着く時がないのかもしれない。そのため自己の存在感を強烈に示すために、次はさらに高価な商品を身につけたり所有したりすることを考えるのだろうか。

　ここで取り上げた成り金のような人々の立居振舞は、宿かりの行動ととてもよく似ていると思うのは私だけであろうか。テレビに高額商品を身につけて出てくる芸能人から、それらの商品をすべて取り除いたら、その人の芸の価値はどのくらいなのだろうかと思ってしまう。見栄の世界にどっぷりとつかってい

る時、渥美清の『男はつらいよ』のような映画を見ると、「ホッと」する人がかなりいるような気がするのは私だけであろうか。

　この短編小説の最後のあたりに「伊勢海老がピンピンと勢よくはねて通った」という文言があるが、私は最初あまりこの表現に注目しなかった。しなかったと言うより「スルー」していたというのが正直なところである。しかしこの「伊勢海老」は重要な役割をしている気がした。「宿かり」も「伊勢海老」も同じ甲殻類である。伊勢海老は甲殻類の王様でありサラブレッドであるが、宿かりは足軽であり駄馬でもある、という対比に気がつかなかった。「蛙の子は蛙」「駄馬は駄馬」といったことを、志賀直哉は伝えたかったのであろうか。

　この小説をリベラルアーツの視点から読むと、学んだことによって得た知識を、競争社会の中で単なる「マウント」をとるために使うことが、いかにむなしいことかがわかってくるのではないだろうか。学んで得た知識を文化資本として活用し、さらに社会関係資本を充実させていく時、その人の考え方しだいで、「見栄の張り合い」になるであろうし、一方では人と人とのつながりを重視した「連帯感を築く」社会関係資本にもなるであろう。

3 ┃ 文化資本の分類とリベラルアーツ

　第1章で簡単に文化資本を3つに分類したが、ここではもう少し詳しく検証していくことにする。

　文化資本は主に次のように3つに分けられると言われている。A：身体化された文化資本、B：客体化された文化資本、C：制度化された文化資本。

　A：身体化された文化資本は、家庭環境や学校教育を通して各個人の内側に身についた知識・教養・技能・趣味・感性などである。日本の場合は農村共同体の歴史が長いので、そこの文化が引き継がれていると思われる地域社会の文化・風習（冠婚葬祭・民話・人間関係など）も含まれる。当然国によってこの文化資本は異なることが予想される。その国の経済力・歴史・地理的位置・宗

教・言語などとも関連してくる。日本のように、狭い国土で山と川で地域が隔てられている場合は、狭い国土のわりには地方ごとに文化資本が少しずつ異なることを我々は知っている。この文化資本は無償で交換が可能（終章に詳しい）。

　B：客体化された文化資本は、目に見える所有可能な文化的財物で、書籍・絵画・音楽（CDなど）・便利な道具や機械（パソコン・スマホ・テレビなど）・骨董品がある。これは時代及び国によって変わってくることは明らかであろう。どのような本が読まれ、音楽が聴かれているかを考えればわかるのではないだろうか。ちなみに50年前のフランスでは、歌のジャンルでは庶民階級はアルルの女・美しく青きドナウ・シャンソンなど、上流階級は四季・小夜曲・オペラ・バッハの曲などを支持する割合がかなり高かったということだ（前掲『ディスタンクシオンⅠ』）。この文化資本は無償で交換することがあるが、有償の場合が多い。

　C：制度化された文化資本は、さまざまな試験や業績などで、国などから与えられた学歴や資格である。同じ日本でも明治時代と現代では求められる学歴や資格が異なる。当然国によっても異なってくる。今の日本では、司法試験（法曹資格）・公認会計士・税理士・医者・看護師・気象予報士・小中高の教員免許・自動車免許・薬剤師・行政書士など、生活するのに欠かせない職業に結びつく資格が数え切れないほどある。これらの資格がどのように社会に役立っているかを子どもに伝えることは、これからの学校や民間の教育機関に求められる時代になってきている。単なる「昔はよかった」レベルの歴史教育ではなく、しっかりとした出所から史実（エビデンス）を学び、自分の生き方を考えることが必要だが、今の世の中に関心を持つためには、どのような職業があるかを知ることがもっとも手っ取り早いのではないだろうか。そのためにも国家資格などを取得して活動している人に学校に来てもらい、現場の仕事の話を聞くことは、キャリア教育にもつながると思われるのだが。この文化資本は、本人の努力が相当必要で、単純な交換は基本的に不可能。

　この3つの文化資本の中でリベラルアーツと一番親和的なのは、Aであろう。リベラルアーツを身につけることにより、Aの身体化された文化資本の量

をふやしたり質を高めたりすることができる。今生きている時代や地域社会で身につけた文化資本で、BやCに強い影響を与える。その結果BやCを獲得できるようになるが、BやCを得ることによって、ますますAの文化資本がふえるという、拡大再生産のような状況が発生することが推測できる。このサイクルのくり返しによって、階層移動が生じるはずだが、実際にはなかなか上の階層に移るのは難しい。逆に階級の再生産につながってしまうこともある。

イギリスやフランスなどの階級社会と言われている国ほどではないが、日本の階層移動も1960年代より現在（2022年）は移動が少ないことがわかってきている。もし一部の階層が、学力が向上するのに役立つ文化資本を独占したとしたら、階層移動はゼロに近くなり、階層格差が固定化してしまうだろう。その対策は、終章で述べるが、文化資本（主にAとB）の共有化以外にはないと思われる。

このように考えてくると、A・B・Cの文化資本をふやすには、リベラルアーツと言われている文化が欠かせないことがわかってくる。では、このリベラルアーツの内容とは、どのような知識や文化なのであろうか。第3章から第8章において、小・中学校での学びを通して、このことを教科書を材料にして具体的に考えてみることにしよう。

参考文献
ヴェブレン, ソースティン『有閑階級の理論〈増補新訂版〉』講談社学術文庫, 2015年.
小宮山博仁『国語の教科書から消えた心に響く名作・名場面——読み伝えたい思い出の名著』日本文芸社, 2013年.
速水敏彦『他人を見下す若者たち』講談社, 2006年.
宮澤賢治『注文の多い料理店』新潮文庫, 1990年.
宮島喬『文化的再生産の社会学——ブルデュー理論からの展開』藤原書店, 1994年.
吉田洋一『零の発見——数学の生い立ち』岩波書店, 1949年.

第 3 章

教科書について考えてみよう

小学校から中学校までの学びは、教科書を中心に展開される。ここではまず、教科書について考えてみよう。

　教科書は、文化資本及びリベラルアーツの源泉である。そういう前提でなぜ教科書が今まで嫌われてきたのか、そうでなくても他の啓蒙書より軽く見られていたのかを考えてみることにする。

1 ｜ ふつうの市民から見た教科書

　第4章から、小学校の算数・国語・理科・社会科、そして中学校の国語・数学・社会科・理科・英語といった教科書を検証していく。ふつうの生活をしている一般市民の目から、もう少し詳しく教科書について調べてみよう。

　教科書と聞くと、つい子どもの必需品と思ってしまう大人は多いのではないだろうか。教科書から連想する「人」に関した用語は「子ども・生徒・学生・教師・親」などであろう。そして常に「教育」という営みから離れることができないのが、教科書だと思い込んでいる方も多いに違いない。教育という営みの羅針盤が教科書と考えることができるからであろう。しかし堅苦しいイメージが大人になっても付きまとい、教科書から一刻も早く離れたいと思っている受験生もいるのではないだろうか。

　受験を思い出して教科書が毛嫌いされるのは、製作関係者にとっては由々しき問題である。大人になってリベラルアーツという視点から眺めると、しっかりとしたエビデンスに基づいて（編集している時点では）作られている教科書は、かなり信頼できる啓蒙書であることに気がつくのではないだろうか。

　巻末には執筆関係者の一覧があるが、まとめ役として4、5人の監修者の他、執筆者は40名から60名にもなる。執筆者の中には、日本学術会議の会員もいる。中学の教科書でも専門分野はかなり細分化しているので、これぐらいの執筆陣が必要となる。テキストが完成するまで、何十人もの専門家が、相当な時間をかけて検証も含め何回も読み込み、さらに出版社の編集者や校閲者も読む

ことによってミスを少なくすることが可能となる。少し冷静に考えてみると当たり前のことであるが時間と人手がかかっている。同じような参考書は大手の出版社でも製作は可能だが、教科書ほど多くの人の目を通し、時間をかけることはできない。

　時間と人の手がかかる教科書作りのコストが当然高くなることは、本の製作に関わったことのない方でも、容易に想像できるであろう。例えば中2の理科の教科書は各社約300ページ前後である。しかも全ページほとんどカラーで大版の判型で、文字の行間が普通の本よりも空いていて、読みやすい。文体も主語・述語がはっきりして、読者を悩ませる拙文や長い技工をこらした文はまずない。理科の教科書は各学年とも、ちょっとした図鑑を見ているような気分にもなる。教科書に対しての異論は多々あるが、日本人が生きていく上での必要最低限のリベラルアーツが凝縮されていると言っても過言ではない。

2 ┃ 教科書は膨大な時間とお金がかかっている

　時間とお金（実質的には税金）をかけて作った見栄え・出来栄えのよい教科書の価格は、中学理科の場合で1冊769円（2023年1月現在）である。これだけのテキストを書店で売ろうとしたら安くても3,000円以上、場合によっては5,000円を超える価格になってしまうだろう。

　その理由を簡単にお伝えしておく。ある年度の中学2年生の人数が約100万人とする。A出版社は30％のシェアとすると、30万部を一気に印刷して製本することになるので、一冊あたりの単価が1,000円以下に押えられる可能性があることを、意外と関係者以外の方は知らない。本の定価は、刷部数で左右される。

　執筆者は30人を超えるのは普通だが、書店に並ぶ他の単行本と違いそれほど原稿料は発生しないと思われる。教科書を執筆したので車が買えたという話は聞いたことがない。しかも印税契約の執筆者はほとんどいないと思われるの

で、次の年に増刷すれば、一般のテキストなら発生するはずの印税などの費用はあまり考えなくてもすむ。一度版下を作れば、増刷は印刷代と紙代と製本代ぐらいであるから（社会科などは最新のデータが入ることがあるので部分修正はある）、3ケタの価格で販売することが可能だ。しかし20万部、30万部といった大量な部数を一気に印刷して製本までできる本は、現実としてめったにない。小説家の村上春樹氏は数十万部（100万部のときもあったと聞く）からスタートできると言われているが、そのようなケースは出版界では例外中の例外である。単行本なら数千部、文庫や新書で初刷り1万部から1.5万部というのが現実である。

　もし中学理科のような教科書が初刷数千部であったら、1冊数千円でもとても販売できないだろう。教科書と同程度のテキストを書店に並べようと思ったら、5,000円は超えるかもしれない。このような理由で教科書レベルの市販のテキストを市民が手に入れようとするなら、刷り部数によっては1冊1万円以上することもありうる。

　リベラルアーツを身につけようと思って教科書レベルの市販のテキストを書店から購入しようとしたら、大金を支払わなくては手にできないことを示すために、このような比較を行った。

　中学の教科書は教科にもよるが、だいたい1冊500円から800円で各都道府県にある教科書販売所から、今はだれでも購入できる。安くても数千円、同じレベルのものなら1万円を超えるかもしれない書店売りの本よりも、1ケタ又は2ケタ安いという事実を知ったら、学校を通して与えられた無償の（税金を使っている）教科書を、卒業と同時にそうやすやすと廃品回収などには出せなくなるのではないだろうか。多くの時間と人の力と費用をかけて教科書は作られていることを、頭の隅に入れておいてほしい。

　少なくとも卒業して10年ぐらいは手元に置き、何かの折に目を通すと、新聞・テレビ・ネットなどを通して知る世の中の動きがわかり、役に立つことを実感するはずである。人間、生きていく時にたとえ学歴がなくとも、リベラルアーツを身につけておくと、仕事の時や遊び仲間を作る時など、何かと便利で

あるという体験をするに違いない。これが生涯学習のねらいの1つであることは明白だ。

　しかし、現代の中学の教科書がリベラルアーツの源泉であり、文化資本を充実させ、社会関係資本もふやしていくことに気付いている教師や親が、少ないような気がしてならない。費用対効果のことを考えたら、教科書からリベラルアーツを身につけるのが一番手っ取り早いことに、うすうす気がついている文化人もいるはずだ。検定のことはよく話題になるが、不思議なことにこの無償の教科書を軽くみるという不経済的な営みを、多くの市民はあまり気にしようとはしていないふしがある。

3 | なぜ教科書は嫌われるのか

　リベラルアーツを身につけるのに大いに役立つと思われる教科書が、安価で手に入ることがわかっても、なぜ子どもだけでなく大人も敬遠してしまうのであろうか。最大の原因は「学校で使われるテキストだから」だと思われる。これは大変矛盾している回答であることは言うまでもない。神聖な場所である学校で使うテキストを日本では「教科書」と呼んでいるはずなのに。

　よくできた教科書そのものには罪はないとしたら、その使われ方に問題があることが推察される。教科書を使った授業では、その内容が理解でき定着しているかを確認するための「試験（テスト）」があるのがふつうである。まじめな人ほどテスト対策のために教科書を熱心に読むに違いない。そして、もしわからないことがあったら「丸暗記」して試験をクリアーしようとする、勉強熱心な子どもが出てくる。意味がわからないで強制的に暗記する学習は、人間の脳にストレスを与える。これでは教科書に対するイメージが悪くなるのは当然といえる。丸暗記してしまうのは、ほとんどの場合教科書から試験問題が出るからであろう。そしてその試験結果が高校進学等の時に「内申書」という形式で利用されることが多いと、優等生はなおさら熱心にならざるを得ない。

このようなテスト又は試験の教育システムが小学校・中学校・高校と続くと、たいがいの人は途中で息が切れてくるだろう。息が切れてくるとストレスがたまってくるのは目に見えている。教科書はもう見たくない状況になっているかもしれない。それを乗り超えて「頑張って」教科書で勉強（強いて勉める）する優等生は希望の学校に進学できる確率は高くなる。しかし無理して頑張る人は大学に合格したら、そして企業に就職したら「教科書」とは縁を切ってしまう人が多いのも、うなずける。

　一方、何らかの要因であまり勉強が好きでなくなった子どもたちは、早々に教科書に見切りをつけるであろう。「卒業したら教科書なんぞは見るのも嫌！」といった「学びから逃走」する子どもたちは、大人になっても「教科書」という用語にアレルギー反応を示すかもしれない（佐藤学『学びから逃走する子どもたち』岩波ブックレット、2000年）。

　このように考えてくると、教科書に非があるというよりも今の「学校の教育システム」に問題があることがあぶり出されてくる。成績で順位がわかる、進学先がわかる、という状況下で教科書が使われていたとしたら、イメージは悪くなる。しかし、このシステムを急激に変化させることは、現在のところ難しい。卒業後は教科書に関した「テスト」はない。むしろリベラルアーツを身につける宝庫であることを、そして地道にその効用をPRするしかないと思われる。

　リベラルアーツを身につける教科書を、しばらく手元に置いておくための対策は、主に2つある。もし多くの学校や塾で、内発的動機づけの学びが中心なら、それほど教科書を忌み嫌うことはない。たとえ受験があったとしても学びの動機づけを工夫するだけで、教科書に対する思いは変わってくるのではないか。

　今の教育システムに変化がなく、外発的動機づけの勉強に慣れてしまった子どもと親は、受験が終わったら、文化資本を充実させ社会関係資本をふやす目的で教科書を再活用することを考える。これがもうひとつの方法である。

　利益を生み出す「文化資本の増強」を、教科書を活用するきっかけにするの

に、ためらいを感じる方もいるかもしれない。しかし教科書に対する負のイメージは大分変わってくるはずである。受験が終われば成績のことは気にしなくてすむので（少なくともテストはない！）、じっくり教科書を読み込むことができるだろう。能動的に学ぶ目的を見つけ、その面白さを体験すると、リベラルアーツを身につけるという動機だけでなく、自然に様々なことを知ろうという気持ちに転化する可能性もある。教科書はベーシックなリベラルアーツを手に入れる安価なテキストであることを再認識したい。

　「灯台下暗し」ということわざが当てはまる教科書は、生きていく上でも役に立つテキストである。もし理解できない用語などがあったら辞書を活用し、それでもわからない時は、ネットで調べるという二段構えで行うのがよい。もちろん時間があったら図書館に行くことをお勧めする。

　『広辞苑』や『日本国語大辞典』、さらには『日本大百科全書（ニッポニカ）』や『ブリタニカ百科事典』といった百科事典が入っている電子辞書があるが、教科書でリベラルアーツを身につけようと思った時の補助手段として、役に立つ道具である。子どもの学習用には紙の辞書が良いが、大人向けの実用的な多くの辞書・辞典がひとつの機械に入っている電子辞書は、これひとつがあればリベラルアーツの学習だけでなく、仕事や趣味にも気軽に使える。ネットのウィキペディアなどよりも断然信頼できる（エビデンスに基づいた）内容になっている。

教科書の入手方法
　「全国教科書供給協会」をタブレットやスマホなどで検索すると、入手方法が説明してある。各都道府県に教科書供給会社がある。

参考文献
佐藤学『学びから逃走する子どもたち』岩波ブックレット, 2000年.

第 **4** 章

生きていくための
土台になる教養

1 | 小学校の学びと生きる力

　小学校の社会科と理科の知識を身につけると、将来の生活や仕事の選択肢を拡大することにもつながっていくだろう。光合成は理科の学びだが、そこに炭素の循環が入ると、社会科の問題へと発展していく。そのような発展的な学びを続けると様々なことに興味関心が向くのではないか。もし小学校の時に受験（中学受験）のことだけを考えて、強いて勉める暗記中心の勉強だけをしていたら、発展的な学びは続かず、受験が終わったらしばらくは机に向かうのが億劫になってしまうかもしれない。

　小学校の社会科と理科は、日本で生活していく上で必要な知識が多いが、国語と算数の生きていくための土台の知識とは、微妙に異なる。仮に社会科・理科の基礎的な知識がなくても、国語と算数の基礎学力があれば、大人になってからいつでも挽回が可能となる。しかし積み上げ学習の教科である国語と算数の知識が欠けていたとしたら、自力で学び直すのには、大変な困難をともなうと思われる。なぜなら、国語の知識がなければ（ヨミ・カキが不自由なら）、社会科や理科を学ぶ時は相当苦労するからだ。このように考えてくると、その土地（国）で話されている言語を修得しておくことは重要となる。また算数の計算やグラフの知識が不足していると、理科の学習で支障をきたすことがある。もし割合や四則の計算が苦手なら、買物する時や家計のやりくりが難しくなるであろう。

　特に「10歳の壁」と言われるまでのヨミ・カキ・ソロバンの学びは、日本で仕事を持ち、そして人間らしい生活をするためには必須であることは、我々は経験的に知っている。

　ここまでは主に日本人を想定して話を進めてきたが、海外からの移住者及び外国人労働者にとっても、小学校の教科書での学びは必須であることは言うまでもない。特に外国籍の人が日本に住んで働こうと考えたら、小4までの教科

書での学びが有効と思える。

　ここからリベラルアーツの中身について、具体的に検証していくことにしよう。

　一般市民にとって共通なリベラルアーツの基準点を、ここでは仮に決めておきたいと思う。そうしないと、各個人によって「何がリベラルアーツなのか」があいまいなものになって、議論が進まない。（ア）生きていくためのギリギリの土台になるリベラルアーツ、（イ）学歴や資格といった文化資本を獲得し生きていくための土台になるリベラルアーツ、（ウ）将来の職業の選択肢を広くするためのリベラルアーツ、この3つに分類にする。日本では（ア）は小学校の学びに、（イ）は中学校の学びになる。（ウ）は高校から大学にかけての学びになるが、拙著では（ア）と（イ）を中心に論を進めていく。

　まず最初に（ア）について考えてみることにしよう。

2 ｜ 小学校で学ぶ国語

　昔から「ヨミ・カキ・ソロバン」という言い方があるが、人間らしい生活をしていくための基本的な知識・技術を表現していると考えてよいだろう。具体的にその内容を示すと次のようになる。

　小学校6年生までの国語の教科書に出てくる文章はほぼ読めて理解できるようにする。相手に話し言葉だけでなく、文章で自分の気持ちを伝えることができる。小学生までに習う1,026字の漢字はすべて読めるようにし、少なくとも半分は辞書やスマホなどに頼らないで書けるようにする。抽象的思考力が高まる10歳頃から、「言葉で言葉の意味を知る」ことが少しずつできるようにすると、辞書を利用して、言葉をふやすトレーニングができるようになる。このようなことを小学校で身につけることは、生きていくためにも必要であることは、多くの市民の共通認識であろう。

　何か知らないことがあったら、どのような手段を使えばよいかという知識

は、リベラルアーツの土台と言ってもよいのではないか。これらの知識があれば今の新聞ならある程度読めるようになるが、逆の場合は困難となる。そのため正しい情報を収集することが苦手となり、学校文化との融和が難しくなり少なくとも学校社会から逸脱する可能性が高い。大人なら、日本の社会で生きていく上で困ることもある。特に今回の新型コロナウイルス感染症の拡大では、不利な立場になることがある。

　今の時代、自動車の運転免許を持っていないと、特別なスキルがなければ仕事をする時に不便を感じること又は不利になることが多い。この免許の学科試験内容は、小学校で学んだ知識があることを前提としているように思える。もしなかったとしたら、実技は通過しても学科試験を何回も受けるはめになってしまうだろう。実際、学科試験で苦労している市民が少なからず存在する。これは日本人だけの問題ではない。これからの時代東南アジアを中心に仕事を求めて移住してくる人々がふえることが予想できる。小学校の国語の知識の重要なことが再認識されるだろう。

　単純労働や体力が必要な労働の担い手が日本では少なくなってきている。少子高齢化社会に突入しつつあり、労働力人口が確実に減少している。それを解決する方法のひとつが移民政策であるが、その時の最大のネックが「日本語」だと言われている。意欲があって看護師や介護福祉士の資格を取得しようと思っても、日本語で書かれた試験を通過するのは大変であろう。また企業で働こうと思うと、日本の運転免許がないと不自由なことが多い。何らかの公的な資格を取得しようと思うなら、小学校の国語の教科書レベルを理解できることが求められるであろう。

　これらのヨミ・カキの基礎は小学校で身につくことを忘れてはならない。この土台が築かれていれば、たとえ中学や高校で学ぶ機会が何らかの理由で失われたとしても、自分の力で挽回することは可能だ。そのような意味で、日本で生活する外国の人のための土台のひとつとなる、ギリギリの知識と考えてよいだろう。もしこの基礎となる部分が欠けたとしたら、学校生活及び日常生活はかなり厳しくなる。成人になって仕事をしようと思う時、選択肢が少なくなっ

てしまうことは明らかである。このように考えると、これらは生きていくための
のギリギリの土台になるリベラルアーツであることは言うまでもない。

3 ┃ 小学校で学ぶ算数

　もうひとつの土台となる知識はソロバン、今なら算数である。具体的な学習
項目でお伝えしたいと思う。

　小1でたし算・ひき算、小2でかけ算、小3でわり算を学習することになっ
ている。小4までに四則計算がすべて出てきて、ケタの大きい数の計算も学ぶ。

　四則の混じった文章題を解くには、「数は量を表す記号」であることを理解
しなくてはならない。「りんごがみっつ」あるなら、「りんごが3個」と表記でき
き、わざわざりんごの絵を「みっつ」描かなくてもよい。「0、1、2、3、4、
5、6、7、8、9」といった10個の数字の記号で、どんな大きな量でも、逆に小
さな量でも10進法で表記することができる。

　このしくみに気付くのが「算数の第1歩」であることは、意外と知られてい
ない。もし何もないことを示す「0」という記号がなかったら、数学の世界は
どうなっていたんだろう、と真剣に考える大人もいるに違いない。『零の発
見』（吉田洋一、岩波書店、1949年）というタイトルの新書がある。「ゼロ」
で1冊の本が書けるぐらいの大発見である。この数のしくみや量の概念はだい
たい小4ぐらいまでで身についてくると言われている。また小4までに面積や
体積といった連続している量や時間と時刻の違いを学ぶ。これらの知識は生活
していく上で必須であるだけでなく、何かのきっかけでドロップアウトした人
が、もう一度チャレンジする際の土台となる部分でもある。

　小5・小6で小数・分数の計算が出てくるが、実生活でよくお目にかかるの
は小数の方であろう。分数は日本の場合小学校低学年から少しずつ出てくる
が、個人的には小学校高学年又は中学校でまとめて学習すれば十分であると思
っている（ちなみにアメリカ合衆国では中学・高校で分数を学ぶ州が多いと聞

く）。

　「ある量を分割した1つ分の量」といった分数と「全体を1と考える」割合の分数がほぼ同時に出てきて、高学年になると戸惑う小学生が多い学習項目である。このことを詳しく検討してみることにしよう。

　「1mのリボンを4つに分けました。1つ分は何mですか」。これを式にすると1m÷4となり、分数で表記すると$\frac{1}{4}$mとなる（単位がついていることに注目！）。この分数が低学年で出てくることを、まず頭に入れておいてほしい。

　「100円を1と考えると20円はいくつになりますか。分数で表示しなさい」。これは20円÷100円＝$\frac{20}{100}$＝$\frac{1}{5}$となる。$\frac{1}{5}$には単位がつかない。この分数は「100円全体を1と考えた時の20円が$\frac{1}{5}$」といった割合のことを表している。小5の算数の教科書では100円を「もとにする量」、20円を「くらべられる量」として、割合の公式を次のように表示している。

　割合＝「くらべられる量」÷「もとにする量」

　この式は20円÷100円となり、100円を1としたら20円は$\frac{1}{5}$、小数なら0.2となることを意味している。割合には単位がつかないので、他の数字と区別するために100をかけて％で表示する習慣となっている（0.1×100＝10％）。このことに気がついている大人は意外と少ない。％の単位をなぜつけたかを知っていると、割合の計算は％を小数に直して求める理由がわかり、子どもにそれを伝えることができる。「10％はなぜ0.1にして計算するの？」という素朴な疑問に気付くのは意外と子どもに多い。

　また分数の計算は、整数よりも複雑なので、ここで挫折してしまう小学生がいる。しかし、分数の計算ができないからといって中学の数学で困ることはあまりない。1999年に『分数ができない大学生』という本が話題になったが、一部の人を除いて大人になってから分数を使う機会が少なかったのが、原因のひとつと思われる。高校数学で、途中の計算に分数が登場することはあるが、それほど支障はないといってよいだろう（高校は文字を使った分数表示や式が

多い）。このように考えると、小学生が学ぶ分数は計算ができることよりも割合としての役割を学ぶのが重要と言える。

4 小学校で学ぶロジカルな発想

　小学生の分数は、割合との関連で学習するのが効率的であることがわかった。

　割合としての分数が身につくには、一定の抽象的思考が必要で、目安は時間と時刻の区別がしっかりとできる10歳前後と言われている。割合は消費税や商品の値引きなどで、生活と密着した大切な知識のひとつであり、これが欠けると「ヨミ・カキ・ソロバン」といったリベラルアーツの基礎を身体の中に取り込むのが大変になるに違いない。日常生活に支障をきたすのが割合の知識といってもよいかもしれない。

　「1000円の15％びきはいくらか」は1000×（1－0.15）という式がたてられなくても、850円という答えを、直感で出してしまう人もいる。実生活で必要に迫られて知らないうちに全体を1と考えて、割合の「意味」が理解できるからではと、私は推測している。「全体を1と考える発想」が自然に出てくると言ってもよいかもしれない。3000円のハーフパンツが20％びきなら、10％で300円、20％でその倍の600円のわりびきと瞬時に計算する人もいる。3000×（1－0.2）＝2400という式から2400円と計算して求めているのではなさそうだ。これは3000円を頭の中で「1」ととらえている可能性が高い。

　分数のかけ算やわり算の方法を知らなくても、$1 \div \frac{1}{3}$というわり算をすぐに「3」と答えることができる小学生がいる。これは「1の中に$\frac{1}{3}$が3つある」ととらえることによって答えを求めている。頭の中に線分図やテープ図が浮かぶからであろう。丸いケーキを3等分し、その1つを$\frac{1}{3}$と考えれば、$\frac{1}{3}$は1つのケーキの中に3つあることになる。これは丸いケーキ全体を「1」とみなしているからであり、抽象度が高い思考となる。$1 \div \frac{1}{3}$は割合の計算として考えると小3で学んだわり算の計算でできることを、大人でも気づいている方はそれ

ほど多くない。

　小3で学ぶわり算には、2つの意味がある。「8個の柿を2人で分けたら1人分は何個か」と「8個の柿を1人あたり2個ずつ配ると何人に分けられるか」というわり算である。前者は8個÷2人＝$4\frac{個}{人}$（1人あたり4個）*になり、これを等分除という。後者は8個÷$2\frac{個}{人}$＝4人になり、これを包含除という（8個の中に2個のかたまりがいくつ分あるか、という意味になっている）。等分除と包含除の商（答え）の単位が違うことに、気付いてほしい。この包含除は割合と親和性のあるわり算であることは、もう一度$1÷\frac{1}{3}$を考えるとよくわかる。1の中に$\frac{1}{3}$が3つ含まれている、こう考えるとこれは包含除というわり算である。

　分数から割合まで発展した話になったが、これは物事を順序立てて考える、すなわち論理的思考（ロジカル）そのものである。小学生のうちに、このような発想のトレーニングを少しでもしておくと、高次なリベラルアーツを身につける土台を築くことになるのは明らかであろう。分数のわり算は、わる分数を逆数にしてかけ算にする、という公式らしきものを覚えるだけでは、算数の面白さは半減してしまうだろう。

　また小5や小6で学ぶ速さや比は、実生活に利用されることが多い。これもわり算の意味を知っていると理解しやすい。基本的な平面図形・立体図形の理解と、面積・体積の概念を学ぶことも、実生活上大切であることは言うまでもない。

5 ｜ 小学校の社会科

　小学校で学ぶ社会科も、生活していくために必要な項目が多くある。これらを知らないと生活している地域だけでなく、日本で生きていく上で不都合なこ

＊　大人のために単位をつけた式を示したが、ふつうは省略する。包含除の単位のところだけ抜き出して計算すると次のようになる。$4\frac{個}{人}$はふつう4個／人と表し、1人あたり4個という意味になる。

個÷個／人＝個÷$\frac{個}{人}$＝個×$\frac{人}{個}$＝人（個が消える）

とが起きる、といった内容が含まれる。

　社会科では、身近な地域社会から日本全体の社会のしくみへと展開していく。自分が住んでいる地域の商店（スーパー・コンビニ・アウトレットモール・食べ物屋・さかなや・やおやなど）や工場や会社や公官庁（警察・消防・病院・市役所・役場など）や公共施設（図書館・博物館・動物園・植物園・公園など）を見学したり調べたりする学びがある。調べながら住んでいる地域社会に関した文化や風習も、無意識に学ぶのではないだろうか。世の中にどんな仕事があるかをチェックしていることにもなる。このようなアクティブな学びは、将来社会に関心を持つ時の土台となるであろう。

　広範囲で日本のくらしに必要な土台となる知識は、小学校の高学年の社会科で学ぶ。漁業・農業・林業・工業・商業・金融業などの産業を知ると、当然、環境問題・再生可能エネルギーの問題などを避けて通れないことに気がついてくる。そのことを知ると今なぜSDGs（持続可能な17の目標）なのかもわかってくるのではないだろうか。全部はわからないが、とりあえずSDGsは環境と関係する用語であることを、覚えておくという学びもある。SDGsをしっかりと知るには、中学の理科や社会科の知識が必要である。2、3年後には中学校で詳しく学ぶことになっているので、SDGsの用語と17の目標だけでも覚えておく、そういう勉強も時には必要だと私は考えている。何も丸暗記をする必要はない。今ではスマホやタブレットですぐ検索できるからだ。もし持っていないようなら、17の目標を紙に書き写し、机のどこかに貼っておくという手もある。

　SDGsは中学以降、いろいろな教科（書）に出てくる用語であることを、親子で共有できれば理想的である。これらも共通した文化とみなすことも可能だ。ここをしっかり捉えておけば、企業のPRに使われたとしても、SDGsの本来の意味を見失うことはないだろう。もし身近な地域社会やその土地の文化と環境を知らないと、世の中に関心を示さなくなってしまうかもしれず、SDGsどころではない。このように考えてくると、SDGsのような環境に関する知識は、生きていく上での文化資本になることは明らかであろう。

小学校の地理分野も、日本で生活していくには欠かせない知識があり、それが蓄積していくと、日本で住む時のリベラルアーツに転化するものと思われる。日本の地形や地球上での位置を確かめることは言うまでもなく、各都道府県名や主な山や川や平野を知っていると、移動した時の楽しみ方が違ってくることは明らかであろう。新幹線や私鉄やJRの在来線に乗って外の景色を見て楽しむ時には、小学生の時に学んだ地理の知識が大活躍すると思われる。

　日本の地形がある程度頭に入っていると、飛行機で国内を移動する時、外を見る楽しみがふえるのではないだろうか。もし晴れていたら窓側から下を見ると海だけでなく、山や平地や川が見えることがある。平地はたいてい街か田畑になっているのがわかる。飛行ルートにもよるが、山脈や湖などもはっきり見ることができる。

　羽田から九州方面に行く時などは、富士山の上空を通ることがある。晴れていれば、地図で見たのとそっくりの富士五湖が上からくっきり見える。地図で見たものが立体感あふれる映像で目に入ってくる時は、圧巻である。教科書で学んだ地理の知識があると、それを活用することによって文化となっていくのではないだろうか。何らかの効用感によって、単なる知識が文化としてその人の身体に宿ると言ってもよいだろう。

　JALやANAの機長は、自分で飛行ルートをあるていど選択する権限を持っている。その日の天候などによって、いくつかあるルートの中から乗客の喜ぶ顔を想像して選んでいるのかもしれない。これを「人と人とのふれあい」のひとつと考えてもよいのではないだろうか。このふれあいに文化資本が関係していることは、容易に想像できる。

　大都市や各地の産業や名産を知っていれば、観光の楽しみも倍になるのではないだろうか。これらの知識がないと、サークルや知人と旅行をした時、記憶に残るのは移動時のおしゃべりと、到着したホテルでの食事のことだけになってしまうかもしれない。このような旅行を数回繰り返すだけで、楽しいイベントにならないことに、ふつうの人は気付いてくる。自然とのふれあいと、その土地の文化や人々との出会いに関心があると、旅はさらに楽しくなるだろう。

　賛否両論ある「ふるさと納税」という制度があるが、この方法に関心を示すには、世の中の動きに機敏で、日本の文化や地理を知っていることが必要である。ネットの発達で消費のしかたやシステムが変化してきているが、その時ITの知識だけでなく、小・中学校で学んだ社会科が役立っている。しかしこのことは本人は気がついていないことが多い。小・中学校で様々な知識を身につけているからこそ、このような税に関した制度に関心を持つという、立居振舞ができると考えられる。ハビトゥスは本人が意識しないで出てくる行動のような気がする。無意識のうちに文化が身体に入ってくるのではないだろうか。日本という国の文化の土台となる部分を身につけるのが、小学校高学年の社会科と言ってもよいだろう。

　レジャーを楽しむと、人は「幸福感」が増すに違いない。その時、小学校の社会科の知識があると、各地域の文化をよりよく体験でき、さらなるリベラルアーツが身につく（意識していないが）だけでなく、「世の中のしくみ」のことが具体的に何となくわかってくると思われる。

　知識がある程度ある旅とそうでない旅では、感じ方が違ってくるのではないだろうか。もし感受性が弱くその土地の知識がゼロなら、その旅は単なる移動になってしまう。記憶に残るのは、旅行代金がいくらかかったか、フルコースのフランス料理は高かった、ルーブル美術館に行ってレオナルド・ダヴィンチの「モナ・リザ」を見た、これだけでは、海外旅行の楽しみは半減してしまうかもしれない。たぶん、フランスに行ったハワイに行ったカナダに行った、という記憶しか残らないのではないだろうか。これではそれぞれの地域の文化は身につかないから、文化資本はふえていかないだろう。

6 　小学校の理科

　理科は、身近な草木・花・昆虫・動物といった生き物を学ぶ。晴天・雲・雨・台風・気温・湿度といった知識を利用して、快適な生活ができるようにす

る。天体では地球・太陽・月の関係を学ぶが、そこで日本には春夏秋冬といった季節があることを知り、そのしくみも頭の中で理解する。カレンダーを見ると、節分・ひな祭り・端午の節句・七夕・盆など、日本の四季に関した行事が多いことに気がつく人もいるのではないだろうか。四季の行事は社会科で学ぶが、理科の知識があれば理解が深まる。この天体の学習は日本の文化を知るためにも重要な「リベラルアーツ」のひとつであることは確かだ。もしこれらの理科の知識がなければ、人と人との交流で困ることが多々あるに違いない。何故なら四季に関した行事は昔から地域社会の連帯感を強める役割も果たしていたからだ。人と人との交流が希薄になると、社会関係資本をふやすことは難しい（このことは終章に詳しい）。

　化学と物理の初歩的な項目（光合成・てこの原理・水溶液・電気など）を小学校の理科で学ぶことによって、自然科学への興味がわいてくるかもしれない。特に光合成のところで学ぶ酸素・炭素・二酸化炭素といった用語は、環境問題と関連してくる。二酸化炭素を植物の葉などに取り入れ、酸素を空気中に送り出すという光合成は、地球環境を考える際のキーワードであることは言うまでもない。炭素の循環は中学で学ぶが、そのきっかけとなる知識だ。また、科学的なものの見方や論理的な発想の基礎トレーニングは、理科の授業で行うことが可能となる。理科をしっかり学んでおけば、何もプログラミングの授業を小学生からする必要はないのでは、と個人的には思っている。

光合成の図

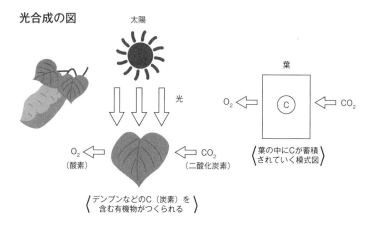

太陽

光

O_2
（酸素）

CO_2
（二酸化炭素）

〈デンプンなどのC（炭素）を
含む有機物がつくられる〉

葉

O_2 ← C ← CO_2

〈葉の中にCが蓄積
されていく模式図〉

第 **5** 章

幸せ度をアップする
中学の国語と数学

学歴や資格を獲得するためのリベラルアーツと、幸せ度をアップするリベラルアーツについて中学の教科書で具体的に考えてみよう。

　第4章（p.77）でリベラルアーツの基準を（ア）（イ）（ウ）で示した。第5章から第8章までは、（イ）の学歴や資格といった文化資本を獲得し生きていくための土台になるリベラルアーツである。

1 ｜ 中学で学ぶ国語

　日本で仕事を得て生活していくためには、日本の文化を知り、自分の考えをできるだけ正確に第三者に伝えることができる能力が、必要であることは明らかであろう。2021年の国語の教科書では説明文や論説文が多くなったと言われているが、日本の文学作品が今でもしっかりと掲載されている（2020年までの教科書よりは少ないが）。以前との違いは、コミュニケーションを重視した項目がふえている、実用的な国語の教科書となっていることであろうか。

　定番の文学作品を挙げると次のようになる。戦前の作品なら「走れメロス」（太宰治）、「坊っちゃん」（夏目漱石）、「トロッコ」（芥川龍之介）、「高瀬舟」（森鷗外）、古典なら「竹取物語」「平家物語」「徒然草」などである。現代の作家なら、あさのあつこ、重松清、井上ひさし、浅田次郎、椎名誠、向田邦子、大岡信、杉みき子、などの作品がある（20代、30代の方にとっては縁が薄いかもしれない）。中学国語に出てくる文学作品は、個人の狭い範囲をこえた日本の生活や文化を知るのに役立っている。

　例えば「走れメロス」という秀作を残した太宰治をチェックすると、家父長制といった封建的社会の文化が残存していた雰囲気の地域で育った、小説家であることがわかる。明治から昭和にかけての農村地帯の大地主は、早々と農作業から解放されている有閑階級的な市民が多い。商売に熱心になる人、教育に情熱を傾ける人、文学書などを読みあさり個人主義とは縁遠い「古い共同体よさようなら」といった、世の中から遊離した生活を是とする、文化人気取りに

なる自由人もいる。

　夏目漱石や森鷗外の作品は、明治維新からさほど時間がたっていない頃のものである。江戸時代に醸し出されたと思われる日本の伝統的文化（文化資本）を作品から読み取ることができる。120年程前などは大昔のことと思ってしまう。しかし、明治の頃の文化人と思われている人々の立居振舞は、現在の中学生が読んでも共感する部分が多いに違いない。中学国語の教科書に出てくる戦前の作品は、親が知らないうちに過去に身につけたと思われていた文化資本という視点からみると、新しい発見があるのではないだろうか。その親の文化資本の影響を受けている子どもを教えていることを、意外と教師や知識などを伝える立場の人は、気付いていない。

　ハビトゥスは無意識のふるまいとして、いろいろな場で出てきてしまう。この自分の立居振舞に気づくには、自分を俯瞰する能力と言われている「メタ認知」が重要となってくる。他の人の文化資本やハビトゥスを知るためにも、私も含めメタ認知を強化する必要がありそうだが、これは難しい問題として残ることだと思う。

　同様に古典を読むことによって、現代に通じる過去の文化を知ることができる。これらの作品に出てくる社会的背景及び人物像を知る・理解することによって、現代の家庭の文化資本がどのように引き継がれてきたものなのかを、推測することも可能となるのではないだろうか。親が日本の文化をどの程度体験しているか（身につけているか）で子どもの学力が左右されることは、容易に想像がつく。室町時代以降の文化は、現代の市民の文化資本と親和性があることが、歴史の研究者から指摘されている。もう少し突っ込んで言うなら、江戸時代の文化は室町時代の影響が強いと考えられている。

　仕事の関係で、生まれた土地だけでなくいくつかの地域を知っている（ヨコの理解）、本を読んだりして江戸時代や明治・大正の時代の文化風習を何となく知っている、歴史書を読んだりドラマ・映画を見たり聞いたりして昔の文化を知っている（タテの理解）、これらの知識は、容易に文化資本に転化する可能性があることが推測される。タテとヨコの知識が豊富になると好奇心が旺盛

になり人間を含めた自然界に興味を持つようになるのではないか。博物館や植物園に行きたくなることが無意識に出てくるのは、先行体験（経験資本にもなる）が重要なことは明らかであろう。

　このような雰囲気が当たり前となっている家庭では、中学国語に出てくる文学作品や随筆の文化や空間が理解しやすく、学校文化と親和性があると思われる。卑近な例だが学校教育と相性がいいと、子どもの学力も高く維持される傾向があることは否定できない。学校の学びに適した文化や立居振舞が意識しないうちに、学校に行く前から家族の中で再生産されているため、階層が固定化していく。このような文化を文化資本とフランスの社会学者ピエール・ブルデューは名付けたのではないだろうか。

　中学国語に出てくるもうひとつのジャンルに説明文・論説文がある。近年では新聞などからの情報を正しく手に入れるスキルをつけるための「ニュースの記事」といった項目が、国語の教科書に出てくるようになった。人前での話し方やプレゼンテーションの方法まで中学で学ぶことになっているが、半世紀前の国語の授業とは、イメージがだいぶ違う。人前での臆することのない発表を意識した、報告文や説明文の書き方の指南さえも出ている。

　半世紀前の教科書にはあまりなかった項目を書き並べると、次のようになる。

- 声を届ける（音読と発表のしかた）
- 情報を的確に聞き取る
- 情報を集め読みとる（グラフなどの読みとり）
- 案内文を書く
- 根拠を示しての説明（原因と結果）
- 書評について
- 文学的な作品の読み方
- 説明文の読み方
- 情報の整理のしかた（アンケート含む）
- 思考のレッスン
- プレゼンテーションの方法
- 電子メールの書き方
- 討論の方法（根拠にもとづいた話）
- 説得力あるスピーチ
- 聞き上手になる
- 多角的に分析して書く
- 合意形成に向け話し合う

● 発想を広げる

● 話し合いの方法（ブレーンストーミング、ディベート、パネルディスカッションなど）

〈光村図書版を参考に作成〉

　これらの用語は社会に出て市民（公民）となり、企業で働いたり家事労働をする時に役に立つものばかりである。生きていく上で大切な文化資本であることは言うまでもない。このような観点からも、「卒業したら教科書とは縁を断つ！」というのはとてももったいない行為だと思うのだが。

　2021年以降の国語の教科書は、小説が減り、説明文・論説文の割合がふえたと言われている。これは社会に出た時に仕事や生活にすぐ役立つ、即効性のある知識や技術を重視したためと思われる。人前で自分の考えや企画案を説明する、何かを売る時にその商品の良さを消費者にうまく伝える、阿吽（あうん）の呼吸になりがちな家族同士の意思疎通を円滑にする、地域の集まりの会合などを上手に運営する、といった場面に対応できる能力を養うのが、中学国語の授業の目的のひとつとなってきている。まさにリベラルアーツのオンパレードである。このための学習項目が国語の教科書には急増していて、とまどう教師や親が多いのではないだろうか。組織で動くことが苦手な教師がいたとしたら、どのように授業をしてよいか、不安になることもあるような気がする。

　ここで気をつけてほしい重要なことがある。それは、従来の文学作品を軽視してはならないということだ。人が様々な「文化」を背負って育つことは、だれも否定できない。親が過去に獲得した文化は文化資本として、親が意識する・しないにかかわらず、経済的及び文化的メリット・デメリットが子どもに伝達されていくことが、すなわち再生産されていくことがわかってきている。このことは小説などを読むと、文化が人から人へと伝わっていくことが理解できる。その文化を文化資本に転化するかどうかは、それを身につけた本人の資質に左右されることが多いと思われるが。

　中学国語の教科書は、どのように知識を獲得し、それを文化資本として活用

すればよいかという「方法」を詳しく伝えようとしている。将来リベラルアーツを身につけることを考えたら、そのノウハウがぎっしりと詰まっているのが中学国語の教科書であると言っても過言ではない。

2 ┃ 中学で学ぶ数学

　学歴や資格を獲得するためにもなるリベラルアーツのひとつとして、数学を考えてみることにしよう。

　まず生涯学習の視点から、中学校で学ぶ数学をとらえてみることにする。

　現在の中学数学の学習項目（2021年改定）を書き並べると次のようになる。

中1…①正負の数、②文字と式、③1次方程式、④比例と反比例、⑤平面図形、
　　　　⑥立体図形、⑦資料の整理

中2…⑧式の計算、⑨連立方程式、⑩1次関数、⑪平行と合同、
　　　　⑫三角形と四角形、⑬確率・データの活用

中3…⑭多項式と因数分解、⑮平方根、⑯2次方程式、⑰2次関数、
　　　　⑱相似な図形、⑲円、⑳三平方の定理、㉑標本調査（推測統計）

（東京書籍版で作成。他に6社あるが、項目の配列はほぼ同じ。）

　この学習項目の大きな見出しだけでは、一般の方はどのような内容なのか、見当がつかないのではないだろうか。しかし中学の数学が得意だった高校生や20代及び数学を教えている学校の教師や塾の講師の方は、だいたいどのような内容で、以前との違いがよくわかると思われる。

　また、60代以上で数学を40年以上教えていた、又は今も教えているシニアは、「あれ！」と思うに違いない。1977年に改定された時の数学の学習項目とあまり変わらないことを発見して、驚く人もいるのではないだろうか。

　⑦、⑬、㉑の統計・確率に関しては、1977年から本格的に登場した項目で

ある。途中内容が少し削除されたりふえたりする程度である。今回は中2の⑬で「箱ひげ図」といった、ばらつきのあるデータを見やすく表示するための統計の図が初めて出てきた（高校の数学には10年前ぐらいから掲載されていた）。確率と微分積分を利用した推測統計学がデジタルとしたら、箱ひげ図はアナログ的な統計とも言える。簡単な計算でちらばりがよくわかる図が作成されるので、教育系や社会学系の学会の発表などでも、散見するようになった。

3 ┃ 数学とリベラルアーツ

この約半世紀、中学数学の学習項目はあまり変化していない。最初にしっかりとしたカリキュラムを作成したので、70年近く基本的なスタイルが変わっていないのか、IT化が進む時代の流れにマッチングしていないのかは、判断が分かれるところだと思われる。私は生きていくためのリベラルアーツとしてとらえると、①から㉑の項目は的を射たものとなっていると考えている。

正負の数と文字式を自由に使うことができると、数学で学ぶことができる範囲が一気に広がってくる。さらに比例・反比例を含めた関数の知識があると、理科の授業に役立つ。速さと時間と道のりの関係は、まさに関数である。比例・反比例という用語は覚えなくてもいいが、その内容を知っていると生きていく上で役に立つことがある。また理科や社会科の授業でも利用されることが出てくる項目である。平面図形や立体図形に慣れると、日常生活に役立つことも多い。⑱の相似な図形は、車のナビを利用する時や地図を見る時に、基本的な相似の知識があれば便利であると気付く大人もふえてきたのではないか。

⑯の2次方程式と⑳の三平方の定理は、文系の文化人らしき方によく批判される項目である。大人になって、2次方程式の解の公式や三平方の定理の公式なぞは1回も使ったことがない、と公の場で発言する方もいる。言わなくても心の中でつぶやきながら、子どもに教えている親は多いような気がする。そうすると、短絡的な発想の大人は「数学の公式はとりあえず暗記してしまお

う！」と居直る発言をする。それでは、ますます数学の面白さから遠ざかって
いくことに、大人も子どもも気がつかない。これでは数学と文化資本は相性が
悪いままである。

　しかし、⑯と⑳の公式を導き出す方法は、まさにロジカルな世界だ。参考ま
でに2次方程式の解の公式「 $x = \dfrac{-b \pm \sqrt{b^2 - 4ac}}{2a}$ 」の導き出し方を次に示してお
く。

　2次方程式の一般式は $ax^2 + bx + c = 0$ と表示する（ただし a, b, c は係数とする）。
（ア）x^2 の係数を1にするため a で両辺をわる。
$$x^2 + \frac{b}{a}x + \frac{c}{a} = 0$$
（イ）$x^2 + \dfrac{b}{a}x = -\dfrac{c}{a}$ （左辺を平方の形にするために、$\dfrac{c}{a}$ を右辺に移項する）

（ウ）$x^2 + \dfrac{b}{a}x + (\dfrac{b}{2a})^2 = -\dfrac{c}{a} + (\dfrac{b}{2a})^2$
　　　（$\dfrac{b}{a}$ の $\dfrac{1}{2}$ の $\dfrac{b}{2a}$ を2乗した文字を両辺に加えて左辺を平方の形にできるよう
　　　にする）

（エ）左辺 $\Rightarrow$ 　$x^2 + \dfrac{b}{a}x + (\dfrac{b}{2a})^2 = (x + \dfrac{b}{2a})^2$

（オ）右辺 $\Rightarrow$ 　$-\dfrac{c}{a} + \dfrac{b^2}{4a^2} = \dfrac{-4ac + b^2}{4a^2} = \dfrac{b^2 - 4ac}{4a^2}$

（カ）これを整理すると $(x + \dfrac{b}{2a})^2 = \dfrac{b^2 - 4ac}{4a^2}$ 　平方根の考えより

（キ）$\left(x + \dfrac{b}{2a}\right) = \pm \sqrt{\dfrac{b^2 - 4ac}{4a^2}}$

（ク）左辺の $\dfrac{b}{2a}$ を移項して $x = -\dfrac{b}{2a} \pm \sqrt{\dfrac{b^2 - 4ac}{4a^2}}$

　　　$x = -\dfrac{b}{2a} \pm \dfrac{\sqrt{b^2 - 4ac}}{2a} = \dfrac{-b \pm \sqrt{b^2 - 4ac}}{2a}$

　では、ここまで辿り着くのには、どのような知識が必要であったかをメタ認知を活用して検証してみよう。

　$ax^2 + bx + c = 0$ という2次方程式の一般式の解の求め方を（ア）〜（ク）で示した。最後の $x = \dfrac{-b \pm \sqrt{b^2 - 4ac}}{2a}$ は2次方程式の解の公式として有名である。導き出し方はよくわからないが、進学校に行くためにとりあえず「暗記しておこう」と受験勉強に熱心な中3生は考えるが、完璧に覚えるには手強い公式である。それにもかかわらずこの公式を使う機会は、理系に進む人でもかなり少ないのではないか。そのため文系の文化人からよく批判される公式としても有名である。

　（ア）は①文字と式、②式の計算、③1次方程式の知識が必要、（イ）は③1次方程式で学んだ移項を知らないと、とまどってしまう。（ウ）は中3で学ぶ⑭多項式・因数分解、⑮平方根を理解する必要がある。（エ）（オ）（カ）は⑧の式の計算と⑭を知っているだけでなく、文字の計算練習が欠かせない。わかっていても一定の計算問題を解いて、体で覚えてできるようにならないと大変なところである。計算練習（トレーニング）をしていないと、ギブアップする生徒が続出の場面だ。

　（キ）は⑮の知識で大丈夫だが（ク）もかなりの文字式の計算力を必要とする。

　ここで2次方程式の解の公式の導き出し方のエッセンスを示したのは、数学はロジカルな部分とトレーニングの両方が必要であることを示したかったからだ。中学生の学びは努力とねばり強い根気も求められる。これは本人の性格というより家庭の文化資本の影響が強いと私は考えている。

　ピアノを習う事を約束した子どもがいたとする。練習をさぼりがちになり、最後は逃げ回る状況をそのままにしたら、努力をして何かを得ることを知らないまま大人になってしまうかもしれない。学校文化となじまず、ドロップアウトしてしまう可能性が高くなるのではないだろうか。

　同様にリベラルアーツを身につけるにはロジカルな考え方と、ねばり強い努力が求められる。このように見てくると、2次方程式の解の公式や三平方の定

理を理解することと、リベラルアーツは親和性があると思われる。

　以下、参考までに平方の形について解説しておく。

$x^2 = 5 \rightarrow x = \pm\sqrt{5}$　　$(x + 1)^2 = 4 \rightarrow x + 1 = \pm 2$　　$x = 1, -3$ となる。

次のような２次式を因数分解する。

$x^2 + 6x + 9 = (x + 3)^2$ …A

これを平方の形といい、6を m、9を n とすると $x^2 + mx + n$ と表される。これを平方の形にするために、m を２でわって２乗して n を求める。

Aの例なら $m = 6$　$n = (\frac{6}{2})^2 = 9$ となる。

これより $n = \left(\frac{m}{2}\right)^2$ とすることができる。

これを整理すると、$x^2 + mx + \left(\frac{m}{2}\right)^2 = (x + \frac{m}{2})^2$ となる。

　文字と数字の記号だけでほとんど証明できる世界を知ることも、私は大切なような気がする。

4　中学で学ぶ数学のカリキュラムを精査する

　50年以上、中学数学のカリキュラムは大きな変化がない。日本と教育事情が似ている韓国の中学数学は、1970年初頭の頃の日本とほぼ同じである。ちなみに1970年の日本の中学数学は、sin, cos, tan の三角関数が入っていた。また２次関数は現在（2021年）は $y = ax^2$ だけだが、1970年版は $y = ax^2 + bx + c$ も入っていた。この一般式は、２次関数のグラフの頂点を求めるのがやっかいである。韓国では現在もこの一般式は中学で学ぶ（現時点では日本よりも韓国の中学数学の方が難しい内容となっていることが、このことでもわかる）。

　韓国の例を見ても数学のコアになる部分は、世界各国それほど変わらないことが予想できる（アメリカなどでは日本の小学校で学ぶ分数は、主に中学・高校の範囲となっているような違いはあるが）。

　このように見てくると、中学数学の学習内容は、将来の仕事の選択肢をふやして生活の質を高めるために役立つと推測できる。日本で生活していく上で必要な資格を取得するための数学、と言い換えてもよいかもしれない。自治体の職員にエントリーしようと思うと、中学数学の知識が必要な時があるのは、その一例だ。

　中学数学は、日常の実生活にすぐ活用できるというものは少ない。しかし、ロジカルに物事を考える習慣がつくだけでなく、自然科学系や社会科学系に進む場合には必須の知識となっている。教員試験を受ける際も、中学数学は基礎知識として必要である。もしこの知識が欠けていたら、大学進学も含め将来の進路が限定されることは疑いの余地はない。

　ここでもう一度学習項目を見ていただきたい。①正負の数と②文字と式の知識で③1次方程式が理解できる。③をマスターしていれば④の比例と反比例がよくわかる。④を理解するには①と②の知識も必要であることは言うまでもない。中2⑧式の計算は、中1の①②と関連し、⑧が理解できれば⑨の連立方程式を解くことが可能となる。連立方程式の各式は1次関数（$y = ax + b$）のグラフとして表すことができる。中3⑭の多項式や因数分解は、中1①②、中2⑧と関連する。中3の⑯2次方程式は⑮平方根と⑭多項式の展開・因数分解の知識が必要である。中1から中3で学んだ数式を理解して⑰2次関数がわかるようになる。このように考えると中1から中3までの数学の数量関係の項目は、あみ目のような関係で相互がつながっていることがわかる。ということは、どこかひとつが「途切れる」とその先に進むことは難しくなる。いや難しいと言うよりも、そこで切れてしまい、次に続かなくなるであろう。これはまさに、「プログラミング」の世界である。ひとつがわからないと、先の見通しが「まっ暗」になり、「何が何だか？」という状況になりやすいのが数学である。もしここで数学嫌いになると、大切なリベラルアーツのひとつを捨ててしまうことにもなりかねない。

　これからの社会では、プログラミングのように、ロジカルに順序だてて物事を考えることも要求されてくるのではないか。今までのような、倫理観や人の

良さだけでアバウトに生きていくこと（アナログ的生き方）が大変になってくることが予想される。ロジカルな発想を中学・高校までに身につけておくと、危機に遭遇した時など何かと便利なことが多い。これがグローバル化した時代を生きていく上での知恵なのかもしれない。ロジカルな発想を身につけた後、アナログ的な生き方を選択しても遅くはない。

　一般の企業に入ろうと思ったら、たいがいは試験がある。自己PRを兼ねた小論文などの後に一般教養試験がある大手企業が多いが、そこで中学数学の知識を必要とする問題が出題されることがある。ロジカルな発想ができる能力を確かめるための教養的な試験と思われがちであるが、グローバル化した社会にうまく適応できているかどうかをチェックしているのかもしれない。

　ただし世の中のしくみはすべてロジカルな発想で解決できるとは、だれも思っていない。文科省が令和答申（2021年1月26日）で力説していたSociety 5.0は教育界で話題になりつつあるが、何となく心配な面がある。危機に直面した時には、この発想は役に立つことがあるのは確かだと思われるが。このことは補論2で触れることにする。

第**6**章

生活力がアップする
中学社会科

ここでは資格を取得するための知識だけではなく、日本で生きていく時にも役立つリベラルアーツとしての、社会科の学びについて考えてみることにしよう。

1 ▌ 中学で学ぶ歴史

　中学社会科の主な学習項目を拾い出してみることにしよう。中1と中2で歴史と地理、中3では公民（政治と経済が中心）を学ぶことになっている。小学校の社会科の教科書よりもページ数は多く、学習量も多くなる。

　歴史は、日本と世界の歴史を学ぶが、前者の割合が70％から80％である。後者は欧米と中国・朝鮮半島が中心となり、ほとんどが日本との関連で取り上げられている。主な項目は次のようになる。

　　A：歴史とは何か　　　　　　D：日本の近世
　　B：日本の古代　　　　　　　E：日本の近代（開国／２つの世界大戦）
　　C：日本の中世　　　　　　　F：日本の現代

　これらの知識があれば、仕事で地方や外国に行ったりする時に役に立つことがある。外国人と交流する時に活用できる知識も多い。新聞やテレビなどのニュースや報道番組、さらには音楽や美術といった芸術の記事などが、ある程度わかる。スポーツが好きな人は世界大会に夢中になる機会も多いと思われるが、各国の歴史や地理を知っていると、楽しさが倍になるのではないだろうか。

　生きていく上での選択肢が広がるだけでなく、余裕のある生活を送る可能性が高くなると言ってもよいだろう。中間・期末の試験のために、高校入試問題を解くために、といった動機だけで勉強するのは、とてももったいない気がす

る。一般の市民でも、教える仕事をしている人でない限り、あまり目にしない用語が出てくるのが、中学の社会科と言える。

　歴史教科書の索引事項から、いくつかの用語を書き出してみた（「あ行」だけに限定）。

Ⅰ．アイヌ民族、足尾銅山、安土城、アヘン戦争、アメリカ、有田焼、EU、イスラム教、インターネット、インダス文明、浮世絵、エジプト文明、江戸幕府、オイルショック、応仁の乱、沖縄、オランダ、オリエント

Ⅱ．上げ米の制、阿弥陀如来、イエズス会、異国船打払令、一向宗、岩宿遺跡、印象派、浮世草子、えた身分、絵踏、延暦寺、ABCD包囲陣、大王、オスマン帝国、御伽草子

　これらの用語は、新聞や本を読む時に知っていると便利、という私の個人的な基準で選択したと思っていただきたい。Ⅰは新聞に目を通していれば比較的よく目にしたり聞いたりする用語で、Ⅱは多くの市民は学校を出たら、一般の新聞を読んでいてもあまり目にしない用語のつもりで分類した。あくまで直感的な分け方であることを断っておく。

　Ⅰの用語をよく知らないと、新聞を読む時やテレビの報道番組を視聴する時に、苦労することが多いはずである。このような知識は、仕事や生活していく上で必要だと思われる。ふつうの生活をしている日本人なら、新聞を読んだり情報番組を視聴する時などに、知っていてほしい用語と言ってもよいかもしれない。子どもや若い方には今一つ盛り上がらないと思うが、大河ドラマや時代劇は歴史上の人物や当時の街がよく出てくるので、歴史の知識が役に立つことがあるのではないだろうか。そのような知識があると、ドラマや映画の楽しみ方が一味違ってくるであろう。絵画やクラシック音楽などもその時代背景を知っていると、より感情移入ができ、芸術に触れるのが楽しくなるに違いない。これらはリベラルアーツのひとつに育っていくと思われる。

　Ⅱの用語はどうであろうか。文学作品や宗教に関係したものが多い。これら

の用語が中学歴史の教科書には当たり前のように出てくる。大学に進んで文学や社会学や歴史を学びたいと考えている学生なら、将来目にすることがあるに違いないが、それ以外の生徒には実践的に役立つ知識とは思えない。

　阿弥陀如来・一向宗・延暦寺といった宗教に関する用語は、多くの中学生は理解するのに苦労するのではないだろうか。今の一般市民にも縁が薄い用語が、すでに中学の教科書に出てくる。しかし教科書に掲載されている限りには、高校入試には出題されるかもしれない。多くの受験生はこれらの意味をよく考えず、「丸暗記」して、試験を乗り越えようとするのが一般的だ。正当な学びとは違和感があると思われる。

　しかし知っているとその人の「知識」が豊かになり、立居振舞が他の人と少し違ってくるかもしれない。Ⅱに出てくる用語は知らなくても、親の立居振舞によって知らないうちにどこかで目にしている可能性は高い。このように考えると、Ⅱはリベラルアーツの予備軍ととらえることができる。Ⅱの用語を知っていると、大人になってからその用語に出会った時に役に立つことが出てくる。知らないうちに「ハビトゥス」が少しずつ身体にしみ込んでいくような気がする。教育という場面では、親と教師のハビトゥスによって文化資本も子どもに伝わることがあると思われる。今は役に立たないと思っていても、将来「知っていてよかった！」という用語ととらえると、「とりあえず暗記」も役に立つことがある。

　歴史教育で気を付けなくてはならないことがある。

　歴史の一部分を安易に取り出して傾倒する人々が少なからずいるので気をつけたい。時々過去の不都合な出来事を忘れて、都合のよい政治を行うとする政治家もいる。特に日本と朝鮮半島や中国大陸との歴史はしっかりと学んでおく必要がありそうだ。そこで日本は何をしていたかという事実を知ると、なぜ中国や韓国の人々が過去に拘るかがわかってくる。これは歴史を学ぶ意義として、大人も子どもも共有しておきたいことである。

2 ▌中学で学ぶ地理

　地理は、世界と日本の地域を取り扱っている。グローバル化した社会を意識しているのか、歴史と違い世界と日本の割合は半々である。

　世界編では地球儀から始まり、アジア、ヨーロッパ、アフリカ、北アメリカ、南アメリカ、オセアニアと続く。大陸別なのは半世紀前と変わらない。かなり急ぎ足だが、世界全体を知る上で、大切な学習項目が目白押しである。主な項目は次のようになる。

A：世界と日本の地勢

B：世界の人々の生活

C：世界の諸地域（アジア・ヨーロッパ・アフリカ・北アメリカ・南アメリカ・オセアニア）

D：日本の特色

E：日本の諸地域（九州・中国四国・近畿・中部・関東・北陸・東北・北海道）

　海外に留学する、余暇とお金があったら海外旅行をする、そのような時には大変役に立つ知識である。また世界の音楽や美術やスポーツを、テレビ・新聞・雑誌・インターネットなどで、日常的に目に見たり耳で聞いたりする時代である。中学の地理に出てくる国の名前や場所や気候を知っていれば、海外に行く時のその地域への関心度が、違ってくるものと思われる。外国の文化や風習を知ろうと思うきっかけをつくるのではないだろうか。

　海外のニュースやドラマや映画を見る機会は年々多くなってくる。最近ではSNSで世界の人々と交流することが可能となっている。その時、日本以外の地域の地理的なことを前もって知っていると、関心度の高さや面白さがだいぶ違ってくるのではないか。

　SDGsについて討論する時、土台となる知識のひとつがA～Eであることは

言うまでもない。このように考えてくると、グローバル化した社会では、英語は読めて聞けて話せるようにしなくてはならないと、早とちりする親が出てくる。冷静に考えれば旅行や仕事で海外に行く時は、地理の知識の方が役立つことは言うまでもない。

日本編では、九州地方から始まり北海道地方まで、人々の生活や産業などが紹介されている。地理の教科書でまじめに学ぶと、各地方の文化のことが少しずつわかってくる。ある地域社会で生まれ育つと、だれでもがその土地の文化資本を無意識のうちに身につけている（正確には引き継いでいる）。その文化をもとにした立居振舞が子どもに伝わり、時として利益を生む資本の役割をして学力にも関係してくる。そういう見方をすると、もっと多くの人が真剣に他のいろいろな地域社会のことを知ろうとして、地理を学ぶのではないだろうか。

2023年6月現在、世界で話題になっていることを書き並べると次のようになる。ロシアのウクライナ侵攻、地球温暖化の問題、トルコの大地震、中国とアメリカの経済及び政治的対立、ミャンマーの軍事政権、イランの人権問題、アフリカの飢餓の問題など。これらに関心を持つには中学の社会科の知識が必須であることは言うまでもない。

また、日本と世界の地理を知ると、その交流の歴史を学ぶことにもなる。グローバル化した社会では、自分の国と世界の国々との関わりを、人と経済及び文化の交流という視点で考える上で、地理が必要と言えよう。

教科書の索引から、いくつかの用語を書き出してみた（「あ行」だけに限定）。

Ⅲ．亜熱帯、亜寒帯、アフリカ連合、イスラム教、稲作、移民、インターネット、液状化、エネルギー自給率、温室効果ガス、温帯（地名を除く）
Ⅳ．アジアNIES、アボリジニ、イヌイット、エコタウン、エコツーリズム

地理の教科書には、地名がたくさん出てきて、覚えるのが苦手な人もいると思うが、無理に暗記しなくてもよい。今はスマホ又はタブレットなどの地図ア

プリなどで気軽に地名や場所を調べることが可能である。電子辞書を活用する方法もある。しかし、全体の流れの中で地名を一度覚えておくと、旅行したり仕事で移動した時に自然に頭の中に出てきて便利である。また新聞を読んだりテレビの情報番組を見聞きする時、中学で学ぶ地理レベルのことを知っていると、それらの情報の理解が早くなる。仕事だけでなく生活を潤す知識の宝庫と言ってよいかもしれない。このように見てくると中学の地理は、日本や世界の世の中の出来事やしくみを知るための、リベラルアーツの土台のひとつになっていることがわかる。

　Ⅲの用語は新聞やテレビに接する機会があれば、どこかで見たり聞いたりしているはずだ。逆に知らないと、そのような情報に接するのが苦になる可能性がある。もし親が新聞の三面記事しか見なかったら、これらの用語とは無縁の生活をすることになるかもしれない。人と接するのが億劫になり選挙に行くのも「何だか面どうくさい！」となり、ますます自分の世界だけで満足してしまう。

　ここで学ぶ地理の用語は、文化資本を豊かにする基礎知識と考えてもよさそうだ。もし新聞やテレビのニュースや情報番組を見ていない親がいたら、その家庭の文化は大変貧弱なものとなるであろう。このような親の立居振舞が、学校の学びの場とは相容れないことは明白であろう。

　あまり新聞やテレビなどに出ない用語をⅣとして集めてみたが、歴史よりは少なかった。少なかったということは、地理に関した知識は現代人の多くが身につけてほしい文化であり、この有無によって立居振舞、さらには社会関係資本に影響を与えてしまう可能性が高いことを意味する。人の移動と交流は、地理の知識があると活性化すると思われる。もし地理の知識が少ないと、移動の時にハンディキャップを負うことになり、人脈をふやす機会を少なくしてしまうかもしれない。社会関係資本を豊かにする要因のひとつが地理の知識と考えてよさそうだ。中学の教科書を読むと、大人のリベラルアーツのキャパシティが増加することは間違いないだろう。

　このように考えると中学の教科書は、ゆたかな生活に導くリベラルアーツの

宝庫と考えても言い過ぎではないと思う。

3 中学で学ぶ公民

　中学での学びの中で、リベラルアーツとの関係が一番深いのが公民である。このように断言すると、今までは高校入試で数学や英語などより軽く見られていたのに、「どうして？」と不思議に思う方が、けっこういるような気がする。何故重要なのかを、次に検証していくことにしよう（このような理由で、拙著の公民の項目はかなりの紙数になっている）。世の中との接点が多いのが公民の教科書であることを、我々は忘れがちになる。世の中とコミュニケーションをしながら我々は生きている。その時必要なのが公民の知識であり、それが文化資本となり、庶民のリベラルアーツとなっていく。このことを意識して以下読んでいただければ幸いである。

①公民の概要

　高校で学ぶ政治と経済は、中学では「公民」という、今は日常あまり使われない名称になる。公民館という名称を思い浮かべる社会人はだんだん少なくなったってきた。中学ではなぜ政治・経済という用語を使わないのか、疑問に思う方もいるのではないだろうか。念のため辞書をひくと、『新明解国語辞典』には次のような明解な説明があった。

「国民のうちで、国や地方公共団体への参政権を有する人びと」（傍点小宮山）

　『広辞苑』では最初の解説に「私有を許されない国家（天皇）の人民。律令制における良民」とあった。公民はどうも、単なる日本の政治や経済を学ぶだけの学科ではなさそうだということがわかってくる。公民には、かなり深い意

106

味がありそうだ。私などは公民も政治・経済も同じように思いながらつい最近まで授業をしていた記憶がある。現在の親も、「学校の公民で、世の中のしくみを勉強しているね」というレベルで見ていたのではないだろうか。

『新明解国語辞典』の説明を読んで「参政権を持たない人間は公民ではない！」ということをあらためて知る大人も多いと思われる（私もそうだった！）。選挙権を持たない小・中・高生（18歳未満の高校生）はどのような扱いになるのか、法的には一人前の人間として見なされないのか、といろいろ考えさせられるのが、実は公民という用語である。このようなことを知った上で、中学公民の教科書を調べてみることにしよう。

公民になるためには、これだけのことを知り、そして公民たるゆえんの義務があることを伝える内容ではないかと、私は予想している。では具体的にどのような内容なのかをチェックしてみることにする。

A：現代社会の現状（グローバル化した社会／家族／情報化社会）
B：憲法を考える（人権／共生社会／日本国憲法）
C：政治と社会（民主主義／選挙／政治のしくみ／地方自治）
D：日本の経済（消費生活／市場経済／生産と労働／市場経済のしくみ／金融／財政／公害／持続可能な社会）
E：国際社会の中の日本

民主的な政治や憲法（法律を含む）の大切さを知り、その地域で安心して消費活動と生産活動ができるという健全な資本主義経済を学ぶ内容ととらえることができる。そこには格差や貧困の問題が常につきまとう。しかも経済発展と環境（理科などでそのメカニズムを詳しく学ぶ）のバランスをとるという、大変困難な問題に我々は直面していることを知る、という流れになっている。これらのことをAからEという順に、もう少し紹介したいと思う。

②現代社会の現状

　まず、Aの現代社会の現状を駆足で見てみよう。

　教科書の最初の章では「持続可能な社会」を目指すと宣言している。2011年3月11日の東日本大震災をきっかけに、環境問題も含めこの用語が一世を風靡している感がある。日本社会は、グローバル化・情報化（IT）・少子高齢化（2022年の出生数はとうとう80万人を割った）という状況下、男女の社会参画が求められている。

　また日本から遠く離れた地域で国同士の争いが生じれば、大きな打撃を受けることが露呈してしまった。2019年の食糧自給率は38％（カロリーベース）、2018年の1次エネルギー自給率は11.8％となっている。地球上で生じる出来事は対岸の火事としておくことができないのが、グローバル化した社会の一番の特徴なのではないだろうか。

　日本の小麦の輸入先は、アメリカ合衆国・カナダ・オーストラリアの計3国でほぼ100％近くになっている。1次エネルギーの石炭の輸入先はオーストラリアとインドネシアで約75％で、ロシアは12.5％である。同様に原油はサウジアラビアとアラブ首長国連邦で約71％で、ロシアは約4.1％である。液化天然ガス（LNG）は、オーストラリアとマレーシアとカタールで約65％で、ロシアは約8.2％である。

　この数字を見る限り1次エネルギーに関しては、ロシアの影響は多少あるが、食糧に関してはほとんど影響がなかったはずである。

　1次エネルギーの価格上昇に関しては、2022年2月24日ロシアのウクライナ侵攻以前に、アメリカが2021年の中頃から過熱した景気（コロナの反動需要と言われている）で物価が急上昇した要因をまず挙げることができる。インフレを抑えるためにアメリカの金利が上がり日本の金利が低いままであったので、ドルと円の為替相場が短期間に（円が）下振れし、一時期円が30％以上安くなってしまった（2023年6月現在もドル高・円安の状況は変わらない）。

このため輸入する原油価格が上昇していたところに、ロシアの侵攻が始まり原油価格がさらに上がり、ガソリン価格が急上昇してしまった。まさに円安と供給量減のダブルパンチによる原油・ガソリン高騰である。ロシアに1次エネルギー源をそれほど頼っていなかったが、グローバルの世界でLNGを含むエネルギー資源の需要と供給のバランスがくずれてしまった。

　一方、食糧では小麦以外はどうだろうか。とうもろこしや大豆の輸入先はアメリカ合衆国・ブラジル・カナダなどである。小麦を含めた穀物の輸入先にロシアやウクライナはほとんどないに等しい。それにもかかわらず2022年の夏頃から穀物などの原材料高から食糧品の価格が値上がり始め今も続く（2023年6月現在）。

　ここでこのような事実を示したのは、グローバル化した社会とは、世界の多くが貿易や人の交流やSNSで「がっちりと」ひとつにつながり始めていることを、多くの方に知ってほしいと思ったからである。

　今の社会はグローバル化して、食糧自給率や1次エネルギー自給率が低い、ただそれだけを受験のために暗記していたのでは、そしてただ知識として覚えるだけでは、「文化」として身についていかないことを、知った方は多いのではないか。私もあらためて実感している。

　また現代社会はIT技術を抜きにしては考えられない時代になってきたが、日本の文化や芸術を知ってほしいという願いも公民の教科書にはある。多文化を尊重する共生社会の記述もしっかりと入っているのが、30年前の教科書とは違っている。

③憲法を考える

　ここではBの憲法をチェックしてみよう。ふつうの市民はふだんはほとんど忘れているが大切なことばかりである。

　公民で憲法のことを本格的に学ぶ。古代からの意味では、「おきて、基本となるきまり」となっていると言う。そして次に「国家存立の基本的条件を定め

た根本法」と現代の憲法の解説が『広辞苑』には出ている。

　日本で憲法が初めて制定されたのは、1889年に発布された「大日本帝国憲法（だいにっぽんていこくけんぽう）」で、天皇主権を基本原理としていた。現在の憲法は1946年に公布された「日本国憲法（にほんこくけんぽう）」で、国民主権となっている。これらのことをふまえて、法律と憲法の違いを知っておくことは、日本で生活をしていく上で重要だ。我々はどこに住んでも国や自治体（都道府県及び市町村）の世話にならざるを得ない。また日本の国や自治体のシステムを知り、人間らしい生き方を全うする権利が、全ての人にあるという認識を持たなくてはならない。

　憲法や法律は堅苦しい用語が今でも使われているので、一般の市民は敬遠しがちである。しかし中学で学ぶ公民ではわかりやすい言葉でていねいに説明しているので、大人が生涯学習の一環として、もう一度「さらっと」読めて、復習できる内容となっている。「あ、そうか！　日本の国はこういうシステムになって我々は保護されているんだ」、と納得すると同時に、世の中に関心を持ち選挙などで権利を行使する義務もある、ということをあらためて知るのではないだろうか。特に現代のように様々な危機に遭遇し、資本主義経済システムが劣化しつつあることがわかってきた、分断化しつつある閉塞的な社会では、もう一度議会制民主主義の制度を再検討することを迫られている。それを考える土台となるのが中学で学ぶ公民である。

　教科書には新聞でもよく目にする基本的人権という用語が出てきて、その中でも3つの権利（自由権・平等権・社会権）をわかりやすく説明している。ここの章を読むだけでも、世の中の動きがかなりわかってくる。新聞に出てくる政治や社会問題関係の記事を読む時、もしあやふやなことがあったら、電子辞書で調べるのもいいが、全体をとらえるには、公民の教科書は最適である。このような意味でも社会人にもぜひ読んでほしい。リベラルアーツの土台になる知識の宝庫である、と言っても過言ではないだろう。安心安全な生活をするためにも知っておくと損はない。公民の教科書に出てくる憲法や法律に関した用語を次に書き並べておく。

110

- 三権分立
- 国民主権
- 基本的人権の尊重
- 平和主義
- 憲法改正
- 象徴天皇
- 日米安全保障条約
- 自衛隊

- 子どもの権利条約
- 部落差別の撤廃
- 男女雇用機会均等法
- インクルージョン
  （Inclusion：包含）
- 生存権
- 生活保護法
- 教育基本法

- 労働基準法
- 選挙権
- 『国民の義務』
- 環境権
- プライバシーの権利
- 国際人権規約
- 世界人権宣言

　これらの用語は、ほとんどが電子辞書に掲載されているので、無理に暗記する必要はない。しかしこんな権利があることを頭のどこかに入れておくと、何かあった時に役に立つ。なおインクルージョンは2018年版の『広辞苑』にもまだ掲載されていない用語である。様々な違いを認め、全ての人が参加して支え合う社会という意味で使われている。訳としては「包含」があてられている。

　『国民の義務』をカギカッコでくくって強調したが、権利を主張するだけで、この義務を忘れてしまう市民もいるのではないかと思ったからである。この義務を知っている市民と、知らない市民とでは立居振舞が違ってくる。権利の主張だけでは単なる「わがまま」になってしまうだろう。日本国憲法では3つの義務を定めている。（ア）普通教育を受けさせる義務、（イ）勤労の義務、（ウ）納税の義務、となっている。

　もし子どもを働かせて義務教育の小学校や中学校に行かせない親がいたら、（ア）の義務をはたしていないことになる（明治の初期は子どもを学校に行かせなかった農家が多かった）。ハローワーク（公共職業安定所）が税金を使って運営されているのは、働く意思のある市民に仕事を紹介して、（イ）の義務をはたしてもらいたいという願いがあるからだ。税金を払わないと、国や自治体が機能しなくなるので、国家は成立しない。そのため事業税や所得税のような直接税だけでなく、消費税や酒税のような間接税という方法で税金を国民から集めている。（ウ）を履行しないと、脱税ということで、罰金など何らかの

ペナルティがある。

　これらに関した記事や情報はいたるところから発信されている。このような知識の集合体を活用すると、何らかの利益をもたらすから、これは市民生活をしていくための重要な文化資本となることは明らかだ。

　社会生活を円滑にしたいと思っている市民は、公民の教科書で法律や憲法をもう一度学ぶという手もあるのではないか。

④政治と社会

　Cの政治と社会は、ドロドロした政界のニュースがあるのでスルーしている市民も多いが、しっかり学んでほしい項目が目白押しである。

　憲法や法律で日本の国は成り立っているが、それを具体的に議論して実践していく場が「政治」と考えることができる。今の公民の教科書は、詳しく日本の議会制民主主義のことが書かれている。以前の教科書より懇切丁寧に作られている。執筆陣も政治に関心を持つ市民が減少していることを懸念しているのだろうか。

　ここ10年で新聞などで目にする、新しい人権にも触れている。環境権・遺伝子診断の賛否・自己決定権・知る権利・プライバシーの権利・インターネット上のプライバシー・国際的な人権保障、これらの用語は近年国会でも議論されるようになった。

　政治に関した章は、多数決の原理が尊重される、議会制民主主義を大前提に話が進んでいく。政治参加への第一歩は「選挙」であり、選挙権を手にした年齢から「公民」の扱いになる現代日本社会のルールを、しっかりと子どもには伝えたい、という思いで教科書は作られている。我々大人も知っておかなくてはならない用語を次に書き並べてみる。

- 普通選挙　　　　　　　　● 直接選挙　　　　　　　　● 与党と野党
- 小選挙区比例代表並立制　● 政党政治　　　　　　　　● 政権公約

- 世論とマスメディア
- （ア）「メディアリテラ
  シー」
- 国会（立法権）
- 内閣（行政権）
- 裁判所（司法権）
- 「三権分立」
- 二院制（衆議院・参議院）
- 法律の制定
- 内閣総理大臣（首相）

- 国務大臣
- 公務員（国家公務員、
  地方公務員）
- 財政
- 行政改革
- 裁判所（最高裁判所、
  高等裁判所、地方裁判
  所、簡易裁判所）
- 三審制
- 民事裁判

- 刑事裁判
- （イ）「裁判員制度」
- 地方公共団体
- 地方分権
- 地方議会
- 首長
- 地方財政のしくみ
- （ウ）「人口減少問題」
- 住民投票
- NPO（非営利組織）

（ア）（イ）（ウ）の用語は30年前の教科書には出ていなかった。

　これらの用語をざっと見て、どのように思われたであろうか。中学の数学・国語・英語・理科・地理・歴史、すべて大切であることは言うまでもない。しかし公民の教科書にこれまでに出てきた用語は、実は「それなりの生活」をするためには欠かすことができない項目ばかりである。具体的に言うなら、新聞をふだんから読む習慣がついている人にとっては、よく目にしたり、報道やニュース番組などで聞いたりする用語ばかりである。中学の他の教科書のことは、知らないとすぐ困るという項目はあまりない。しかし公民は、将来の仕事の選択肢を多くするのに役立ち、希望する仕事を獲得できる確率を大きくすることに、寄与すると考えられる。もし公民に出てくる用語を知らなかったり関心が薄かったりすると、仕事をする時や家事などをする時に、不便を感じることがあると思われる。

　公民に出てくる用語は日本で生活しようと思ったら、「知っていると大変得する」が「知らないと大損をする」と、とらえることもできる。これらの知識の集合が「文化」を構成する要素のひとつだとしたら、高校を卒業して選挙権を持った「市民・公民」として独立して生活をする場合、この文化は利益を生む可能性が高くなるので、容易に「文化資本」へと転化していく。文化資本と

なる知識は「リベラルアーツ」とも親和性があることは言うまでもない。

このように考えてくると、公民はリベラルアーツをふやすことに貢献をしている、中学の教科の中でも重要な科目であることがわかる。

しかし、憲法や法律や議会制民主主義を扱う公民は、昔から人気のない科目であった。身近な社会の様々な問題なのだが、中学生はピンとこない、それが理由のひとつではないだろうか。世の中のしくみや負の社会問題に子どもが関心を持つよりも、学歴獲得に多大な貢献をする数学や英語を勉強してほしい、と願っている教育熱心な中間層や富裕層の親が一定の割合でいる。受験生は、不都合な社会問題には目をつぶっていてほしいと、心の中で密かに思っている親がいるかもしれない。

経済資本を中心としたそこそこの資産を持っている親の中には、できるだけ子どもに労働という苦労はさせたくない、（親が）マウントをとれるような大学や職業に子どもはついてほしいと願っている方もいる。とりあえず大学卒業するまでは世の中に関心を持たず、社会問題には目を瞑っていてほしい、今はできるだけ遊ばないで受験勉強を熱心にしてほしいと、言葉には出さなくとも心の中で願っている親もいる。

学校の勉強に今一つ「力が入らない」中学生は、聞いたことがない用語が公民の教科書に次から次へと出てくるので、学びのモチベーションはさらに下がる。何の世界のことかさっぱりわからない、「私たちには関係ない！」だから「公民の授業はスルーする」と決め込む生徒もいる。親が社会問題に関心が薄く、子どもも身の回りの特定の友人関係しか興味のない場合は、なおさら公民の内容はつまらなくなるのではないか。親の社会関係資本が乏しければその子どもも同様である可能性が高いので、いろいろな文化資本を手に入れる機会がさらに少なくなる。

学力が高い子どもと学力がそうでない子ども、双方に敬遠される科目が公民と言ってもよいだろう。

もうひとつ由々しき問題がある。公民の憲法や法律を利用した仕事の1つである「政治家」の言動に、うんざりしている市民がふえてきていることだ。国

会議員（衆議院・参議院）、地方議員、都道府県知事、市町村の長、このような一部の政治家の不祥事を幼少の頃から何回となく見ていたとしたら、政治には関心が向いていかないのは当然であろう。

　その一方で、実際に国や地方自治体の仕事をしている公務員が、日本の具体的な政治や行政の担い手であるせいか、今でも一定の人気がある。数ある職業の中で、地方自治体の公務員は特に人気が出てきているが、これは自治体が担う業種が多様で、しかも直接住民との接点を持てるので、やりがいを感じるからではないだろうか。そのためか成績優秀な女性が関心を示す職場となりつつあるようだ。一昔前は、絶対つぶれない会社と考え、安全指向重視で公務員を選んでいた大学生や高校生がいたが、今はむしろ「やりがい」を求めて応募する求職者がふえてきていると聞く。

　ある程度の規模の自治体は、多くの職種が必要な職業（職種）のデパートのような面がある。東京都の八王子市（人口約57万人）には次のような部や課がある（一部略す）。

（ア）都市戦略部
（イ）デジタル推進室
（ウ）未来デザイン室
（エ）統合経営部
（オ）市民活動推進部
（カ）総務部
（カ）契約資産部
（キ）財政部
（ク）生活安全部
（ケ）市民部
（コ）福祉部（福祉政策課、高齢者いきいき課、介護保険課など）
（サ）健康医療部
（シ）子ども家庭部
（ス）産業振興部
（セ）資源循環部
（ソ）水循環部
（タ）まちなみ整備部（住宅政策課、公園課、建築指導課）
（チ）道路交通部
（ツ）会計部
（テ）学校教育部
（ト）生涯学習スポーツ部（生涯学習政策課、学習支援課、スポーツ振興課、図書館課、文化財課）

　ざっと見ただけでも、社会科学系（経済学・社会学・法学・商学など）自然

科学系（IT関係、物理・化学・生物関係など）人文科学系（文学・哲学・歴史学・語学など）で学んだ知識や身につけた文化を生かすことができる部や課が、かなりあることが推察できる。

　都道府県よりも規模が小さい地方自治体の公務員は、自分がしていることが住民（市民・町民・村民）の役に立っていることを、直接肌で知る機会が多い。先の例では人口が60万人弱なので、市としてはかなり大きい方である。10万人規模の市ならもっと小さい組織になり、より住民との接点が多くなるだろう。

　では、中央省庁の国家公務員はどうだろうか。国の政策の要は各省庁の官僚と呼ばれる上級国家公務員で、優秀な人材が集まることで知られている。各省（11ある）を書き並べると次のようになる。

- 総務省
- 法務省
- 外務省
- 財務省
- 文部科学省
- 厚生労働省
- 農林水産省
- 経済産業省
- 国土交通省
- 環境省
- 防衛省

　各省の国家公務員が知恵を出し、社会科学系、自然科学系、人文科学系の文化資本を総動員して、国の政策の根幹を築き上げていく。しかし国の組織は巨大である。巨大すぎると言ってもよいかもしれない。官庁には、最新の技術や理論を会得し、堪能な語学を駆使し、智恵を働かせて、日本という国のために働こうとしている優秀な人材が集まるに違いない。グローバル化した社会の最新の技術や情報をキャッチする立場にもいると思われる。世界の最先端の技術や研究論文をチェックしている学者と同じレベルの官僚もいるだろう。このような官僚と指導的立場の政治家の関係が良好なら、円滑に行政が行われる確率は高くなる。もし双方の関係が悪化したら、忖度する官僚が出てくるので、才能を発揮する場面は少なくなるであろう。

　しかし、才能ある官僚がふつうの市民生活をどれほど理解しているかは、は

なはだ不安なことがある。各省庁に集まる公務員は一般的に学力も学歴も高い。しかも私立の中高一貫校を出た、経済資本に恵まれた人が合格する確率が高い（半世紀前とは様子が違う）。そのような人々が集まっている組織では、文化資本が豊かでかつ共通・共有している部分が多い。当然同僚のハビトゥスも似ているであろう。経済の数字だけで経済政策を行う、教育の統計の数字だけで教育政策を進める、といったことがあったら、それはふつうの市民感覚とはかなり「ずれ」が生じるであろう。

　教育関係のイベントで、これから文部科学省（文科省）が押し進めようとしているGIGAスクール（補論2, p.233参照）についての、ある省の責任ある方の講演が数年前にあった。たぶん30代だと思う。当時の文科省は小学生にもタブレットを配布し、GIGAスクール構想を一気に進めようとしていた。最初に自己紹介で経歴を簡単に述べていた。（著名な）私立中・高一貫の男子校を出てその後東京大学に進み、今の職についたとのことであった。話はわかりやすくロジカルな説明で、熱意はとても感じられた講演であった。

　私のような素人でも、小学生全員にタブレットを配るのはかなりの金額になることは予想できる。財務省から予算を取ってくるのは大変だなと思っていた。アベノミクスで国債を際限なく（？）発行しているのは「まずい！」と思っていたのは私だけではないようだ。できるだけ予算を少なくして、GIGAスクール構想を実現させたいと思えば、タブレットを有償にする案が出てきて当然であろう。演者はほぼ終わり頃になって雑談風に次のようなことを話した。「ランドセル1つとタブレットは同じぐらいなんですけどね（それほど負担にはならないのに）」といった内容だった。

　彼は経済資本に恵まれた家庭で育ったことは確かだ。進学校として著名な男子私立中高一貫校に行くには、塾通いの費用も含め、一般の家庭での経済力ではかなりしんどい。彼にはそこそこのランドセルを、親は苦労せず買って与えたものと思われる。しかし今でも給食費の負担が大変だ、子どもの学費を工面するのに苦労する、そういう貧困家庭が一定の割合でいるという現実がある。厚生労働省の2018年の調査では、相対的貧困率は15.7％に達していると言

う。ひとり親の相対的貧困率は約50％というデータもある。ランドセルはブックオフやメルカリのような場所でやっとの思いで手に入れる家庭もあるかもしれない。運がよければ親族や友人から譲ってもらうケースもあるだろう。安いランドセルは2万円前後だが、ブランドものはアウトレットでも7万円前後する。タブレットは3～7万円ぐらいの範囲で手にすることが可能だ。多分ランドセルとタブレットの価格はほぼ等しいと「頭の中」で直感的に思ったのだろう。

この方の印象は、とてもさわやかで自信に満ちた話し方で、内容もよくこちらに伝ってきた。しかし彼が育った家庭、学校、友人などの交流から、自分の身体に知らないうちに入り込んだ文化資本が、自然にハビトゥスとして口から出てしまったのだと推察している。このような文化資本の相違をピエール・ブルデューはものの見事にデータで示し、フランス社会で階級（階層）が再生産されていることを、約半世紀前に明らかにした。

ここでこのようなエピソードを紹介したのは、公務員でも国と地方自治体とではかなりの違いがあることを示したかったからである。地方自治体の方が庶民の生活が直接目に入ってくることは言うまでもない。

公民の教科書に書いてある通りに授業をしたり、そこに書いてあることを読んだりするだけでは、本当の政治や行政の世界はわかってこない。その違いなどを知っている大人がもう少しそれらの事実を伝え、政治家や行政担当者に、大人だけでなく「子どももその立居振舞をしっかり見ている」という気持ちで仕事をしていただきたいと願っているのだが。

⑤日本の経済

Dの日本の経済は、よく知っているようでよくわかっていないことが多いと思われる。新聞・テレビの報道の内容を知るためにも重要な項目が多い。

私たちは文明化する前から、消費と生産（狩猟を含む）をくり返して生活してきた。1760年代のイギリスで産業革命が始まり、19世紀終わり頃は、ヨー

ロッパの主な国々とアメリカは近代資本主義経済が確立した。同時に18世紀から二酸化炭素（CO_2）の排出量が急激にふえてきて、今日に至っている。それが地球温暖化の要因のひとつと言われ、SDGsという17の目標が重要なテーマとなり、この流れの中で中学の数学・英語・国語・理科・社会科の教科書が作られている。このような視点から今の社会を俯瞰すると、「経済を学ぶこと」の重みは、以前とは比べものにならない時代となっている。

　第二次世界大戦が終了する以前は、ヨーロッパ（イギリス・ドイツ・フランス・イタリアなど）やアメリカでは定期的に好況と恐慌をくり返す、景気変動（景気循環）が頻繁に起きた。特に1929年アメリカの株価大暴落で始まった「世界大恐慌」は資本主義経済社会に激震が走った。資本主義経済の社会が成立してからの恐慌は、ほとんどが生産量の過剰で、消費量がそれに見合わないために発生する、というメカニズムであった。1933年以降アメリカではニューディール政策をとり需要を掘り起こし、恐慌からの脱出にある程度成功したことは、高校の世界史の教科書には必ず出てくる。公共投資の拡大など（フーバーダムが有名）で需要を意図的に国が創り出すという政策がこの後しばらく続き、ケインズ経済学が定着したきっかけとなった。

　ケインズ経済学で知られるようになった「乗数理論」は大不況や恐慌のカンフル剤として重宝され、戦後もヨーロッパやアメリカや日本で、公共投資の政策が活発に行われた。しかし1970年頃からインフレーションと不況が同居する「スタグフレーション」という現象が生じるようになり、ケインズ経済学は退潮していく。それに代わり、1990年以降ミルトン・フリードマンの貨幣供給量を重視するマネタリズムが台頭してくる。「トリクルダウン」（したたり落ちる）という用語も、この頃から注目されるようになった。トリクルダウンとは『広辞苑』によれば、富裕層の所得が増加すればその一部が貧困層にも浸透して経済成長が社会全体に行き渡ると言う理論を言う。

　日本では2000年以降金利を下げて貨幣の供給量をふやし公共投資をしてもそれほどの効果が出なく、20年以上長期低迷の経済状況が続いている。2012年からはさらに国債を大量に発行して日銀がそれを買うことによって市場に貨

幣が流入していく、そういう金融緩和政策を続けたが、一向に景気はよくならない。さらに貨幣を市中に注入するため今度は、日銀は株式市場の株ETF（上場投資信託）を買い始め、2021年末で51兆円を超えている。日銀は紙幣を増刷しETFを購入することによって市場に多くの貨幣を供給しているので、これも金融緩和政策のひとつであるが、これは長らく「禁じ手」と言われてきた。

　積極的に市場に貨幣を注入しても、消費は伸びないので投資をして生産量をふやすという企業が少なくなる。結果的に消費と生産は停滞したままである。

　では公共投資はどうなのだろうか。乗数効果を狙った政策だが、半世紀前よりも効果が薄れてきていることが判明している。的を絞れば効果は期待できるが、各省庁の利益がからむと、市民の利便とマッチングしない投資となり、効果が半減してしまう可能性が高くなる。まさに日本経済は袋小路から脱出できない閉塞状況下である（『平成経済衰退の本質』前掲書）。これを打開するために岸田政権（2023年6月現在）は世界でどの国も達成したことのない「新しい資本主義」という旗印を立てて、政権を運営しようとしている。

　手短に「ザックリ」と今の日本経済の現実を概観してみた。ここまではすべて実際に生じていることを、時系列にまとめただけである。ビジネスの最前線にいる社会人なら当たり前のように知っていることを、なぜここでこのような解説をするのかと、訝る方もいるかもしれない。

　ここに書いた経済概要を理解するには、公民に出てくる「経済」の章の知識が必須であるからだ。消費者と生産者の関係を図で示すと、次のような貨幣循環の図になるだろう。

　一般の市民が社会に出て、生産者Aや生産者Bとどのように関わり、そして貨幣がどのように循環しているかを知ると、社会に関心を持つ度合いが変わってくるのではないだろうか。ここに示した貨幣（G）の動きは、本来の貨幣の役割である。この図を見ると、貨幣の量は商品の量と関連することが明白である。もし商品の量がふえないのに、無理矢理貨幣をふやしたらどうなるであろうか。そのことがよくわかる図とも言える。このようなしくみを知ることによって、日本の経済はどのようになっているのかを理解することができるが、こ

貨幣循環の図

W⇒商品　　　　G⇒貨幣

生産：W－G（Wを生産してGを得る）　消費：G－W（Gを使いWを得る）

生産者Aの商品⇒W_1

生産者Bの商品⇒W_2

Ⅰ

$$W_1 \diagdown\diagup G$$
$$G \diagup\diagdown W_1$$

[ある消費者XがW_1をGで買い
生産者AはW_1を売りGを得る]

Ⅱ

$$W_2 \diagdown\diagup G$$
$$G \diagup\diagdown W_2$$

[生産者Aが得たGで
生産者BのW_2を買う
Gは生産者Bに移る]

このⅠとⅡを連結すると次の図になる。

（Aさんの商品）　　　（Bさんの商品）

$$W_2 \diagdown\diagup G$$
$$G \diagup\diagdown W_2$$

$$W_1 \diagdown\diagup G \quad \cdot \quad G$$
$$G \diagup\diagdown W_1$$

⇒

[AさんはW_1を売りGを
得、そのGでBさんの
W_2を買い、AさんのG
はBさんに移動する。]

※これは生産者がAさんとBさんの2人の場合の模式図である。実際は生産者と消費者は無数に
錯綜する。商品W_1やW_2は消費され流通から消える。しかし貨幣Gは消えず流通し続ける。

『経済原論』（富塚良三、有斐閣、1976年）を参考に小宮山が作成。

れは生きていく上でのひとつのリベラルアーツであると私は考えている。現在
の日本の状況を知り、それに対応した行動や立居振舞は、知識の集合体である
文化といった単なる「教養」的振舞ではない。その時代をしっかりキャッチ
し、人と人との心のつながりを持つきっかけを与える、それがリベラルアーツ
とみなすことができるのではないだろうか。

　教科書に出てくる知識を集めただけでは「リベラルアーツ」に転化しない。
しかし知識がなければ「リベラルアーツ」を身につけることは不可能である。
このような意味でも、中学校で学ぶ「公民」は文化資本の集合体であるリベラ
ルアーツの土台となっている（日本経済の現状や動向は補論1で述べる）。ここ
ではそれらを知るために必要な公民の教科書に出ている用語を次に示しておく。

- 消費と生産
- 経済の定義
- 貯蓄
- 収入（給与、事業、財産）
- 消費者主権
- 契約自由の原則
- 消費者問題
- （ア）「クーリングオフ」
- 製造物責任法（PL法）
- 消費者基本法（2004年改正）
- 環境ラベル
- 商業と流通
- 分業と交換（経済学の基本）
- 資本主義経済のしくみ
- 3つの生産要素（土地、労働力、資本）
- 私企業と公企業
- 企業の社会的責任（CSR）
- 株式会社のしくみ
- 株価の変動
- 労働組合
- 労働三法（労働基準法労働組合法、労働関係調整法）
- （イ）「ワーク・ライフ・バランス（仕事と家庭の両立など）」
- 非正規労働者の増加
- 外国人労働者
- 需要と供給の曲線図
- 市場価格
- 独占価格
- 独占禁止法
- 貨幣の役割（流通・貯蔵・価値尺度）
- 金融（直接金融・間接金融）
- 銀行のしくみと働き
- （ウ）「日本銀行の役割」
- 景気変動
- インフレーションとデフレーション
- （エ）「日本銀行の金融政策（国債の売買など）」
- 産業の空洞化
- （オ）「為替相場（円安・円高）」
- 多国籍企業
- 財政のしくみ
- 税金（国税、地方税、直接税、消費税）
- 市場経済と政府の役割
- （カ）「財政政策（公共投資、社会資本）」
- （キ）「国債」
- 社会保障の4つの柱（社会保険、公的扶助、社会福祉、公衆衛生）
- 介護保険制度
- 社会保険の課題
- 公害対策と住民運動
- 地球環境問題（省資源、省エネルギー）
- 循環型社会に向けて、
- （ク）「3R（リユース、リデュース、リサイクル）」
- （ケ）「エシカル消費（Ethical Consumption）」
- 国内総生産（GDP）

　親に頼らないで生きていこうと思う市民にとっては、ここに出てくる用語は重要であることは言うまでもない。高校受験のために丸暗記するだけの勉強ではつまらないし、もったいない。この我々の生活に直結しそうな用語を簡潔にまとめているので、社会人がもう一度学び直そうとする時に、公民の教科書は便利である。書き並べた用語をざっと見渡しても、自分だけでなく他の人を思う心が大切であることが、何となく感じてもらえるのではないだろうか。

　今のような危機的な市民社会の状況下では、多くの市民が世の中に関心を持たなければ、諸問題を打開できないことは明らかだ。難しいことは政治家や官僚や学者に任せておけばよい、我々庶民は自分と家族のことだけを考えていればよい、そういう市民が多数派になったら、いつのまにか日本の経済は沈没したままだ、そういう時代が迫っている。それは何となくわかっている。でもどうやって関わればよいか考え込んでしまう人も多いのではないだろうか。ここに示した用語は、日本で生きていく時の「セーフティネット」に関するものがほとんどだ。このように見てくると、知識の羅列ではなく、人と人との心の交流を考えながら身につければ、文化資本になることは言うまでもない。さらにそれがその人の身体に入り込み、リベラルアーツの土台になっていくであろう。

　特に今話題になっていると思われる用語に（ア）〜（ケ）の記号をつけた。これを簡単に解説していきたいと思う。

　公民に出てくる用語はほとんどがリベラルアーツを構成する要素であるが、20年前、30年前、40年前の子どもの頃に学んだ市民には、教科書に掲載されていなかったものがかなりある。文化資本やリベラルアーツのことを考えたら、常にバージョンアップを心掛けなくてはならない。

　（ア）「クーリングオフ」は1996年の訪問販売法改正で一般の家庭でも注目されるようになったので、年輩の方は公民では学ばなかったと思われる（1990年代後半は、高額な家庭用教材や教具の訪問販売が社会問題になっていた）。日常生活に影響を与えた用語と言える（イ）「ワーク・ライフ・バランス」は10年前の広辞苑では見つけられなかったが、2018年の改訂版では「仕事と家

庭・市民生活とを両立・調和させること」と書かれてあった。ちなみに、『日本大百科全書（ニッポニカ）』には詳しい解説があった。『日本国語大辞典』と『ブリタニカ百科事典』にはまだ出ていなかった。

　一般市民が身につけているリベラルアーツや文化資本は、大きな辞書や百科事典などをいくつか検索すると、時代の動きが手に取るようにわかることがある。余談だが、大人向けの電子辞書がひとつあり、いつもそれを活用する習慣をつけておくと、常にエビデンスと考えられる文化資本を手に入れることができる。意外とこのような使い方をする人は少ないようだ。ネットに頼る前に電子辞書の活用を考えた方が、より確かな情報を手に入れることが可能である。

　（ウ）「日本銀行の役割」は、この10年続けられてきたアベノミクスの経済政策を知るには、欠かせない用語である。（エ）「日本銀行の金融政策」、（オ）「為替相場」、（カ）「財政政策」、（キ）「国債」などは、新聞などでよく見ている。（ウ）から（キ）の用語を知っていると、「日銀が国債を大量に買い、大幅な金融緩和を続ける」「アメリカの金利が上がったが、日本はそのまま変化ないので、急激に円安になった」「国債残高がついに1,000兆円を超え、国の歳入に占める割合は常に30％を超える状況になった」「最近は公共投資をしても、思ったほど需要がふえない」「急激な円安で原油や小麦が上がり、つれてガソリンやパンが値上げになった」、といった新聞記事やテレビのニュース番組がよくわかる。もし公民の用語をよく知らなかったら、身近な経済現象を理解するのが遅くなり、右往左往してしまうのではないだろうか。このようにならないために、知識や文化資本の集合体であるリベラルアーツが存在すると考えると、このカタカナ言葉は一部のインテリや富裕層の専売特許でないことは明白である。

　知識を身につけ、文化資本とすることができる市民の生きる力は、強くなることは明らかであろう。一部の人に文化資本が集中すると格差を生む要因のひとつとなるに違いない。経済資本や文化資本に恵まれて、リベラルアーツを身につけている市民とそうでない市民とに分断化していく可能性が高い。しかしリベラルアーツを一部の人や集団が独占するのではなく、多くの市民が共有す

るという発想なら、分断化する危険性はかなり低くなることは言うまでもない。

⑥国際社会の中の日本

　Eの国際社会の中の日本は、一昔前の教科書では今より記述量が少なかった項目である。30歳以上の市民にとっては初めての用語が多いのではないだろうか。

　グローバル化した社会と言われて久しい。「グローバル化」を英語で「Globalization（グローバリゼーション）」と表記する。これを辞典で調べると「文化、経済、政治など人間の諸活動、コミュニケーションが、国や地域などの地理的境界、枠組みを越えて大規模に行われるようになり、地球規模で統合、一体化される流れ」（『ブリタニカ百科事典』、一部小宮山が修正）と出ていた。

　以前の公民の教科書は、この章は今ほどの記述量はなかった。20年程前の公民でこれに当たる章は約28ページだったが現在は39ページとなっていて、しかも、1ページ当たりの文字数も現在の方が多い（東京書籍版で比較）。結果的に、約2倍の記述量となっている。教科書製作者の本気度が伝わってくる。

　現行版（2022年）にあって旧版（2002年）にはない主な項目を書き並べると次のようになる。

- SDGs（持続可能な17の開発目標）
- 領土問題（竹島、尖閣諸島）
- パリ協定
- これからの日本のエネルギーを考える
- フェアトレード
- 持続可能な社会のために（5ページにわたり詳細な記述。この部分は、全体的に地球環境問題の記述量が大幅にふえている）

20年前の教科書とあまり変わらない用語は次のようになる。

- 国際連合（国連）
- 安全保障理事会
- UNESCO（ユネスコ）
- （ア）「WHO（世界保健機関）」
- （イ）「常任理事国の拒否権」
- PKO（平和維持活動）
- （ウ）EU（ヨーロッパ連合）
- ユーロ
- （エ）「ASEAN（東南アジア諸国連合）」
- APEC（アジア太平洋経済協力会議）
- 南北問題（発展途上国と先進工業国の経済格差）
- NIES（新興工業経済地域）
- 南南問題（途上国間での格差）

- （オ）「温室効果ガス」
- （カ）「地球サミット（国連環境開発会議）」
- 限りある化石燃料
- 日本の電源（火力発電・水力発電・原子力発電など）
- 化石燃料
- （キ）「再生可能エネルギー（太陽光・風力・地熱、バイオマスなど）」
- 貧困と飢餓
- 核拡散防止条約
- ODA（政府開発援助）
- 世界遺産条約

すでに気がつかれた方もいると思うが、公民の教科書には、EUやNIESといった、アルファベットの略字語がとても多い。漢字表記でさえ何のことか推測できないのに、アルファベットだけでは大人でも理解するのにさらに時間がかかる。そのため暗記が苦手な中学生は、ますます公民から心が離れてしまう。まじめな優等生は、入試のためにとりあえず「丸暗記してしまおう」と、受験勉強に励む。そうでない生徒は、私立の3科目受験に集中するか、スポーツなどの特技を生かして推薦ですべり込むか、といった作戦を練るのではないか。

最悪は、公民をスルーして他の科目などでカバーして、そこそこの私立高校に行く、そういうケースもあると思われる。公民が無意識に嫌われる理由がなんとなくわかってくる。

　しかし、ここまで調べた限りでは、知らないと損する用語が山ほどあることが、社会人になってわかる教科でもある。子どもの頃にあまり勉強していなかったとしたら、大人になって中学の教科書をもう一度目を通してもよいのではないだろうか。少しでもこれらの用語が頭の中に残っているということは、自分で再チャレンジしようというきっかけをつくっていることと、考えてもよいだろう。

　新聞の記事や報道番組を見ていて、もう一度教科書に目を通す、これはあるひとつの目的を持っているので、多くの知識は自分の文化となり、それを活用するなら文化資本に転化し、リベラルアーツとして身体の中に染み込んでいくのではないか。教科書の強みは、比較的短時間で全容を把握できることである。

　ここに出てきた気になる用語に（ア）〜（キ）の記号をつけてみた。2020年1月から日本でも新型コロナウィルス感染症が急速に広がっていった。この時（ア）「WHO（世界保健機関）」の用語は、嫌というほど目にしたり聞いたりしたのではないだろうか。ロシアのウクライナ侵攻では、（イ）「常任理事国の拒否権」の問題が新聞・テレビなどで議論されていた。その時（ウ）「EU」の用語もたびたび新聞などで目にした。

　中国が東南アジア方面に影響力を与え始めているが、これを意識して、日本やアメリカやオーストラリアが、連携を強めようとしている。そのため（エ）のASEANの用語を聞くようになった。

　（オ）〜（キ）は、すべて地球レベルでの環境問題の用語である。最近の教科書では、これらの項目に割く記述が大幅にふえている。まさに、グローバル化した社会問題であることは明らかだ。（キ）「再生可能エネルギー（太陽光・風力・地熱、バイオマスなど）」は環境と関連するが、日本では2011年3月11日の東日本大震災により、多くの市民が関心を持つようになった。この時あらためて日本は化石燃料に頼っていることを思い知らされたが、10年近くたつと多くの市民は忘れかけようとしていた。しかし2022年2月のロシアによるウクライナ侵攻で再び化石燃料に頼る不安定な現実を、我々は目の当たりにして

いる（2023年6月現在）。

フェアトレードという用語は南北問題や貧困とも関連のある用語である。広辞苑には「発展途上国の農産物や手工業品を公正な価格で買い取ることを唱える運動」とある。10年前の同辞典には掲載されていない。公民では最新の情報を簡潔に述べている。フェアトレードの農産物は、同種の他の商品に比べて割高だが、環境にやさしい有機栽培品が多い。ゴディバに負けないぐらいの品質を保っているチョコレートもある。

ここまで公民を詳細に調べてきたが、日本で一般の市民が、何か事が起きた時に正しい情報を新聞やテレビから得る時、役に立つことが明らかとなった。しかも10年前の辞典には掲載されていない用語も、最新の教科書で解説されていることもよくある。役に立つ知識の集合体はまさに文化資本に転化し、リベラルアーツとなって身体に入り込み、危機に対応できる立居振舞が可能になってくる。拙著のサブタイトルに「人生を豊かにする教養力」とあるが、その理由の一端がわかっていただけたのではないだろうか。

注記
歴史・地理・公民の教科書は東京書籍版を参照している。

参考文献
富塚良三『経済原論』有斐閣, 1976年.

第 7 章

仕事力がアップする
中学理科

ここでは、仕事などに役立つ資格を取得するための知識だけでなく、生活を潤すリベラルアーツとしての、理科の学びを考えてみることにしよう。

　中学理科は実生活に密着した内容が多いため、社会科と同様かなりのページ数になった。

1 ▌ 理科の学びとリベラルアーツ

　中学理科では「科学」という用語がタイトルに使われている教科書がある。科学（Science）は自然科学（Natural Science）、社会科学（Social Science）、という使われ方をする。『新明解国語辞典』で科学を調べると「一定の対象を独自の目的・方法で体系的に研究する学問。狭義では自然科学を指す」とある。

　中学理科の教科書に出てくる「科学」は自然科学のことであることはいうまでもない。中学の他の教科にも科学という用語が出てくるが、中学からの学びは「科学的な学びですよ」と宣言しているものと思ってよいだろう。小学校と中学校の学びの大きな違いは、理科の教科書でよくお目にかかる用語「科学」なんだと、気付かせてくれるのが、理科の授業ではないだろうか。

　これからの時代、論理的（ロジカル）なものの見方が重要視されてくる。小学校でプログラミングを学ぶことになった経緯を見ても明らかであろう。それを意識して理科の教科書は作られている。中1科学の最初の扉に当たる部分4ページで、「科学とは何だろう？」というわかりやすい解説があるが、30年前の教科書では考えられない作り方である。ここを読むだけで理科や数学が苦手だった人でも「科学的なものの見方」の基本がわかる内容となっている。科学的方法で世の中の現象を調べていこう、科学の知識があるとこんなに便利だよ、と未知の世界に導こうとしている。このスキルは、新型コロナウイルス感染症の拡大（2020年から）の時も、役に立ったに違いない。

　もし他の人と考えが異なったら、（エビデンスをもとに）自分の考えを言葉にして議論しよう、という流れになっている。この部分を中学生の子どもだけ

130

に読ませるのは、大変もったいない気がしてしまった。様々な経験をしてきた大人（親）がこの扉のところだけでも読むと、さらなる文化資本を充実させることは間違いない。なお新型コロナウイルス感染症で専門家がたびたび使っていた「エビデンス」は科学と親和性がある用語と言えるだろう。

　この4ページ分に出ている用語を書き並べると次のようになる。

①客観的　　　　⑥結果　　　　　⑪観察

②主観的　　　　⑦実験　　　　　⑫論理的

③仮説　　　　　⑧議論　　　　　⑬結論

④現象　　　　　⑨分類

⑤原因　　　　　⑩根拠

　これらの用語を見て思わず「う〜ん、むずかしい！」と叫んでしまう大人もいるのではないだろうか。

　自然界や世の中をしっかりとした証拠やデータで、道筋を立てて調べていくという、何かを学ぶ時の基本となる抽象的な用語ばかりである。高校や大学受験のことを考えるだけでなく、合理的な選択をしていくためにも、自然に身につけておいてほしい知識と言ってもよいだろう。ここで気持ちが「引いて」しまう中学生がいるかもしれないが、とりあえず用語だけでも覚えておきたいものだ。理科を学んでいくうちに、新聞などを読んでいくうちに、大人と話していくうちに理解できることも多い。

　これらの用語を知っていると、何となく「文化人」らしい気持ちになる社会人もいるのではないだろうか。自然科学だけでなく人文科学系・社会科学系の学問を修得しようと思う時、よく出会う用語ばかりである。学者になることを考えなくてもこのような用語を知らず識らず身につけている親は、我が子に幼少期よりその立居振舞を見せていることになるであろう。意識せずに得た文化資本が豊かな親の考え方などは、長い期間によってその一部分が子どもや他の人に伝播する可能性が高いことが推測できる。

科学的なものの見方をする際の①〜⑬の基本的な用語を知ることは、「リベラルアーツ」とも関連が深いことは明らかである。このような意味で①〜⑬はリベラルアーツのかなり濃い源泉と言ってもよい。リベラルアーツを芸術のことだけでなく一般教養ととらえると、その基礎は中学の教科書であることは理科を見ても明らかである。教える側も学ぶ側も、人の生き方を左右するリベラルアーツのことを無意識に、学校という場で、教育という営みで身につけることが行われていると考えることもできる。このような観点で、中学で学ぶ理科の教科書を概観してみることにしよう。

2 ┃ 中1で学ぶ理科

　中1理科に出てくる生物・化学・物理・地学の基礎知識があれば、科学的な推論を活用して、社会の変化に適応する能力が高くなる可能性がある。そのような知識を身につけた親は様々な情報を、新聞・テレビ・雑誌・インターネットなどで調べるだろう。何事にも興味・関心が強い家族のリビングには、それにふさわしい道具が置いてあるに違いない。本棚やパソコンや電子辞書などが子どもが見えるところに、自然に備えつけられている。もし両親がそこにいるなら、子どもたちはリビングなどで世の中のことを話している彼ら（大人）の姿を見ているかもしれない。これらの文化資本と学校文化は親和的であることは明らかであろう。しかし、このような家庭風景は現実には少ないと思われる。

①学びの概要

　先程指摘したように、いつのまにか理科の教科書の表題に「科学」という用語が使われる出版社が出てきた。現在（2021年度版）は東京書籍『新しい科学』、大日本図書『理科の世界』、学校図書『中学校科学』、教育出版『中学理科』、啓林館『サイエンス』というタイトルになっている。科学が3社、理科

が2社となっている。

　個人的には、リベラルアーツと相性がいい「科学」という用語が、今の時代を反映している気がしている。1年で学ぶ項目を書き並べると次のようになる。

A：生物——a植物、b動物
B：物質——a気体、b水溶液、c状態変化＜固体・液体・気体＞
C：身のまわりの現象——a光、b音、c力
D：大地——a火山、b動く大地、c地層

　高校で学ぶ理科の科目に当てはめると、Aは生物、Bは化学、Cは物理、Dは地学となるだろう。高校の学びは本格的な大学授業の一歩手前となっているが、中学1年の理科もかなり奥が深い。将来に向けて文化資本を充実して、リベラルアーツを身につけ、それなりの立居振舞をして子どもには生きていってほしい、そう願っている親にとっても重要な項目である。

②生物の分野

　人間にとって身近な植物や動物の観察から始まっている。アブラナ・タンポポは50年来の定番である。教科書に出ていた植物と昆虫を思いつくまま書き並べると次のようになった。

(ア) スイレン	(キ) イチョウ	(ス) スギナ	(テ) イネ
(イ) サクラ	(ク) ゼニゴケ	(セ) スイカ	(ト) カラスノエンドウ
(ウ) ケヤキ	(ケ) トウモロコシ	(ソ) ヘチマ	(ナ) シダ植物
(エ) ハコベ	(コ) マツ	(タ) ジャガイモ	(ニ) コケ植物
(オ) トマト	(サ) アサガオ	(チ) ウメ	(ヌ) ドクダミ
(カ) フジ	(シ) バラ	(ツ) カーネーション	

（ア）～（ヌ）の植物には、ほとんど俳句の季語となっている。理科で学ぶ自然界は、国語の授業で学ぶ俳句との関連が強いことは、意外だと思う人がいるかもしれない。

身近な動物では、セキツイ動物と無セキツイ動物に分けて論が進む。セキツイ動物は、魚類、両生類、ハチュウ類、鳥類、ホニュウ類の順（おおまかな進化の順）に、ふだん目にしている動物が図鑑さながら続く。私たちがよく見たり聞いたりするセキツイ動物を書き並べてみる。

（あ）フナ	（く）ワニ	（そ）ネズミ	（に）ウシ
（い）メダカ	（け）カラス	（た）クマ	（ぬ）ブタ
（う）アユ	（こ）ハト	（ち）イヌ	（ね）トラ
（え）コイ	（さ）ツル	（つ）ネコ	（の）ライオン
（お）カエル	（し）ニワトリ	（て）クジラ	
（か）トカゲ	（す）スズメ	（と）イルカ	
（き）カメ	（せ）サル	（な）ヒツジ	

次に無セキツイ動物を書き並べてみる。

（a）イカ	（e）カタツムリ	（i）クラゲ	（m）ミミズ
（b）エビ	（f）アオムシ	（j）ミツバチ	（n）セミ
（c）アサリ	（g）モンシロチョウ	（k）カブトムシ	（o）アリ
（d）バッタ	（h）カニ	（l）クモ	（p）ウニ

ここでは生き物を、植物とセキツイ動物と無セキツイ動物に分類して、名称を書き並べてみた。

（ア）～（ヌ）の植物は、田畑、植物園、雑木林などで見ることができる。もしふだんから自然に関心があり、先行体験で見ていたとしたら、この教科書の授業はアクティブなものになるであろう。（あ）～（の）の動物や（a）～（p）の

134

昆虫などは、動くものが苦手な子どもは目にしたことがない、といった生き物かもしれない。

　大人ならふつうの生活体験から、（ア）〜（ヌ）の植物、（あ）〜（の）、（a）〜（p）の生き物は、ほとんど知っているのではないだろうか。このような自然に対する関心は、家庭の文化資本との関連が強いものと思われる。

　自然界には何と多くの生物が存在しているのかと、あらためておどろいた方も多いのではないだろうか。生物を分類する作業は、実はとても大変なことに気がつく方もいるのではないか。中1理科の入門という主旨で、最初の章は、植物や動物といった生物の分類からスタートしている。人間も含めて、地球上にはどのような生物がいるかを学ぶ。そのためにはまず分類することが欠かせない。植物は、主に被子植物・裸子植物・コケ植物・シダ植物の4つに分類できる。動物は大きく2つに分類され、背骨のあるセキツイ動物と、背骨のない無セキツイ動物となっている。セキツイ動物はさらに魚類・両生類・ハチュウ類・鳥類・ホニュウ類の5つに分けられている。無セキツイ動物は分類が難しいので、教科書ではとりあえず3つに分類されている。昆虫類や甲殻類などの「節足動物」と、イカやタコなどの「軟体動物」と、ミミズやヒトデなどの「その他のグループ」となっている。

　地球上の生物は数えたら切りがない。それらを交通整理して、いくつかの仲間を集め分類する作業をする。この分類する「仲間あつめ」は、実は数学で学ぶ「集合」と同じ概念である。混沌としている世界を読み解くには、まず整理して分類していく、これは「科学」のイロハであり、この発想が身についていること自体が「リベラルアーツ」と言ってもよいだろう。

　そのような視点で理科の教科書を見ると、リベラルアーツを身につけるトレーニングの材料が満載だということが判明する。

　中1理科の生物は、自然科学の入門の章と言ってもよいだろう。ここに出てくる生物を、（ア）〜（ヌ）、（あ）〜（の）、（a）〜（p）で示したが、中学までに知っておいてほしい生物ばかりであり、名前と実物（写真レベルでもよい）が一致していると、学校の授業をスムーズに受けることが可能となる。

（ク）のゼニゴケ（ト）のカラスノエンドウなどはひょっとして見たことも聞いたこともないという中学生はいるかもしれない。しかしそれ以外の生物には何らかの機会で遭遇しているのではないだろうか。

　この章の授業は、家庭の文化資本との関連性がかなり高いことが推測できる。幼少の頃から親子で公園に行ったりキャンプをしたり旅行をしたりすれば、ここで取り上げた生物に出会う確率は高くなる。忙しくてそのような行動をとれない場合でも、教科書の最初の章に出てくる生物を知っていたら、又はそのような生物と共生してきたという「文化」を親が身につけていたら、ふだんからの立居振舞で子どもに生物の知識が伝播している可能性が高くなる。もう一歩踏み込めば、親が自然と一体化している生物に関心があれば、公園だけでなく植物園や動物園や水族館に子どもをつれていくであろう。文化資本が豊かな親と、リベラルアーツの雰囲気がある家庭では、無意識のうちに、親から子どもへ「自然の中の生物の大切さ不思議さ」が伝わっていくのではないか。これがピエール・ブルデューが広めたハビトゥスのメカニズムの1つであると思われる。

　このような家庭の子どもは、中1理科の生物の学校の授業と強い親和性があることは当然と言えるのではないか。

③化学の分野

　ここの章は身のまわりの物質を調べる化学の分野である。物質をまず分類することからスタートしている。我々がふだん使っているスマホやパソコンや電化製品の素材は、金属が使われていることが多い。金属と非金属のちがいを調べ、銅、アルミニウム、鉛、金、鉄、亜鉛、銀、といった金属の性質を調べ、身の回りでどのように利用されているかをチェックするという展開になっている。

　目に見える物質の次は、目に見えない物質である「気体」の性質を調べていく。このあたりから一段と抽象度が高くなる学びとなっていく。具体的な物を目で見るだけでなく、目に見えていないものを調べていくには、頭の中で想像

力を働かせる必要が出てくる。

　この抽象化した学びで知られているのは、小学5年生で学ぶ「割合」である。「100円を1とすると10円は全体の0.1にあたり、100倍して％という単位をつけ、10％と表示する」という考えを理解するには、抽象的思考力が求められると言われている。これがうまく理解できるのはおおよそ10歳以上であることを、我々は経験上知っている。その後少しずつ文字が出てきて、中1の数学は数字より文字記号の方が多くなり、より抽象度が高い学びへと移行していく。

　中学で学ぶ理科も、具体的に見えるものから化学や物理のようにふつうの環境では直接見ることができない、自然科学の分野に入っていく。ここで理科の学びが頓挫する生徒が出てきて、そのまま大人になってしまうこともある。このような苦手意識を持っている子どもの家庭では、新聞やテレビの情報番組に出てくる、二酸化炭素・酸素・水素・窒素といった気体の用語は、見ただけ・聞いただけでスルーしてしまうことが多いと思われる。ましてや毒性があると言われている塩素・塩化水素・一酸化炭素・二酸化硫黄・硫化水素といった気体は、何のことかよくわからないので、家庭の中でも話題になることはあまりない。

　しかし、抽象的思考がそれほど苦手でない親の家庭では、先ほどの気体に関する用語が出てきたら、無意識にそれを話題にすることが出てくる。それを聞いて育った子どもは、学校の理科の授業にも苦労しなくて入っていけるのではないか。

　中1の化学の分野で、物質の3つの「状態変化」を学ぶが、それを図式化すると次のようになる。

これは日常生活で、いつも目にしている現象だが、「なぜ？」という質問を親や大人にする習慣がついている子どもは、理科の授業とうまくマッチングするだろう。

④物理の分野

　中1の物理の分野も、身の回りの現象から入っている。

　物心がついた頃から「光の世界」を体験している人が多い。鏡で光を反射させた遊びをしたことがある人も多いのではないだろうか。小さい頃から知っているつもりでも、実は目に直接なかなか見えない「光」は、あまりよくわからない世界である。しかし光の屈折は、プールで泳いでいる時に気がつくことがある。鏡に見える顔も、よくよく考えると不思議だ。凸レンズで物を見たり、光を集めて黒い部分を焦がすような体験もしている。

　音も光と同様多くの人は幼少期の頃から聞いているが、これは目でなく耳を使っている。では「音とは何だろう」と考えれば考えるほど不思議である。

　このような日常目にしたり聞いたりすることを、「何でだろう？」と疑問に思うことが、「科学」の出発点であることは明らかだ。もし子どもがいろいろなことを質問してきた時、それに対して一緒に考えるという習慣がなかったら、様々な現象に「どうして？」という疑問を持つことも忘れてしまうかもしれない。このあたりが学校文化と親和的であるか否かの分かれ道のような気がするが、これも親の文化資本の多寡に左右されると思われる。音の学びは楽器を使う音楽との関係も深いので、リベラルアーツが豊かな家庭との相性もよさそうである。

⑤地学の分野

　中1の地学も、身の回りの自然界からのスタートとなっているので、目で実際に見ながら考えることができる学びとなっている。

　富士山は実物・写真・絵などで、ほとんどの日本人は見ているのではなかろうか。三保の松原や富士五湖の一つである山中湖から、晴れた日に見える末広がりの雄姿を見ると、心をうばわれる人がほとんどではないだろうか。日本は山と川が多い地形という特徴があることは小学校の社会科で学んでいる。火山を含めた山が多く、少し遠出をして温泉や高原に行けば、必ずと言っていいほど、火山が噴火した痕跡をとどめた風景を見ることができる。関東なら富士山の五合目や長野・群馬両県にまたがり活火山として知られている浅間山、今は活動していないと思われる霧ケ峰高原（長野）などを少し散策すると、黒っぽいゴツゴツとした岩石や小石に出会う。東京の高尾山を登る時に見る岩や多摩川の河原の大小の石とは、かなり違っている。

　このような経験（これも資本のひとつ）をしておくと、先程の黒っぽい岩や石は、火山岩であることが理科の教科書を開くと判明する。タブレットなどを使ってネット上で富士山・浅間山・霧ケ峰の岩石を調べると、玄武岩や安山岩であることがわかる。教科書に出てくる火山岩とネットで調べた写真を見比べてみるのも面白い。そのような体験で得た知識があると、教科書に書いてある火山岩の説明がよくわかる。富士山・浅間山・霧ケ峰で見た石が火山岩だと知らなくても、子どもの頃に実物を見ていると、学校の理科の授業で岩石を学んだとき、記憶が蘇り、ただの暗記では得られない文化を体の中に無意識に取り入れているような気がする。もし親子で又は友人同士で山や高原を歩いた時に、少しでも岩石のちがいに気付いていると、後々何かの役に立つことがあるように思える。

　いろいろな先行体験があると、意識していなくても学校文化と親和的になることは、多くの人が経験しているのではないか。この先行体験（経験資本といってもよい）とリベラルアーツは密接な関係であることは容易に推測できる。経験資本についての詳細は『経験資本と学習』（岩崎久美子他、明石書店、2016年）を参照されたい。

3 | 中2で学ぶ理科

①中2理科の学びの概要

　中2で学ぶ理科について、詳しく検討してみることにしよう。

　中2で学ぶ理科も、A：化学分野、B：生物分野、C：地学分野、D：物理分野、E：理科に関した基礎知識と、バランスがとれた構成となっている。

　A：**化学変化と原子・分子**——水の電気分解／原子の種類である元素／分子と化学式／化学変化／酸化物／燃焼／物質の質量／くらしのなかの化学変化

　B：**生物のからだのつくりとはたらき**——植物の細胞／光合成／植物の呼吸／動物の細胞／消化／動物の呼吸／血液循環／排出／刺激と反応＜目・耳・皮膚・神経・筋肉＞

　C：**天気**——気象の観測／大気圧／風／温度／雲／前線／日本の天気／季節風／日本の四季／気象と災害／温暖化

　D：**電気**——電流／放射線／電気の利用／直列並列回路／電圧／電気エネルギー／磁界／コイル／モーター／発電機のしくみ／直流と交流

　E：**理科の基礎知識**——金属利用の歴史／藻類から燃料をつくる／気象予報士になる／理科室の決まり／主な薬品の性質と取り扱い方／グラフの書き方／科学で扱う量の表し方（m＜メートル＞、Kg＜キログラム＞、S＜秒：second＞、A＜アンペア＞、k＜キロ＞、h＜ヘクト＞、cm＜センチ＞、μ＜マイクロ＞、n＜ナノ＞など）

②化学の分野

　半世紀以上も前から、化学の分野での本格的な学びは水の電気分解からである。

　水を分解⇒水素＋酸素となることを学ぶ。ここで原子・元素・元素記号・元素の周期表という用語が出てくる。一部の元素記号は、我々は幼少期から目にしているはずだ。総合ビタミン剤のクスリびんのラベルに、Mg（マグネシウム）、Ca（カルシウム）、Zn（亜鉛）といった記号が書いてあるのを見たことがある方もいるのではないだろうか。

　ここ5年程で、食品には栄養成分表示のラベルが貼られるようになった。カロリー・タンパク質・炭水化物・脂質・糖質・食物繊維・カリウム（K）・ナトリウム（Na）・鉄分（Fe）などが書いてあるのを目にするようになった。

　また新聞・雑誌・インターネット上の記事を読んでいると、水素（H）、炭素（C）、窒素（N）、酸素（O）、硫黄（S）、塩素（Cl）、金（Au）、銀（Ag）、銅（Cu）、アルミニュウム（Al）などの記号がよく出てくる。水素といった名称を聞いて（H）と思い出せるようにしておくと、次のような化学反応式も時間をかけずに理解できる。$2H_2 + O_2 \rightarrow 2H_2O$（式の左右の原子の数が等しくなることに注目！　H→4個、O→2個）。

　化学反応式は理系に行った人は目にする機会があるが、人文学系及び社会科学系の人はほとんど生涯目にすることはない。しかし、その「モト」となる原子や分子のこと、さらに元素記号の知識があれば、黒い温泉たまごが硫化鉄という化合物であることに納得できるのではないか。ただ知識を暗記しているのではなく、その知識を理解していると、自然の不思議な出来事に接したり、人間の面白さに触れたりすることにより、単なる知識が文化資本になりさらにリベラルアーツに転化するのではないだろうか。硫化鉄という用語、黒い温泉たまごを、それぞれ別々に知っているだけでは、ただの知識で終わってしまう。

　地球の火山活動によって、なんとも不思議なゆでたまごが誕生することのおどろきと、硫化鉄という科学用語を知り、その生成のメカニズムを知るのが、「科学的なものの見方」に通じるのではないだろうか。このように考えると、リベラルアーツは科学と、そしてロジカル（論理的）な発想と親和的であることが判明してくる。心と心の触れ合いという視点から見れば、絵画や音楽といった芸術だけがリベラルアーツではないと思われる。

また中学2年の理科で「酸化」という用語を学ぶ。「ある物質が酸素と結びつくこと」と定義されている。この現象は我々の身の回りで常に起きている。持続可能な社会やSDGsの17の目標を真に理解しようと思ったら、この「酸化」という用語は外せないであろう。持続可能な社会を考えるキーワードの1つと言っても過言ではない。環境問題を理解する土台となる化学式は、C（炭素）+ O_2（酸素）→CO_2（二酸化炭素）であることは疑いの余地がない。この酸化という現象は、有機物を燃やすことでも起きる。有機物とは炭素（C）を含む植物や動物のことである。

　有機物である木や木炭や化石燃料の石炭・石油・天然ガスを燃やすと、空気中の酸素（O_2）が炭素（C）と結びつきエネルギーを発生し、二酸化炭素（CO_2）と水が空気中に排出される。石のように見える石炭や、液体としか見えない石油といった化石燃料になぜ炭素が含まれるのか、見た目だけでは判断できない。化石燃料は何千万年も前の植物や動物であることを知れば、その当時の形を知らなくても納得できる人はふえるだろう。

　このような知識を土台にして、持続可能な社会や環境問題を考えるようになり、「酸化」はより重要なことであると理解されてくるだろう。ひとつの社会問題を解決していこうと思うなら、科学の知識が必要である。そのような理由で、ここの第7章の理科の論考はボリュームアップしている。高校や理系の大学で学ぶ内容でなくてもよい。中学での学びで、現在の社会のしくみや出来事を考察することが可能だ。これが文化資本として蓄積していき、リベラルアーツの土台になっていくのではないか。中学の理科も同様である。もしそれ以上の知識が必要なら、電子辞書やネット（情報発信源をしっかり確認する）で気軽に調べることができる。もっと専門的なことを知りたいなら、それに関したテキストを購入したり、大学で学ぶことも可能だ。金銭的な問題で難しいなら、通信制の大学という方法もある。社会人に広く門戸を開放している放送大学は、人文学系・社会科学系を中心に充実した講座がある。放送大学の授業は、中学の知識と電子辞書などがあれば十分理解でき、しかも放送大学の教員が執筆したテキストがそろっている。

リベラルアーツをブラッシュアップ（みがきをかける）することを、働きながら、又は自宅にいながらできるという利点がある。放送大学は生涯学習という視点で創設されたが、リベラルアーツとは大変親和性のある大学である。文化資本を知らず識らずに身につけた人は、自発的にさらに知識を豊かにしようとする。何かを学びたいという立居振舞を自然にするようになる。またそのようなアクティブな動きが、自分や他者に「利益」をもたらすことがある。その時の知識は「文化資本」になったと考えてよいのではないだろうか。

③生物の分野

　植物・動物などの生物を細分化していくと、細胞という単位（組織）に辿り着く。

　植物や動物の細胞のしくみを知っていると、日常生活や新聞などの記事を読む時に役立つことが多い。

　植物の葉の細胞の中に、「葉緑体」という人類にとって、さらに動植物の生態にとって重要な組織がある。これが存在しないと「光合成」が行われないので、空気中の二酸化炭素を取り入れて、植物の体内で有機物質（炭素が含まれている）を生成することができない。しかも空気中に酸素を排出することがないので、地球は現在のような大気の酸素濃度を保つことは困難になる。

　もし葉緑体を持たない生物しか地球上に存在しなかったとしたら、現在のような世界にはなっていなかったに違いない。葉緑体を持つ植物が光合成でCO_2を吸収しO_2を排出することによって、地球環境が保たれてきたという、億年単位の長い歴史がある。体内に炭素を含む有機物を取り入れないと、生物は生きていくことができない。草食性の動物は草などの植物を食べて体外から炭素を取り入れ、そしてその動物を食べる肉食性の動物が生存していくことが可能となる（第4章の「光合成の図」を参照）。

　動物は酸素を取り入れ、体内で有機物に触れて燃焼（エネルギーを生成）して二酸化炭素を体外に出す。人間は酸素と二酸化炭素の出し入れを肺で行って

いる。植物の光合成と真逆の化学反応が動物の呼吸であることを知ると、自然界の不思議なバランスに驚かざるを得ないのは私だけではないだろう。

　植物の細胞と動物の細胞の違いをまず知ることが重要である。次に葉・茎・根といった組織で成り立つ植物と、口・目・鼻・脳・食道・胃・肝臓・肺・心臓・血管・大腸・小腸・肛門といった器官などがそなわった動物の特徴を知ると、何か不思議な感じがする。

　中2の理科では人体のしくみを詳しく扱う。人間は植物や動物（食物）を食べることにより、外から有機物（炭水化物・タンパク質・脂肪など）や栄養となる無機物（Ca、Fe、Zn、K、Na、Mgなど）を取り入れる。その食物は「消化」によって有機物などが吸収されやすい状態となる。

　消化液には消化酵素が含まれ、炭水化物（デンプン）・タンパク質・脂肪を分解する。アミラーゼ・ペプシン・トリプシン・リパーゼといった消化酵素は、健康のことを考えたら知っておきたい用語である。特にデンプンはブドウ糖に分解され、エネルギー源になる。ある年齢になると炭水化物のとり過ぎは気をつけなくてはならない。このような栄養学に関した知識を少しだけでも知っていると健康に役立つ。豊かな（金銭的という意味ではない）バランスがとれた食生活をすることによって健康が保たれる。もしこのことを知らないと、健康やスポーツに関する文化資本をふやすのは難しくなるであろう。このような知識は医療関係の仕事だけでなくスポーツ関係の仕事でも活用されることが多い。

　現代では、食と健康は切り離して考えることはできない。食のことをよく知るためには、口から肛門までつながった1本の管の「消化管」を理解することが必要であることは、年代を重ねると実感する人々が多いのではないだろうか。

　消化のしくみと同時に「呼吸のしくみと血液のはたらき」を知ると、体の動かし方や動かすことの大切さがわかってくる。これらの知識があると、セルフストレッチをしたり、テニス・卓球・ダンス・ヨガといった体を動かすレッスン（遊び）をしたりする時にも役立つ。自己管理が可能となってくることが推測できる。自分の身体やメンタルのことをチェックする機能は、メタ認知のひとつであるとも考えられる。この時理科の知識は大活躍するに違いない。

　物質と酸素（O_2）が反応すると、酸化物ができることは、鉄やマグネシウムの燃焼のところで学んだ。同様に有機物（炭素を含んでいる）が酸素と反応して燃焼すると、エネルギーが発生する。ガソリンエンジン車は、有機物を含んだガソリンと酸素が反応してエネルギーを発生し、その力で車が走る。その時排出されるCO_2などが重大な環境問題になっている。

　実は人間も同じようなメカニズムでエネルギーを発生させている。口から入れた有機物が含まれる食べ物と空中から取り込んだ酸素が反応してエネルギーになる。この時CO_2と水ができる。体の中で燃焼してエネルギーが発生し、人間（動物）は動くと考えてもよいだろう。口から取り入れたO_2を使い体内の養分からエネルギーをとり出し、いらなくなったCO_2を口から排出する、この活動を「呼吸」と呼んでいる。

　このように考えてくると、車という様々な機械部品で作られている物体と、細胞で出来ている人間は、同じような「燃焼」（物質が熱と光を伴って酸化する現象）という化学反応で動いていることになる。とても不思議な世界であると気付く人も出てくると思われる。知識の合体によって人間の知的好奇心は刺激され、文化資本がふえていくのではないだろうか。

　中学校で学ぶ理科を、もし暗記だけで試験を通過していたら、無機質な機械である自動車と心を持った人間が動く源泉のエネルギーが、同じメカニズムで発生するとは思いもつかないのではないだろうか。ただ暗記した知識は、それ以上の広がりはなく「リベラルアーツ」には結びつかない。様々な現象と結びつけることによって、世の中の出来事に関心を持ち自然に対する敬畏が生まれ、それがリベラルアーツになっていく気がする。

　ただし中学の時に、とにかくよくわからないが「丸暗記」して覚えておくと、あとからその用語に出会った時、「これ何だっけ？」といった軽い気持ちで調べることがある。それは5年先、10年先かもしれない。中学の時に丸暗記した用語に何年後かに出会った時、大人の立場で再度調べることがあると、それは利益に結びつく（役に立つ）ことになるので「文化資本」が1つふえると考えることもできる。もし何も知らなかったら、再びその用語に関心を示すこ

とはほとんどないと思われる。今すぐには役立たないが時間差で文化資本になる知識もあることを知っておくと、丸暗記も時には役に立つことがありそうだ。しかし、これだけで入試を突破しようとするとストレスをためるだけでなく、強制されないと何もしなくなるというリスクを背負うかもしれないので、気をつけたい。理科も丸暗記だけの勉強はお勧めできない。

④地学の分野

　中2で学ぶ理科では、生活に密着した気象に関して詳しく学ぶことになっている。我々は意識せず1日に何回かは天気予報を見たり聞いたりしているのではないか。農業・漁業・林業といった天候に左右される第1次産業の仕事は言うまでもない。デパートやレストランやホテルといったお客さんを相手にする第3次産業の仕事も、天候に左右される。テニス・サッカー・野球といったスポーツ競技も天候が気になることがある。学校の遠足や運動会の日も、何日も前から天気予報をみる。家族で観光地に旅行するときも、天候の具合がとても気になるに違いない。

　工場や会社で仕事をしている人も、天候によって「今日は何を着ていこうか？」と気をもみ、何回かテレビやスマホで天気予報を見るのではないか。また天候に関した職業のひとつである1993年に設置された気象予報士は人気がある（2021年現在約10,800人）。

　気象に関した教科書に出てくる用語を並べると次のようになる。

● 気温	● 圧力の単位パスカル	● 前線（寒冷前線、温暖前線）
● 湿度	● 等圧線	
● 気圧	● 高気圧	● 偏西風
● 風向	● 低気圧	● エルニーニョ現象
● 風速	● 飽和水蒸気	● 季節風
● 風力	● 雲	● 海陸風

- ● シベリア気団　　　　● 梅雨前線　　　　　　● 移動性高気圧
- ● 小笠原気団　　　　　● 台風

　ここで示したのは、テレビの天気予報の時間帯や新聞の天気予報のコーナーで、聞いたり見たりする用語ばかりである。

　大きな台風が近づいてくる時、梅雨前線が活発になり豪雨が続きそうな時、雨が続いて河川が氾濫しそうな時、逆に雨が降らず晴天続きで旱魃になりそうな時、気象に関した報道がメインのニュースで取り上げられる。その解説や報道を正しく理解するには、先に示した用語を知らなくてはならない。完全に知らなくても、用語だけでも覚えていると、辞書やスマホでさらに調べることも可能だ。まさに生活にそして生死にも関する知識であるが、このことを知っている社会人はどのくらいの割合でいるのであろうか。これらの用語を知って理解する行為は、リベラルアーツを身につけている人の立居振舞ととらえることもできる。

　もし親がこの理科に出てくる用語をよく知っていたら、その子どもは学校で気象を学ぶ時、それほど不自由を感じないはずだ。なぜなら、先程示した生活や人命に影響を与える気象状況をなるべく早く正しく知るために、親は積極的にテレビ・新聞・ネット上の気象関係の記事や報道に接しようとするからだ。リビングなどでその様子を子どもが見ているだけでも、親の文化資本が伝わることは疑いの余地がない。文化資本が豊富で好奇心が強い親は、その立居振舞を観察している子どもに、大切な知識を無意識に伝えていることになる。このような親の生活習慣とピエール・ブルデューが広めたハビトゥスとは親和性が高いと思われる。

　先に示した家庭の文化資本のもとで育った子どもは、気象に関したことを学ぶ時、そうでない親のもとで育った場合よりも、学校の授業に積極的に参加することが推測できる。また子どもが学校で気象のことを学んでいることに気付いた親は、我が子に自分の知識や体験を伝える機会がふえるのではないか。このような相乗効果で、その家庭の文化資本はさらに豊かになっていき、親の学

歴が子どもに伝播する確率も高くなると推測できる。親子のつながりや交流は、文化資本の共有化ととらえることもできるのではないか。この共有化はクラスメイトや家族以外の人とできるようになるのが、理想である。このことは終章で詳しくお伝えする。

⑤物理の分野

　中2で学ぶ物理の分野は、我々が身近でお世話になっている「電気」である。電気のない現代社会はだれも想像できないのではないだろうか。しかし明治の初めの頃、今から約150年程前はまだガス灯が話題になる時代であった。電気が使われ始めたのは1880年代後半である。ほぼ全国（農村地帯を含め）に普及したのは戦後の1960年代まで待たなくてはならなかった。

　1958年頃から1970年代前半は、世界でも稀に見る高度経済成長が15年近く続いた（年約10％の成長率）時代であった。このような時、生活家庭用品が一気に電化されていったことを覚えているシニアの方も多いのではないか。1950年代に三種の神器（テレビ・洗濯機・電気冷蔵庫）という言葉が生まれたが、すべて家庭で用いる電気機器であった。それ以外にも、アイロン、電気掃除機、エアコン、トースター、電子レンジ、パソコン、タブレット、スマートホン、プリンター、オーディオ機器など、多くがふつうの生活をするのに欠かせない道具となってきた。これらはほとんどが電気で作動する機器である。

　電力やガスなどはいらない「ポツンと一軒家」で生活できる、と断言する人はまずいない。電気やガスを引いてこなくても、自家発電や太陽光パネルでの発電装置があれば、電化製品を使用することができる。

　このように現代の日本人は、生まれた時から「電気」のお世話になっているが、この電気を直接見ることは通常はできない。できないということは、頭の中で思考しなくてはならないことを意味している。乾電池と銅線と豆電球を使って、光を灯すことはできるので「電気が流れている」と言われれば「そうなんだ！」と納得できる人と、「銅線の中には何が流れているかわからない

よ！」という人に分かれると思われる。

　何かと便利で何げなく使われている電気とは何か？　という素朴な疑問を持つことは、「科学する心の第一歩」と私は考えている。教科書では、身近な静電気（冬などドアノブの金属に手をふれたときの不快な感覚）から入っている。静電気は「いなづま」として雷雨の時見ることができる。では電流の正体とは何だろう？　という疑問を、電流の項目で解明してくれる（この部分は大人が読んでも面白い）。

　電気を使った機器のひとつに、子どものころから触れる機会が多いモーターがある。モーターがついているオモチャで遊んだり、遊んでいた子どもを見たりした方も多いのではないか。一昔前までのパソコンやCDプレーヤーでは、小型のモーターが大活躍していた。身近な家電では、電気掃除機・エアコンのコンプレッサー・扇風機・洗濯機・ドライヤーなどがある。自動車では、パワーウィンドウ・ワイパー・パワーステアリング・エンジンの冷却水・エンジンをかけるセルモーター、など数え上げたら切りがない（30年前までは小型のモーターはよく壊れたが、今はかなり長持ちする）。

　モーターは主にコイルと磁石が使われている。そのコイルは銅線などで巻かれていて、電流を流し磁界をつくり、モーターを回転させる。ここでも電流が活躍しているが、では「目に見えない電流って何だろう？」という疑問がわいてくるが、理科の教科書にはそれを簡潔に、とりあえずの方法で説明がされている。乾電池に導線をつないで豆電球を灯す実験図があり、「導線（銅線など）の金属の中の電子（－）の移動が電流の正体である」と解説している。高校の物理で学ぶ原子と分子のことを知らなくても、電気が流れる理由がわかっていると、電気に関する様々な現象が理解できるようになる。このような知識があれば、一般の新聞やテレビ・インターネットなどで、科学的な分野の記事を読む時、文系の人間でも役に立つことがある。

4 ┃ 中3で学ぶ理科

①学びの概要

A：化学の分野──化学変化／酸性とアルカリ／電池

B：生物の分野──生物の成長／生殖／遺伝／進化

C：物理の分野──物体の運動／力の合成と分解／慣性の法則／作用と反作用／仕事とエネルギー／エネルギーの変換と保存

D：地学の分野──太陽の動き／地球の自転／天体の動き／季節の変化／月の満ち欠けと日食／月食／太陽系／宇宙

E：持続可能な地球

　中3で学ぶ理科は、直接目に見えない物質や現象を取り扱う項目がさらに多くなり、抽象度が高くなってくる。物事を分解して科学的に検証する学びになってくるので、頭の中でロジカルに考えていかないと、途中で混乱することがある。しかし、エビデンスを中心とした学び方を学ぶというチャンスであることも事実である。

　Eの項目は20年程前の教科書では触れなかったことが多い。食物連鎖という用語で生態系における生物の関係の記述は前からあった。しかし、生活排水の問題や炭素の循環といった、環境問題の記述がふえてきた。

　これは持続可能な社会を意識していることは言うまでもない。最後の理科の授業のしめくくりとして、Eに関する章がふえたといってもよいだろう。これらの知識の集合体である文化は、今のような危機に直面した時代には、生きるための「文化資本」に転化しやすくなるとも考えられる。当然リベラルアーツとの親和性も強い。

②化学の分野

　物質を細分化していった究極の単位と思われる「原子（アトム：atom）」を学ぶ。ちなみに「分子」は、「原子の結合体で、物質がその化学的性質を保って存在しうる最小の構成単位と見なされるもの」と『広辞苑』には記載されている。

　あらゆる物質の最小単位は何か、存在するのか、といった哲学的議論は、ギリシアの時代からあった。古代ギリシアの哲学者デモクリトス・エピクロスたちは、「事物を構成する微小存在」を「アトム」と命名した。その永遠と思われていた物質を現代では中学生でも知るようになった。一般的には、「原子は原子核と電子からできている」と言われ、「原子核」は＋の電気を持つ「陽子」と電気をもたない「中性子」からできている。これを模式図で示すと次のようになる。

原子の様式図の例

ヘリウム原子と原子核の構造

{陽子 ⊕ 2個、電子 ⊖ 2個、中性子 ● 2個でヘリウムは成り立っている。}

陽子 ⊕ ：＋の電気
電子 ⊖ ：－の電気
中性子 ● ：電気をもたない

※陽子 ⊕ 1個と電子 ⊖ 1個の電気の量は等しい。

原子核

　ちなみに水素の原子は原則として陽子1個と電子1個である（中性子を持っている水素もある）。
　原子のシンプルな模式図を頭に入れておくと何かと便利だ。人類が世界（宇

宙）とは何かと考え出した時からの疑問の答えを得たことになる、記念すべき図と言ってよいだろう。科学的なものの見方の「土台」になっているから、応用が利く模式図である。これは立派なリベラルアーツのひとつと考えてよい。

　この原子核の基本的な図を知っていると、日常生活と密接な関係がある、酸とアルカリの原理を理解しやすくなることが、化学式を見ると実感するのではないだろうか。

　塩化ナトリウム（食塩）や塩化水素などが電離することを、次のような式で示すと、とてもわかりやすい。

$$NacI \longrightarrow Na^+ + CI^-$$
（塩化ナトリウム）　（ナトリウムイオン）　（塩化物イオン）

$$HcI \longrightarrow H^+ + CI^-$$
（塩化水素）　（水素イオン）　（塩化物イオン）

　酸・アルカリという用語は、日常生活よく目にするのではないだろうか。アルカリ性の洗剤、酸性・アルカリ性の温泉、アルカリイオン水、アルカリ性の土地、アジサイは酸性土・アルカリ土によって花の色が異なってくる、といった用語や文言など数え上げたらかなりになる。

　イオンの化学式を覚えると、酸とアルカリの違いがイオンの違いであることがわかる。「酸」とは、水溶液にしたとき、電離して水素イオン（H^+）を生じる化合物、と定義されている。一方「アルカリ」とは、水溶液にしたとき、電離して水酸化物イオン（OH^-）を生じる化合物と定義されている。それぞれ式で表すと次のようになる。

水溶液中
$$HCI \longrightarrow H^+ + CI^- \quad （酸性の液）$$
（塩化水素）
$$NaOH \longrightarrow Na^+ + OH^- \quad （アルカリ性の液）$$
（水酸化ナトリウム）

　これらの式を知ると、酸性の水溶液とアルカリ性の水溶液をまぜると「中和」する時の原理がわかってくる。

　塩酸（塩化水素）に水酸化ナトリウムをまぜた時（共に水溶液）の化学反応の式は次のようになる。

塩酸に水酸化ナトリウムをまぜた時の化学反応の模式図

上記の反応式を簡略に示すと次のようになる。

$$HCl + NaOH \rightarrow NaCl + H_2O$$

　塩酸（HCl）の陰イオン（Cl^-）と水酸化ナトリウム（NaOH）の陽イオン（Na^+）が結びついて塩化ナトリウム（NaCl：食塩）ができることが、理屈でわかる反応式でもある。このようなロジカルな世界に接するのは、中学生は数学以外では初めてではないだろうか。

　江戸時代から田や畑の生産効率がよくなったことが統計的に知られているが、今で言う有機肥料が使われ始めた時代でもあった。草木灰に下肥（人糞尿）、油粕、干鰯などがよく使われるようになったために、食料の生産がふえていった。かまどや風呂をわかす時に使った木やわらを燃やした後の「灰」を捨てずに、畑に肥料としてまいていたことを思い出した方もいるのではないか。

　60年程前、畑を持っている親の知人の家に夏休み1週間ほど寝泊まりしたが、そこでは草木灰だけでなく自宅の下肥を活用していた。その畑でとれた野菜が美味だったことは言うまでもない。草木灰は、カリウム（K）・リン酸な

どに富んでいて、酸性土を中和させる作用があったのだろう。そのことを知ったのは中学の理科の授業であったことを記憶している。これは人と人とのつながり（人脈）による体験で得たことが、後で学んだ知識で役に立ち、私にとっての文化資本になっていった例のひとつである。

　イオンと化学変化の重要な学びが電池である。「化学変化を利用して、物質のもつ化学エネルギーを電気エネルギーに変える装置を電池という」と定義されている。

　我々は幼少の頃から、乾電池をよく見て育った世代ではないだろうか。台風などに備えて懐中電灯が置いてある家庭も多かったはずだ。今でも防災グッズのひとつとして重宝する。単1のマンガン電池を2本又は4本で点灯するが、油断すると液漏れがして苦労したことを記憶している。その後長持ちして液漏れしにくいアルカリ乾電池が発明され、今では電気店やスーパーに並んでいる。単1、単2、単3、単4といったサイズが並ぶが、単3が多く使われているようだ。置時計・かけ時計・エアコン・テレビ・照明器具などのリモコン装置などに利用されている。大げさに言えば、単3の乾電池がなくなったら、リモコンが使えず多くの家電が動かなくなってしまう。そのため災害のことなどを考えたら常備品のひとつである。

　おもちゃ・体温計・補聴器・小型ライトなどに使われている、ボタン電池といわれる小型のタイプのものには、アルカリやリチウムなどの電池がある。また充電できる蓄電池（車のバッテリーやスマホのバッテリー）は日常生活に欠かせないものとなっている。スマホやパソコンのリチウム電池は軽量で高機能なものが広く使われている。

　近年急速に普及してきたモーターのみで動くEV車（電気自動車）は、自動車用のバッテリーの容量を大きくし寿命を長くし、かつ軽量化する、という難しい問題をかかえている。これらは、自動車を大量生産することでコストを下げ、広く使われることによって技術が進歩し、相乗効果が期待できる商品である。EV車を普及させるための技術革新が期待され、低迷した日本の経済を復活させる可能性もあると言われている。

　また社会科でSDGsのことを学ぶが、理科で身につけた電池に関する知識は、エコカーとみなされているEV車を理解したり、地球の環境のことを真剣に考えたりするきっかけになるだろう。もし電池の知識が乏しければ環境問題に目が向かないこともありうる。環境に関連したリベラルアーツが身についてくると、他の人のことや自然の不思議さに関心を持つようになるのではないか。イノベーション（技術革新）とリベラルアーツは親和性があると考えてよいだろう。これは世の中に関心を向けるきっかけのひとつと考えると、中学での学びは大切なことであると、大人も子どもも気付くのではないだろうか。

③生物の分野

　生物はどのようにして子孫を残していくのだろうか。その素朴な疑問が少しずつ解けてくるような項目がここには多々ある。単細胞生物の無性生殖と、受精によって子孫をつくる有性生殖を学ぶ。裸子植物や被子植物や動物は有性生殖で子孫を残すが、それぞれ染色体が重要な働きをする。

　この「染色体」をキーワードとして、子孫を残すメカニズムを解明していくのが、この章のハイライトと言ってよいだろう。その染色体には生物の性質・形態などを決める「遺伝子」が存在しているが、その本体はDNA（デオキシリボ核酸）である。

　このDNAという用語は一般の市民でも「うちの子は私のDNAを引き継いだので……」といった使い方をするぐらい、身近なものとなっている。また地震などで亡くなった人をDNA鑑定する、といったニュースもよく目にする。何か事件が起きた時犯人を特定するために、タバコの吸殻からDNA鑑定をして犯人を逮捕する、といった刑事ドラマを見た方も多いのではないだろうか。

　農業への応用も急速に広まっている。「遺伝子組換え」によって短期間で農作物の品種改良が行われている。大豆・じゃがいも、なたねなどが知られるようになった。とうふや納豆など大豆製品をスーパーなどで買うと、パッケージに時々「遺伝子組換えでない」と表示されているものがある。これは一部の研

究者から、遺伝子組換え食品の安全性が不確かである、と指摘されているので、商品の差別化のねらいがあるためと思われる。

しかし、糖尿病患者を治療するインスリンは、遺伝子組換え技術によって、大量生産ができるようになった。遺伝子組換えによって様々な用途の医薬品が短期間に開発されるようになってきている。最近話題になっている新型コロナウイルスのワクチンも、遺伝子を操作する方法で、短期間で大量に生産して、人類に貢献しているのを、我々は実感している。メリットとデメリットがあることを知るためにも、DNAの知識は必要となってくるだろう。

様々なニュースに接したり、多くの情報を集めるのが得意な人がいるが、一定の知識や文化が土台になっていると思われる。このような土台は中学の教科書でつくられることは、今までの章を読んで、何となくわかっていただけるのではないだろうか。世の中の動きに常に関心を持ち、新しく仕入れた情報や知識がさらに集積され、文化資本となっていき、リベラルアーツとして身についていく。このようなくり返しで自分なりの文化資本が蓄積して、それにふさわしい立居振舞になり、それを見ている子どもが無意識に模倣していくことによって、文化が再生産されるのではないだろうか。

DNAに関した情報が世の中に、「これでもか」というぐらい、日常的に流れてくる時代になった。理科の時間に学んだ遺伝子のことをある程度知っている人とそうでない人では、その情報の受け止め方に差が生じることが推測される。よく知っているグループは、コロナ禍での行動がより「科学的」になることは言うまでもないだろう。このようなとらえ方をすると、リベラルアーツは人間の「生きる力」又は「生きる方法」とも関連性があるのではないかと思われる。もう少し突込んで言えば、リベラルアーツがあるかないか、その量がどのくらいなのか、さらにその内容の違い、これらは経済格差、文化資本格差、さらには階層格差につながっていく気がする。格差だけならまだしも、それが分断化して対立した社会になっていくと、一層混沌とした状況になることは、歴史が証明している。

中3の生物の分野では、生物の進化も詳しく学ぶことになっている。生物が

進化した様子を我々は化石で見ることができ、かなりのことがわかってきた。さらにDNAの研究が進み、過去の化石や遺物をもとにして、どのように現代の人間は進化してきたのかも明らかになりつつある。そういうニュースを時々新聞やテレビの報道などで目にすることがある。中学の理科では魚類からホニュウ類までの進化を簡潔に説明しているが、これに刺激されて、図書館などで図鑑を借りて読むと、過去の生物の歴史が大迫力な図で目に入ってくるに違いない。これも立派な文化資本につながっていくはずである。

④物理の分野

　物が動く状況を観察していると、速い・遅いというのがわかる。しかし、どの程度速いのか速くないのかは、一定の時間をもとにどのくらい移動したかを調べなくてはならない。1秒間で動いた距離は秒速、1分間なら分速、1時間なら時速となる。速さを求める式「速さ＝移動距離÷時間」は小学校の算数（速さ＝道のり÷時間）で学ぶが、中学の理科ではもう少し「科学的な検証」をする。我々が日常速さと呼んでいるのは、一直線上を一定の速さで進む「等速直線運動」である。さらに等速だけでなく、物が落下した時のようにだんだん速くなる運動もあることを学ぶ。

　様々な動きは、物理を学ぶ基礎のひとつとなることを考えると、中学の理科に出てくる「物体の運動の速さ」は、これから本格的に「科学」にチャレンジする際、様々な場面で活用される。高校の数学で学ぶ微分積分との関連も深い。これもリベラルアーツの土台となるのではないだろうか。

　力の合成と分解は地震に強い建造物をつくる際には欠かせない知識である。2016年の熊本地震では、二階建ての家が一階建てになった状況や、熊本城の石垣がくずれた場面を、テレビなどの映像で何回も見た方もいたと思う。日本の奈良時代からの建築技術（奈良の法隆寺五重の塔など）のレベルの高さを、物理の分野の学びで、そのすばらしさを実感する人もいるに違いない。トルコの大地震（2023年2月6日に発生）で、5階建て以上と思われるビルが一気に

崩壊する悲劇的な場面の映像を、外国の一般市民が家庭のテレビやネットを通して見てしまう時代である。地震の恐ろしさが伝わってくるが、その崩壊したビルの耐震性はどうなっているのか、つい考えてしまう方も多いと思う。物理の基礎知識のひとつである力の合成や分解は、高校では数学の「ベクトル」という項目で本格的に学ぶことになっている。

　この延長線上で、理科の時間に力学的エネルギーも学ぶ。力学的エネルギーはSDGsとも関係が深く、エネルギーの変換と保存の知識を得ることによって、近代文明の中で生きる人間にとってエネルギーは、重要なテーマであることがわかってくる。電化製品が各家庭に浸透しICTが急速に普及してきた時代では、電気エネルギーが重要であることは言うまでもない。パソコン・タブレット・スマホ・大型コンピュータだけでなく移動手段としての電車や電気自動車（EV）、さらに工場の動力源としても電気は使われている。

　東日本大震災によって、電気エネルギーの大切さを多くの市民が再認識しただけでなく、どのような電源が人類に平和をもたらすかが、本格的に議論され始めた。いかにして力学的エネルギーや光エネルギーや化学エネルギーを、電気エネルギーに変換するかが重要なテーマとなってくる。

　水力発電・火力発電・太陽光発電・風力発電・バイオマス発電・原子力発電が今のところ注目されている方法である。すべて経済発展や今の生活を維持するには欠かせないエネルギーだが、自然環境を保護していくという問題と切り離せない。自然環境と経済発展のバランスを考えるこのような発想は、リベラルアーツを身につけている市民から生まれるのではないか。

　理科のこの章の学習内容は、社会の公民に出てくる「持続可能な社会」と一緒に考えてほしい。理科と社会とを別々に学び、全く関係性がないタテ割りの授業になっていたとしたら、ただ知識がふえていくだけであろう。これを現代の社会に目を向け、人と人との心の触れ合いの大切さを知るには、教科の垣根を越えた教科横断的な学びが必要である。そうすることによって知識は文化資本へと転化していくのではないだろうか。

⑤地学の分野

　我々は幼少の頃から空を見ている。昼は太陽、夜は月や星を見ながら育っている。大都会で生まれて育った人間でも、必ず太陽は見る。月の満ち欠けも覚え、月が隠れる月食や太陽が黒くなる日食を経験することもある。

　夜の人工の光が少ない地方に住んでいると、天体に興味を持ち、目立つオリオン座の動きを体で知っている小・中学生もいる。天体望遠鏡で月を見ると、本当にアバタだらけでびっくりしたり感動したりする子どももいるのではないだろうか。

　宇宙は現代科学を駆使しても、未解明なことが多い。空の先には何があるのか、古代から現在まで、人々は常に考えてきた難問である。そのため神秘的な祭事は、空に関したものや太陽に近づこうとするものが多い。

　リベラルアーツの観点からみると、地球全体と宇宙に関する知識は、文化資本のひとつと言える。SDGsが注目される科学技術が発達した時代では、地球規模で物事を考える必要が出てくる。いつまでも農村共同体の負の遺産のひとつである異質なものを排除するという文化、家族及び自分中心で世の中のことにはあまり関心がないという文化では、地球がうまく機能しないことがわかってきた。現代ではその閉鎖的文化と言われてきた中で培われてきた「つながり・連帯」がもっと注目されてもよいのではないか。地域社会の共同体ではなく、地球全体の共同体での「つながり」を考えるためにも、中学理科で学ぶ「地球と宇宙」の項目は重要な気がしてならない。

　地球と天体の動きを知ると、地軸が傾いた地球の自転と公転により、変化のある四季のことが理解できる。メリハリのある四季により、同じ国でも地域によって様々な文化・芸術が発達することが予測できる。気候や地理的な位置によって文化が違ってくるからであろう。

　違いや多様化を知り理解するためには一定の知識が必要であり、それが文化となりその人の立居振舞に影響してくる。そしてそれが何らかの利益を生み出

すと、文化資本となってくるのではないだろうか。このような視点で、地球、太陽、月、金星などの惑星を学び、宇宙の広がりを実感しながら、自然のなかの人間も含めた生物を考えると、自然環境の維持の大切さがわかってくると思われる。中学で学ぶはずの知識が欠けていて環境に関する文化が育っていないところでは、SDGsの考え自体が理解できない・しない・したくない、ということになりかねない。これはリベラルアーツとは無縁な状況と言ってもよいだろう。

⑥持続可能な地球〜理科はSADGsを理解するキーワード〜

　理科の教科書に出てくる食物連鎖を「暗記」していれば、期末テストや入学試験はクリアできる確率は高くなる。しかしそれがSDGsの運動と結びつくことによって、知識は文化として蓄積され、リベラルアーツとして身体に取り込まれる。そして仕事の時などに文化資本に転化していくのではないか。SDGsの理念だけではこの動きは広まらない、何らかの利益を生み出すそして社会に役立つ文化資本になることによって、SDGsの理念が再生産されると考えてもよいのではないだろうか。社会貢献と文化資本は親和性がありそうだ。
　理科の教科書では、人間による活動と自然環境の項目の後に、最後として「エネルギー問題」を取り上げている。これからは多くの人々が、持続可能な社会を考えざるを得ない時代が続くことだけは確かであろう。そのためには「エネルギー」をどのように調達してどのように使うかが、重要な問題となってくる。エネルギー資源の使用量は、イギリスで産業革命（1760年代）が起こってから、急激にふえたことがわかっている。最初は石炭、次に石油、最近では天然ガスといった化石燃料に頼ってきたという歴史がある。また化石燃料は有限であることは、すでにローマ・クラブの報告書「成長の限界」（1972年）で明らかにされている。
　有限のエネルギーをできるだけ効率よく消費しようという考えが出てくる。1日のなかで電気エネルギーの需要のピークは、昼間の12時から15時で、ボ

トムは明け方の5時から7時頃であることがわかっている。電気エネルギーを保存しておくことが困難なので、これを平準化すればよい。このような試みも、省エネルギー対策のひとつとなるであろう。それ以外にも、できるだけ電気の消費量を少なくする電化製品の開発が世界各国で行われている。白熱電球や蛍光灯をLEDに変えていく動きが日本ではすでに始まっている。15年前のエアコンや電気冷蔵庫などよりも、現在は確実に消費電力は少なくなっていて、買い替えを加速させために補助金を出す、そういう自治体も出てきた。この分野はもともと日本の企業が得意としている。集中投資すると、日本の経済が復活する可能性が出てくる。ここは理科の分野だが、社会科とのつながりが深い。

中3で学ぶ理科の教科書では、水力発電・風力発電・太陽光発電・地熱発電・バイオマス発電などについて、かなり詳しくそのしくみなどを紹介している。これらの再生可能エネルギーの活用の、長所と短所もしっかりと記述している。東日本大震災で大きな損傷を受け、現在もほとんど処理が行われていない原子力発電は、拙書では除外する。

最後の章で持続可能な社会について、多くの人に知ってもらいたい項目がある。30年以上前の教科書では考えられなかったことである。何が目新しいかと言えば、科学技術の発展で、エネルギー資源を分散させることにある程度成功している、といった項目がふえたということだ。環境問題や自然との共生、そして持続可能な社会にするにはどうしたらよいかという提言である。

もうひとつは、理科なのに社会科の歴史や地理や公民の知識が必要になってくる記述が随所にある。自然科学と社会科学のコラボである。15年程前から「活用型学力」そして最近は「教科横断型の学び」といったことが、教育界では話題になっている。まさにこれらの学びの「実践の場」として、教科書の終章「持続可能な社会をつくるために」がある、とみることができる。社会科の公民でも最後の章で「SDGsから地球規模の課題についてとらえよう」という見出しで、持続可能な社会についての解説がある。リベラルアーツを身につけていると、SDGsのことを積極的に考えるのではないだろうか。

理科と社会科のコラボが重要だが、中学は教科担任制をとっているので、ふつうは担当教師は異なっている。学校教育のシステム上の問題になるが、緊密な連係プレーが望まれるところである。現場は大変だと思うが、このような活用型を中心とした授業にチャレンジすると、教師のスキルがアップし、教師・生徒双方の文化資本もさらに充実してくるような気がするのだが。

　30代・40代の親世代の方は、学校でここまでの学びは経験していない。そのような文化を、以前は学校からは得られなかったということでもある。ではどのような市民が「持続可能な社会」を意識するのであろうか。これが重要な問題であることに、薄々気がつかれた方もいるのではないだろうか。

　教科書に出てくる「持続可能な社会」を真剣に考えるためには、常に一定の情報を手に入れなくてはならない。また企業で働いている時、生産と消費という経済の営みを、自然環境と結びつけて考えることができるか、という問題も出てくる。新聞やテレビの情報をもとに、もっとネットで調べる、それだけでは物足りないので図書館などで本を借りたり書店で文献を買ったりして、エビデンスに基づいた情報を手にすることが重要となってくる。このような行動をとるためには、一定の文化資本と社会関係資本・人脈（人と人とのつながり）が必要であることは言うまでもない。

　世の中に関心を向け、環境問題や持続可能な社会を考えるには、それに関した知識や情報が必要である。文化資本が充実し、人と人とのつながりを重視した社会関係資本も豊富であると、社会に関心を持つ機会は多くなるに違いない。また文化資本と社会関係資本はリベラルアーツとも相関関係があると推測される。

　逆に、もしリベラルアーツが貧弱であったら、いくら今の教科書が役に立つテキストだと第三者が力説しても、手にとろうと思うきっかけは少なくなってしまうのではないか。大人になってまで教科書での勉強はもういい……。そう思い込んでいる市民も少なからずいるような気がする。今の教科書はビジュアルで読みやすいので、ぜひチャレンジしてほしい。一定のリベラルアーツをキープしている大人（親も含め）は、人類にとって大事な問題が勃発したら、社

会関係資本なども活用し積極的に文化資本を「蓄積」していくだろう。そのような蓄積があれば、持続可能な社会に関心を持っているという雰囲気が、家庭の中で自ずと醸し出されてくると思われる。これは、議会制民主主義を成り立たせる土台にもなるであろう。親の立居振舞やリビングの本棚という文化資本は、子どもに強烈な印象を与えるに違いない。これがピエール・ブルデューが広めた「ハビトゥス」ではないかと思う。

　今まで中学の社会科や理科の教科書を検証してきたが、世の中に対しての強い関心を持っている親の子どもは、同じように「持続可能な社会」に関心を持つ可能性は高いのではないか。家庭での関心が高ければ、子どもの学校での学びのモチベーションも高くなることは推測できる。このようなメカニズムで、親の豊かな文化資本によって子どもの学力が高くなっていくと思われる。

　親の文化資本や経済資本が豊かな家庭の子どもの学力は「高い」というエビデンスは多く存在する。しかし途中のプロセスがどうなっているかは、未だにブラックボックスである。ここに示したのは、多くのエビデンスをもとにした推論であることは言うまでもない。

注記
中1・中2・中3科学の教科書は東京書籍版を参照している。

参考文献
岩崎久美子・下村英雄・柳澤文敬・伊藤素江・村田維沙・堀一輝『経験資本と学習——首都圏大学生949人の大規模調査結果』明石書店, 2016年.

第 8 章

グローバル化した社会での英語

ここでは中学の英語教科書を、文化資本とリベラルアーツという視点から検証してみることにしよう。

1 ┃ 全体の概要

　2021年度から使われている主要5教科の教科書の中で一番変化したのが英語であろう。単純に単語数を約20年前のものと比べると、約1.5～2倍となっている。2000年の英語教科書に出てくる単語は約1,000語から1,200語と言われている。現在は小学校で約500語学ぶことになっていて、しかも中学3年間では約1,800の新出単語がある。中3までには約2,300語学ぶ（暗記する）ことになる。単語数に関しては20年前の約2倍の量を現在の中3生は背負っていることになる。高校入試もこれを参考にして問題を作成するであろうから、難易度は以前より高くなることが予想される。

　もうひとつ単純な比較方法が、同じ教科書会社でページ数を調べるやり方がある。それを表にすると次のようになる。

年＼学年	中1	中2	中3
2012	141	133	141
2021	167	159	153

（東京書籍版 New Horizon）

　10年前に比べ各学年約15％ほどページ数がふえている。しかも判型（大きさ）もひと回り大きくなっている。

　次に文法を調べると、半世紀程前の中学生を悩ませていた「仮定法」が再び高校1年から下りてきた。また文法的な扱い（説明）は10年前よりもていねいになっていることがわかる作り方だ。

　全学年ともひとつのテーマ（レッスン）の文章が確実に長文化している。特に中3はワンレッスン100 wordsを超える文がいくつもある。標準的な中学生

なら一気に読むのがしんどくなる300 wordsの文が、後半には出てくる。

　2020年度からの学習指導要領では、教科横断型の学びを推奨している。社会科と理科、数学と理科、国語と社会科、といったコラボが中心だが、英語も相当力を入れているといった作り方になっている。これは2000年から始まったOECDの国際的な学力調査PISA（ピザ：Programme for International Student Assessment）の影響を強く受けている。社会の問題を数学の知識を使って解決していくという、教科横断型問題がPISAに出ていた。今で言うなら「持続可能な（経済）社会」を意識していたことは言うまでもない。また教科書よりひと足早く高校入試問題では、15年程前から各県で教科コラボ型問題が英語でも出題され始めた（PISAは英語読みだとピサだが、日本の公式の文献ではフランス語読みのピザとなっている）。

　PISAの問題は日本の英語教育に衝撃を与えた。英語の入試なのに円グラフや棒グラフが出てきて、社会の出来事に関した長い英文がある。選択肢（5択など）の設問だけでなく、設問に対してwords数が決められた範囲で英文で答える、英作文のような入試問題が出てきたのが2010年頃からである。

　この時一部の教育関係者の間で話題になったのは、PISA型問題は家庭の環境で差が出るのではないか、という懸念であった。これは親が持っている経済資本だけでなく文化資本に左右されるのではないかという論理であり、説得力があった。後に「親ガチャ」という用語が広まってきた。経済資本や文化資本が豊富な親のもとに生まれた子どもは、スタートから「アドバンテージ（advantage）」を有しているという、不平等を表現する用語と言ってもよい。

　では、ピエール・ブルデューの言うような運命的な文化資本や社会関係資本というとらえかただけでいいのか、生まれた後、大人や地域社会や学校で何もできないのか、という考えが出てくるのは当然かもしれない。

　PISAの問題を解決するには、一定の文化資本となる知識が必要になるのは明らかであろう。その文化資本を身につけるのを工夫すれば、経済資本が少なくても可能ではないだろうか。学校文化の中で、教師からそしてクラスや各学年の生徒との交流から、文化資本を獲得することは十分可能となるのではない

か。双方向性の授業は多様な文化資本を背負った子ども同士の「共同的」な学びであることは明白であろう。各個人がお互いの文化資本のやりとりをする場とも考えられる。文化資本や社会関係資本を充実させることに期待している社会学者もいる。

　もっと積極的に「社会関係資本とは単に特権階級のみがもつ道具ではなく、社会的不利益層の集団にとっても資産となる」と認識し、社会的ネットワークのメカニズムに関心を持っていたのが社会学者ジェームズ・コールマンであった（『社会関係資本』（ジョン・フィールド、明石書店、2022年）より）。

　ここで社会学者の「社会関係資本」の見解を紹介したのは、まさに今学校教育で双方向性の「協働的な授業」やアクティブ・ラーニングを実践しようとしているからである。現在の英語の教科書を精査すると、その製作の意図が浮び上がってくる。

　社会関係資本という視点から中学の英語の教科書を検証してみよう（東京書籍版 NEW HORIZON 1, 2, 3 を参照）。

2 ▌ 中1で学ぶ英語

　中1英語の教科書の扉にいきなり「英語で世界とつながろう、もっと英語を使おう」と出てくる。日本国内だけでなく、外国にも人脈を広げていきましょう、という宣言のような気がする。一昔前の英語の勉強は、必死に英単語を覚えて、重要な英文は丸暗記して、こっそりと家で1人で黙々と慣れない英文を読んでいる、そういうイメージを持っている中・高年の方は多いのではないだろうか。

　英語の教科書は社会関係資本を海外まで広げていくだけでなく、英語を学ばないとグローバル化した社会で生きていくのは大変ですよ、ということを子どもと親に伝えようとしているのではないだろうか。そういう教科書になっているので、大人も自分のためにもぜひ目を通してみてほしい。

　中1なのにこれまでとは違い、しっかりと文法用語が出ていて、その簡単な説明もある。一時期オーラル（話す）の英語のみが重視されていたことがあったが、2021年からの教科書は中1から文法用語が出ているのは、話す・聞くだけでなく、外国語はロジカル（論理的）に学んでほしい、という意図があるような気がしてならない。中1で学ぶ主な文法は次のとおりである。

（ア）be動詞と一般動詞　　　　　（エ）三人称単数現在形

（イ）名詞　　　　　　　　　　　（オ）代名詞

（ウ）疑問詞　　　　　　　　　　（カ）現在進行形

　中1の教科書も10年前に比べて長文が多くなっている。60 wordsから100 wordsで、最後の方は200 wordsを超えるレッスンもある。このようなことは私の記憶（約40年ほど教えていた）では今までにないことだ。

　コミュニケーションを重視したレッスンが多いのも特徴の1つである。様々な場面を想定して相手にいかに手短に正しく情報を伝えるか、というコツを伝授している。また自分をPRすることが苦手な日本人を想定して（？）ポスターなどを使って自己紹介する方法も提示している。コミュニケーションが苦手な社会人が読んでも役に立ちそうな内容が、中1英語の教科書にすでに登場している。自分だけでなく友人を英語で紹介するコーナーもある。

　実生活で英語を使いそうな場面を想定した、「レストランで何かを注文する」というコーナーがあった。道案内や欠席した友達に学校のことを連絡する方法などもあった。

　ハワイにツアーで1週間程観光に行ったことがあったが、英語をもっと学んでおけば、と思ったエピソードをひとつ。ハワイの海が見えるリゾート風のレストランでランチをすることにした。日常的な英語はある程度読めるので、会話はそれほど重視していなかった。パスタを注文しようと思ったら、ここでもフライドポテトが野菜としてそえられているメニューを見た（正確に言うならそれしかない！）。行きの飛行機はハワイアン航空だったので、タマゴが上に

のっているハンバーガー（ロコモコ）にポテトというように、どういうわけか必ずフライドポテトがついてきた。最初に泊まったホテルでも、次の日の移動でのランチもポテトが続いた。我々２人は「ポテトはちょっと……」という状態だったので、親切そうなレストランのボーイさんに、ポテトなしのパスタにしてもらえるか？」と身振り手振りつたない英語で伝えたら、すぐわかったみたいで、「OK、Black?」と言ってきたので「Black What?」と返答したら「Black」と言うだけだったので、何回かやりとりするうちにこちらも諦めて、イカスミのようなパスタでもいいかといった感じで「OK」サインを出した。出てきたパスタにそえられてきたのはポテトの代わりの「ブロッコリー（Broccoli）」だった。私たちはブロッコリーは好きでよく食べていたので、思わず親指たてて「Good! Thank you!」と返答したことを覚えている。そのボーイさんの笑顔は今でも目に浮かぶ。

　後から考えたらボールペンと紙を出して書いてもらうか、こちらから「Vegetable? Meat? Fish?」といった質問をすればよかったと反省している。しかし、英語の発音に慣れることや簡単な英文はすぐ出てくるように日頃からトレーニングしていないと、このようにはいかない。「やはり英語は慣れなくては……」と思ったことは言うまでもない（「l（エル）」と「r（アール）」の発音を聞き取れなかった典型的な日本人であった）。

3 ｜ 中２で学ぶ英語

　中２英語の教科書の扉ページのキャッチコピーのひとつは「言葉で世界に飛び出そう」となっている。次のページは、英語のコミュニケーションの取り方を具体的に示している。

　中２の教科書でも実践的な場面が多く出てくる。海外旅行を想定した場面が多い。ホテルでのトラブルや、わからない道を聞いたり教えたりするレッスンが、いくつも出てくる。英語を話すイギリス・インド・アメリカなどの食生活

の話題は定番だ。ショッピングセンター・レストラン・駅・街などで、知らないことを聞いたり依頼するという場面設定もある。観光で外国に行った時などは、街や鉄道の道案内の英文を知っていると、とても役に立つ。この案内、けっこうなれない英文を使い、しかもあせっているので、ふつうの日本人にとっては難しい。同じ日本人同士での道案内も、わかりやすく説明するのが意外に難しいことを思い起こせば、当然なのかもしれない。

　ある調査（社会的問題も含め）に基づいて、それを英文でまとめて円グラフ・棒グラフ・おれ線グラフなどを駆使して発表する、というレッスンもある。英文のまとめ方・発表の仕方まで学ぶ。他の教科の国語・社会科・数学とのコラボは、ちょっとした教科横断型の学びになる。英語も同様であることに驚く年輩の方も多いのではないか。これは先程触れたPISAやそれに近い問題を積極的に取り入れてきた入試問題に重なる。

　学校でこのようなPISA型問題対策を何もしなければ、家庭の文化資本の差で、入学できる学校が決まってしまう恐れもあった。入試が先行したため、「その対策を教科書がするのか！」と怪訝な顔になる教育関係者がいるかもしれない。しかし学校教育で様々な文化資本や社会関係資本を獲得することがわかっていれば、多少順番は逆になってもいいのではないか。9割近くが公立中学である。そこで英語の教科書を使って教科横断的な授業を積極的に行えば、このような学び方（PISA型の学力）がもっと広がるのではと思う。英語でさえ実践しているのだから……と考え、他教科も考えるのではないだろうか。

　教科横断的なPISA型の問題に対応できる教師は今までは少なかったのではないかと推測される。英語の読み方や書き方を教えるだけの技術では思うような授業ができないため、研修などを行うことになる。部活動に労力をとられて時間がとれない教師が多かったとしたら、PISA型に対応した授業をするのは難しい。しかし教科書に教科横断型のテーマが入ってくると、教える立場の大人はそれをテキストとして自分で学ぶことが可能となる。このような教育技術を取得する行為は教える人の文化資本をふやすことになる。特に英語が得意で、英語のことだけを教えていた教師は、社会全体のことに今以上目が向くこ

とになり、新しい感覚で授業ができるのではないだろうか。

　このように考えてくると、実践的な内容でかつ社会との接点が多く、しかも他教科との連携の授業は、子どもだけでなく教師の知識もふえることになる。文化資本という視点から見ると教科横断型のテーマは、まさに子ども・教師双方ともにwin win（ウィン・ウィン）である。

　同じことをいつも同じ方法で教えていると、教える側が時々バーンアウトしてしまうことがある。毎年「受け身」を同じパターンで教えていると、生徒の顔は違うが「何のためにこんなこと教えているのか？」と思い込んでしまう、まじめな教師は、この現象に陥りやすいようだ。これは毎年同じ方法で同じことを子どもの目線を無視して教えているためで、教師のスキルは向上せず、当然教える技術や英語に関した文化資本も蓄積されない。それを見抜く力は中学生もかなりいる。いくら教える側が、ギャグを連発したり、おどけた方法で授業をしたりしても、生徒はあまりグイグイと来てくれない。

　しかし、英語の受け身という文法が日本よりもなぜ重視されるのか、という疑問を教える側が持ったり、常に社会との接点を持った授業を心がければ、いつも同じ授業になることはあり得ない。なぜなら毎年この英語の授業を聞く生徒は変わる（同じ生徒はふつういない）だけでなく、世の中も変化しているので、教える自分自身も成長しているはずだから。もし毎年同じようなこと（これは英語だけでなく他の数学や国語も同じである）を同じ問題集や教科書でくり返していたら、文化資本の蓄積という観点から見ると、生徒と教師双方にデメリットとなってしまうのは明白である。受け身の英語の授業の時、お互い何かをテーマにして、意見交換をするという方法もある。今話題になっている消費電力を少なくする工夫といったテーマで、受け身の英文をちりばめる。いくらでも教える側の工夫の余地があるのではないだろうか。

　1年たてばふつうの教師は前以上のことを学んでいるはずである。しかも教える子どもが前年と違えば、反応もそれぞれ異なることが、子どもをよく見ていれば見抜くことができる。教える側も教わる側も変わっているのだから、全く同じ授業などはありえないはずだが。

4 ｜ 中3で学ぶ英語

　中3の教科書の最初の扉には「SDGs」というアルファベットが大きく目に入ってくる。英語を学ぶのは単なる「習いごと」ではないという宣言と私はとらえた。

　一昔前までは専門学校のような英会話学校に1年・2年通うことがよくあった。語学の学校で「勉強をする」という気分になっている学生もいたのではないか。何の目的も持たないで英会話を主体とした語学の勉強では、「文化」という大切な視点が抜け落ちている可能性が高い。英会話の学校ではアメリカやイギリスの文化を伝えようとしても、受け手の学生はそのようにはとらえず、外国の人と英語で話ができるだけで満足してしまうことも考えられる。

　このようなことを書いたのは、英会話学校や英語教室を批判するのが目的ではない。それらが日本の社会に貢献していることは重々承知である。日本語や英語も含め、会話だけの語学はコミュニケーションの手段で単なる技術にすぎないことを伝えることが目的である。ただしその技術を活用して仕事に活かすことをすれば、その技術は文化資本になるかもしれない。しかしリベラルアーツとは縁が薄いままであろう。

　英会話をしたり英文を読んだりして、英語を話す人々の生活やそこに住んでいる国の文化を知ると、それは文化資本になることがあり、様々な文化を知りリベラルアーツを豊かにしていく。そのような文化という視点が欠けた英会話では、単なる習い事で終わってしまう。古くはお茶・お花・お琴など、近年では水泳・空手・ダンス・サッカー・体操・テニス・卓球といったスポーツ系の習い事が子どもたちの間で話題になる。これらの習い事は将来仕事をしたり、人と交流したりする時に何らかの役に立つことがある。しかし英会話のスキルを活用する場は意外と少ないような気がする。

　話を元に戻そう。中3英語の教科書には、文章の組み立て方や書き方を指南

するコーナーがある。これは英文で小論文を書くときに大変役に立つ。読むだけの受け身的な英語でなく、積極的に自分の考えを発信する力をつけてほしいという願いのような気がする。

　グラフや表などを使ってレポートを作成して、社会問題に関心を持つことだけでなく、民主主義社会の大切さを伝えようとするレッスンも多い。民主主義を成立させるには話し合いが欠かせない。「英語でディベート」といった授業ができそうなレッスンもあった。最後は「国境のない世界」といったタイトルで、グローバル化した社会での人と人との交流の大切さを伝えようとする内容で終わっている。このあたりは社会関係資本と関連がありそうだ。

5 ｜ 英語を活用する場面を考える

　2021年度からの英語の教科書は、Speaking・Reading・Hearingがより重視されている作り方となっている。学習指導要領で、そのような強い要望を出しているので当然と言えよう。「話せる英語、聞いてわかる英語」がグローバル化した社会では欠かせないとの認識だからだと思われる。

　インターネットの発達で英文ぐらいは読めないと、海外に仕事に行く時に英語が話せないと商談もできない、そう考えている人がふえた。観光旅行に海外に行けば英会話は役に立つし、外国から観光客が来たら英語でもてなさなくては、と考える人もいる。このような理由でグローバル化した社会での英語の役割の重要性が、産業界などから指摘されるようになって久しい。英語の教科書を忠実に実践していくためには、大学入試に英語のリスニングを入れればよいという発想で共通テストが実施される。確実に多くの日本人の英語力を向上させるという目的としては、理に適（かな）っている方法と思われる。

　では、グローバル化した社会で日本人が英語を使う機会はどのくらいあるのだろうか。実はこのことはあまり議論されていない。

　まず国籍別在留外国人の割合を調べてみよう。2020年末の在留外国人は約

290万人であったが、中国27％、ベトナム15.5％、韓国14.8％、フィリピン9.7％、ブラジル7.2％、ネパール3.3％で、アメリカ2％となっている。この中で英語を話すと思われる国はフィリピンとアメリカで、合わせて約11.7％となる。

次に海外からの観光客を調べてみる。

コロナ禍前の2019年の訪日外国人旅行者数は約31,882,000人で、そのうち中国・台湾・香港で計約16,776,000人、韓国約5,585,000人、アメリカ約1,724,000人、タイ約1,319,000人、イギリス約420,000人、フランス約330,000人となっている（出典：世界国勢国会2021年）。この中で英語を母国語としているのはアメリカとイギリスなので、英語を話す主な訪日観光客は全体の約7％ということになる。

仕事で英語の会話やリスニングが必要な日本人の数は限られてくることが推測できる。英語圏の人々との商談が多い商社・銀行関係や多国籍企業（ソニー・パナソニック・ホンダ・トヨタ・日立・日産など）といった大企業では、社内の公用語を英語にするという動きもある。しかしこれらの企業の労働者のうち英会話を必要とする人の割合はどのくらいであろうか。

大企業の数の割合は日本の場合0.3％と言われている。そこに勤める労働者は、日本全体の30％前後であることがわかっている。大企業勤務でも英語力が常に求められる部署は限られている。日本の労働力人口は約6,800万人（2020年）、そのうち大企業の労働者数は約1,400万人という推計もある。英語力が必要な部署の労働者を多く見積って30％とすると、1,400万人×0.3＝520万人という数字が出てくる。仕事で英語がどうしても必要だというのは労働力人口の520万人÷6,800万人≒7.65となり、7.65％であることがわかる。全人口を約12,370万人とすると、その割合はさらに低下し、4.2％となってしまう。

企業の仕事以外で英会話を使う機会は、個人経営が多い観光業と思われる。コロナ前の2019年では、先に示したように、英語で対応する海外からの観光客数は約7％となっている。観光業でも英会話を使う機会がそれほど多くないという現実がある。

これを英会話が必要と思われる一般の企業の労働者を入れても、全国民の

10％未満と推計される。これらの数字を見る限り、これからのグローバル化した社会で日本人にも全員英会話を含めた英語力が必要不可欠である、という論理には無理がある。

　では英語教育に力を入れて英語力を充実させるのは意味のないことなのだろうか。私は次の3点でこれからの社会で生きていく上での貴重な道具のひとつと思っている。

　第一に、英文を読む機会は、英会話より断然多くなってくる。インターネットの発達下では、英文でのやり取りや説明書を読むという機会が多くなるだろう。様々な道具（機器）の説明も英文で書いてあることがよくある。

　また大学の学部で専門的なことを学ぶ時、英語で書かれた論文や本を読まなくてはならないことが多々出てくる。大学で高校以上のことを学ぼうと思っている人にとっては、人文学系、社会科学系、自然科学系を問わず、英語力は必須となっている。

　第二に、自分はネットはあまりやらないし、高校までで学ぶことは十分と思っている人でも、日本ではアルファベットの文字の単語や略語がここ10年ふえてきた。教育の分野に限定しても次のようなアルファベット文字をよく目にする。

- OECD
- PISA
- EU
- Sustainable Society
- PIAAC
- ESD
- GDP
- GAFA
- IT
- ICT
- Innovation
- AI
- Meritocracy
- Evidence
- Human Capital
- Competency
- Achievement
- Literacy
- GIGA
- STEAM
- Society 5.0
- SDGs
- PC

数え上げたら次々と出てくる。

176

もとの英語を知っていると略字の意味は覚えやすい。

IT ⇒ Information Technology
AI ⇒ Artificial Intelligence
OECD ⇒ Organisation for Economic Co-operation and Development

それぞれの略字の単語を知っていれば、IT、AI、OECDといったアルファベットだけの略字でも意味がすぐわかってくる。

これからの時代このようなアルファベット文字は、一般の新聞紙上にもよく出てくるだろう。これらを知らないと、その記事の意味を理解するのに時間がかかることは言うまでもない。

第三に最後の利点として、英語力を本当に必要としている労働者は、今のところ10％未満であるというものだ。何か矛盾していると思う方がいるかもしれない。しかし、労働力の価値という視点からみると、正論となる。英語力を発揮できる場がまだ少ないということは、日本人の英語力全体は低いことが推測できる。このような状況下で英語力が必須という職業がある、と考えることもできる。

大学で研究職に就こうと思ったら、英語力は必須である。自然科学系の学問は、もう大分前から論文は英語で書き、国際的な場で発表することが、大学で椅子を得る条件となっていることが多い。

英語力があれば難関と言われる医学部に合格する確率は高くなり、入学後上を目指す医大生は、海外留学をするのが一般的だが、そのハードルも英語力があれば低くなるであろう。医学系では英語での論文が将来を左右するとも言われている。医学を含めた自然科学系だけに限らず経済学・社会学・教育学といった社会科学系もアメリカやヨーロッパに留学すると、新しい学問的知識を得ることができる。当然学会でもその論文は注目される。国立大学の医学部の教授の経歴をチェックすると、海外での研究生活を経験している人がけっこういると言われている。

企業に研究職で入社した場合も、英文で書かれた外国の文献に触れたり英会

話を駆使して情報交換などをする。巨大な多国籍企業は、日本の企業の労働者よりも待遇がよいことで知られている。他の部署や外国の社員との仕事はほとんど英語で話し、英文を読むことになる労働者が多数いる。

　銀行も含めた金融関連の企業や外国との取引が多い商社も、英会話や英文に接する機会が多い。英語力が必須の接客業のひとつに航空会社がある。パイロットは言うに及ばずCA（キャビン・アテンダント）や地上職も高い英語力を求められる。

　このように英文の論文を読んだり日常レベルの英語力が必要な職業は、多くが労働者への賃金が高いことでも知られている。なぜなら、英語力が高い労働者は全人口の数パーセントであるから、需要と供給の論理が働き、高賃金となるからである。もし日本の労働者の50％が皆英語力が高かったとしたら、別の基準で選ぶことがあるので、英語力を保持している価値は低くなってしまう。

　えげつない話になってしまったが、現在の日本では英語力が高いと職業の選択肢を広め、かつ高賃金を得る確率が高いという現実は知っておきたい。

　ただグローバル化した社会だから英語ぐらいはできなくては、そして英語ができないと就職できない、さらには生活していく上で困惑してしまう、そのような理由で英語力をつけることに国家は熱中すべきではないと私は考えている。

　中学の英語を外国語のリベラルアーツの第一歩ととらえると、観光レベルの日常英会話と、ネットに出てくる英文や輸入した紅茶やチョコレートなどの商品に書いてある英文が読めて理解できることに、義務教育の範囲の英語の授業は止めておいたらどうであろうか。また英文法は半世紀前のガチガチの内容ではなく、高校又は社会人になって本格的に英語力を養いたいと思った時に役立つようなレベルでいいのではないだろうか。

　今のところ英会話を含めた英語力が必須のようにするための大学の「共通テストの利用」は、控えた方が賢明ではないだろうか。将来の職業がはっきりしてきて、受験する大学がほぼ決まっている生徒、そして「どうしても英語を利用した仕事に就きたい」と思っている高校卒業生には、そのような学びができる場を、税金などを活用して設けてはどうだろう。場所と人を提供したいと考

えている、一定のレベルを保ってる民間教育機関はあるはずだ。

　一生懸命税金と私的経済資本を投入して英語力をアップしたとしても、社会に出たらそれほど活用する機会がないとしたら、費用対効果を考えると大変効率が悪いことは明白である。英語力を必要とした人がいつでもタイミングよく、生涯学習の一環としての学べる場を考えてほしい。

　高校までにお金をかけて多くの生徒の英語力がアップしたが、社会に出てからそれが活用できない・しない状況下では、単なる知識となっていることは言うまでもない。英語を知っているだけでは「リベラルアーツ」にはならない。英語を話す国の文化を知って「リベラルアーツ」になる。しかし英語力が十分身についたとしても、それが文化資本に転化するとは限らない。使う機会がなければ利益をもたらさない、ただの知識であるからだ。単なる知識をふやすだけなら、何も税金を大量に使う必要はないだろう。

　2020年からの英語教育の内容については、鳥飼玖美子『英語教育の危機』（ちくま新書、2018年）に詳しい。

6 ▎英語とリベラルアーツ

　一昔前までは英語力を身につけることは、一定の「リベラルアーツ」があるとみなされていた。使うか使わないかは問わず、英検の3級を、2級を、さらに準1級を持っていることを履歴書に書いていた。実際に役立つのは準1級以上だが、お見合い結婚などに役立つ資格と考えられていた時代もあった。これは真のリベラルアーツではなく、単なるマウントをとるための、見栄の「教養」にすぎないのではないだろうか。

　学校の教科書や英会話のテキストに出てくる英文がわかるだけでは、英語力はアップしたかもしれないが、それは単なる知識にすぎない。「英語スキル」を身につけただけと言い換えてもよいだろう。英語を話す人の文化を知って、英語は日本人の文化のひとつになるのではないか。

ではどのようにしてその「英語力」は習い事以上のものになるのであろうか。英検などの一定の資格を取得しただけでは、履歴書の中に書く資格がふえるだけで、単に「箔をつける」ことにすぎない。活用しなければそこからは何も生じない。これは貨幣に置き換えるとわかりやすいのではないか。貨幣を自宅の金庫に入れておくだけでは何も生じない。銀行に預けたり国債を買えば一定の利子がつき、貨幣はふえていく。さらに貨幣を何らかの事業に投資すれば、投資した貨幣以上の何らかの利益を得る（損失の場合もあるが）ことが期待ができる。

　貨幣を投下することによって「資本」に変化するように、知識が集まり「文化」となったものは、それを使うことによって「文化資本」になると定義すると、「知識」と「文化」と「文化資本」の違いが明らかになる。

　英語の知識が豊富にあり、それが「文化」のままに止まっていたら、それは「習い事の知識」にすぎない。何のために英語を学ぶかが明確になり、それを活用する場はどんなところなのかを知ろうとした時、その知識は少しずつ変化していくのではないだろうか。さらに外国の文化を知るには、どのような英語を身につけたらよいかという目的も加わると、リベラルアーツに近づいていくのではないか。そして英語を使うことによって単なる知識は「文化資本」になり、そのことによってリベラルアーツがふえていく。このような流れで見てくると、生産と消費が民主的な政治形態で行われる資本主義社会では、リベラルアーツは文化資本と親和性があることが判明してくる。

　これは英語だけでなく、他の教科も同様である。このことを次の終章で考えて見ることにしよう。

参考文献

『世界国勢図会 2021／22』公益財団法人矢野恒太記念会，2021年.

鳥飼玖美子『英語教育の危機』ちくま新書，2018年.

フィールド，ジョン『社会関係資本——現代社会の人脈・信頼・コミュニティ』佐藤智子・西塚
　　孝平・松本奈々子（訳），明石書店，2022年.

終　章

文化資本とリベラルアーツで
コミュニティを

終章では、階層格差を固定化し、社会構造を再生産すると言われている文化資本が、格差を解消する資本となることを、リベラルアーツと社会関係資本という2つのキーワードを含めて考えていきたいと思う。

1 ┃ 文化とは

　ピエール・ブルデューが広めた文化資本という用語の定義はわかったつもりでいるが、「資本」の前にさりげなくついている「文化」について、まず考えてみることにしよう。

　我々がふだん何げなく使用している「文化」とは何だろうか。拙著でも教養やリベラルアーツと関連する文化資本という用語がたびたび出てくる。文化的な生活をしている、あの人は文化的な雰囲気がする、文明が発達した国では文化人らしき人が多い、と日常的に使われている。歴史の教科書には、元禄文化・化政文化・国風文化・北山文化・桃山文化・南蛮文化といった用語が出てくる。そして我々は自然に、農村文化・商人文化・武士文化・貴族文化・山手文化・下町文化、といった用語を気にせず使っている。地名の後に文化をつけて、江戸文化・京都文化・博多文化・関西文化といった用語をいくらでも創り出している。

　しかし目にはよく見えないこの抽象的な用語を定義しようとすると、なかなかやっかいである。『日本国語大辞典』『広辞苑』『新明解国語辞典』『明鏡国語辞典』をそれぞれ引くと、辞書なのに百科事典ではないかと思われるぐらい記述量が多い。特にハンディな国語辞典にもかかわらず、『新明解国語辞典』は詳しく説明している。その中で簡潔と思われた、『日本国語大辞典』から、文化の定義（4つある）を引用しておく。

　1. 権力や刑罰を用いないで導き教えること。文徳により教化すること。
　2. 世の中が開け進んで、生活内容が高まること。

182

　　3. 自然に対して、学問・芸術・道徳・宗教など、人間の精神の働きによってつく
　　　り出され、人間生活を高めてゆく上の新しい価値を生み出してゆくもの。
　　4. 便利である、ハイカラ・モダンである、新式であるの意を表わす語。

　1は現在はほとんど使われていない文化である。2と4は、文化住宅、文化国
家、文化生活、文化的景観、文化村、文化政策といった使われかたをしてい
る。3は「Culture」と英語に訳せる内容である。たびたび出てきた文化資本
（Capital Culturel：フランス語）は3の意味で文化を使っている。念のために
英語のCultureを『ランダムハウス英和大辞典』で調べると最初に「（芸術・
学問に対する個人の）教養・洗練、人間の知的・芸術活動その成果＜産物＞、
特定の国、時代における文化・文明」と出ている。

　このようなカルチャー（Culture）の意味を明治期に日本語で表記したのが
「文化」と、とらえることができる。『日本国語大辞典』で説明されている文化
の3は、Cultureの翻訳である。またCultureには派生語Cultivate（耕す、耕
作する、栽培する）がある。これは土地を耕して、生きていくための何かを
（食糧など）作り出す行為であると解釈できる。精神的活動から何か新しいモ
ノを生み出す行為ととらえると、それは学問・芸術・宗教・道徳となってい
く。これらは知性や「教養」ととらえることができる。しかし「教養」という
用語には、実生活と懸け離れているというイメージを持っている日本人は多
い。たくさん知識を持っている「教養人」は、時間とお金を十分かけて一生懸
命勉強をした人、と周りはみなすが、暇があるから優雅だという意味が含まれ
ていることがある。汗を流してまじめに働いているビジネスパーソンとは違
う、そのように「教養人」を見なす人もいる。

　教養人は多くの知識を蓄積しているはずだが、知識が集積しただけでは文化
とはならない。文化（Culture）の意味に耕す（Cultivate）がある。このこと
から、知識と知識を結びつけ、何らかの新しい価値を創造（創出）したのが文
化ととらえることもできるのではないだろうか。そのため文化はリベラルアー
ツと親和性のある用語であると言えるだろう。

ここでイギリスの社会学者アンソニー・ギデンズの「文化」に対する考えを次に示しておく。

「社会の成員ないし社会内の諸々の集団が生み出す生活様式を指している。文化は、芸術・文学・絵画を含むが同時にもっと広いものにも及ぶ。人々の衣服の着方やさまざまな慣行、労働形態、宗教儀式など。」（『社会学』アンソニー・ギデンズ、而立書房、2004年）

　このギデンズの文化に対する文言は、ピエール・ブルデューが言う文化資本やハビトゥスとも関連性が強い内容となっている。ギデンズは「文化」を次のようにもとらえている。

　①（その地方や国などの……小宮山）文化によって、価値や規範は極端に異なる。
　②物理的環境（温帯・熱帯・寒帯・乾燥帯など……小宮山）で文化の違いがある。
　③文化は歴史の影響を受ける。

　ある自治体レベルの地域や国レベルの文化は、時代によって変化してくる。それらの地域や社会がたどってきた経済的発展や宗教の変化によって、文化は影響される。物理的環境がヨコの平面だとしたら、経済発展などによる歴史は、タテの軸ととらえることができるだろう。
　この経済発展は、科学とテクノロジーによって影響を受けることは言うまでもない。政治的及び文化的要因は、経済の発展段階に影響を受けているので、結果的に科学とテクノロジーによって文化はある程度規定されていると解釈できるのではないか。

2 ｜ 日本の文化と立居振舞

　階層及び職業を主とした大ざっぱな方法で日本の文化を4分類してみよう。

　応仁の乱以降の歴史を調べると、現在の日本の文化を知ることができる、という経済史家は多い。このことをふまえてこの節を読んでいただいたらと思う（須田努・清水克行『現代を生きる日本史』岩波現代文庫、2022年）。

①農村文化

　江戸時代の農民は全国民の約85％だったと言われている。高度経済成長が始まる昭和の中頃までは農村文化が色濃く都会にも及んでいた。

　経済史の分野では、農村地域のことを「農村共同体」と呼ぶことが多かった。各村（ムラ）の中心に神社が位置し、ヨコのつながりを密にする役目をしていた。なわばりと居場所を提供する役割も担っている。農村のコミュニティ（共同体）であるから、ムラのきまりも当然ある。

　また江戸時代の年貢は「ムラ」単位で取り立てたという特徴があった。個人の家単位で年貢を納めるのではなく、ムラの共同責任が強く求められた制度である。そのため田畑の農作業は家族だけでなく、ムラの共同作業になることが多々あった。神社を中心にした祭祀は、原則として全員参加であり、ムラで生活するにはそれなりの「つとめ」が必要であったが、それは今でも続いている地域がある。米が税金の役割をしていたので、全国各地で稲作が盛んになり、ギリギリのところまで水田をふやしていった地域が、今でも西日本中心に残っている。その代表的な水田が、千枚田と言われる棚田である。水田は水を張る作業から始める。水を入れてもすぐ漏れないように底や畦をしっかり固める（畦塗り）。そのような水田に上から水を流していく。このような千枚田は1家族ではとうてい出来ない。ムラ人達の共同作業のたまものである。お互いの信

頼関係が保てなければ維持できない文化資本が現在も健在である背景ととらえることができるだろう。

　このようなムラのための「つとめ」がしんどいと感じる人々はいたが、ムラ人は一定のセーフティネットを生まれながらに所有していることにもなる。封建制の時代の農村共同体は、家父長制のイメージが強く、否定的にみなされることが多かったが、日本のような成熟経済社会では、再び注目を浴びるようになった。ムラを維持するためには、地域の清掃も含め様々な「つとめ」がある。団結力の強弱はあるが、連帯感が大切にされ、人と人との「つながり」が再評価されている。しかしこれは時として、自分の価値観と合わなければ、排他的な行動になることもある。その地域のヨコの平面とタテの歴史的な文化との関わりも、強く影響してくるにちがいない。大都会に出て何十年もたっているのに、その生まれ育った地域の文化の立居振舞が出てしまう都会人は今でもかなりいるのではないだろうか（鳥越皓之『村の社会学』に詳しい）。

②貴族文化

　日本に貴族的な文化が存在しているのか、と訝る方も多いのではないだろうか。平安時代からある雅楽や猿楽は、現代にもその文化は受け継がれている。枕草子や源氏物語に出てくる貴族の考え方や立居振舞は、京都文化として室町時代を経て受けつがれている部分がある。ここでは立居振舞がゆったりしたように見える比較的優雅な貴族的な文化と考えていただければと思う。

　岐阜市は名古屋市から私鉄で約30分に位置する県庁所在地である。

　岐阜市の中心街から少し離れたところに、金華山があり、その頂上に山城、稲葉山城（現岐阜城）がある。この稲葉山城は、江戸城・大坂城・二条城・姫路城ほど有名ではないが、戦国時代の時代劇（大河ドラマなど）には必ず出てくる山城である。織田信長・徳川家康・豊臣秀吉を主人公としたドラマだけでなく、歴史の教科書にも出てくる。

　安土城が完成する前、織田信長は稲葉山城を居城としていた時期があり、そ

こで市での税を免除し、特権的な座を廃止し、楽市・楽座という経済政策を行った（このことは歴史の教科書に出てくる）。稲葉山の脇に水量の多い長良川があり、物流の一大拠点となっていた（長良川は今でも清流である）。

　長良川の鵜飼は約1300年程前から宗教的行事として行われていたという伝統があり、現在も観光として毎年5月から10月頃まで開催されている。また長良川の鵜匠は宮内庁の職員という身分であり、平安時代からの京都の貴族文化を引き継いでいると思われる。

　長良川の鵜飼は平安時代から京都や大坂と交流があったことを示している。さらに16世紀の楽市・楽座で全国から多くの商人や職人が集まった城下町として栄えたという歴史がある。社会学者ギデンズの文化論には、歴史のことが出てくるが、岐阜という街は、京都・近江・堺の商人の文化と、貴族の風流な自然と余暇を楽しむ遊び文化が融合したのではと思われる名残りが、少なくとも65年程前までは存在していた気がする。

　岐阜市は他の県庁所在地の市や東京・大阪・名古屋といった大都市に比べ、街全体が風光明媚といった雰囲気だ。金華山と長良川の自然の造形美だけでなく、そこに住んでいる市民の立居振舞が、何となく他の都市と違うのを、子ども心に感じていた。

　一般の市民に日本舞踊を教える教場があり、小学生でも、本格的にバレエをする男子がいた。小学校の頃、男女が遊ぶことはふつうのことであり、乱暴な男子も目にすることはない。教職員とPTAの交流がさかんで、俳句を嗜む人も学校関係者にかなりいた気がする。

　鵜飼と関連すると思われるが、岐阜市内の長良川で1957年から鵜飼の季節の8月に行われている花火大会は、今では全国屈指の大会となっている。また60年前の地方都市としては珍しい、プラネタリウムがあり、文教施設にも力を入れていた地域である。当時はリフトで登れる水道山の山頂にプラネタリウムがあったが、1984年に閉鎖し、現在は岐阜市科学館にある。

　柳ヶ瀬というこれも全国区の繁華街（現在は昔ほど人は集まっていないようだ）があり、歌謡曲の題名にもなった。長良川沿いにも京文化を想起させるよ

187

うな飲食店が今でもある。大きな工場は目立たず、京文化の薫りがする商業・観光の街という佇まいは現在も健在である。別の言葉を使うなら、武士の文化・農村の文化・ビジネスの文化・工場の機械の油のにおいが漂う工業文化ではない文化、といってもよいかもしれない。

③武士の文化

　岐阜市からJR東海道線で東に約140キロほど進むと、江戸時代までは遠江〈とおとうみ〉と呼ばれた浜松市に来る。浜松は岐阜と違い、歴史にはあまり登場しない。しかし徳川家康をテーマとした時代劇では、浜松城が度々出てくる。徳川家康が1570年から約15年間にわたり居城として、1573年の三方ヶ原の戦いでは浜松城が時代劇に時々出てくる。

　浜松城は、家康が1586年に駿府城に居城を移してから、多くの城主が入れ替わったので、地元では城主の話題は後世まで伝わっていなかった。「家康以外の城主、だれだった？」といったイメージが強い、戦国時代の城でもあった。そのため岐阜や松本などのような城下町という風情は、少なくとも60年前は全くなかったと言ってよい。多くの人は宿場町と思っていたのではないだろうか。

　その理由を私なりに推理してみた。どうも1573年の「三方ヶ原の戦い」にあるような気がする。この戦〈いくさ〉は、戦国大名最強といわれた武田信玄が上洛を目ざした時、浜松城を居城とした徳川家康と激突した場所であった。結果は家康の大敗で、命からがら浜松城に戻ったという、有名な逸話が浜松では語り継がれていた（私は小学校の社会科の授業で何回か聞いた記憶がある）。三方ヶ原の戦いは、家康にとって生涯最大の敗北の戦であったと後世に伝えられている。その敗北を忘れないために描かせたと言われている「徳川家康三方ヶ原戦役画像」という憔悴し切った表情の画像が、歴史のテキストにはよく出てくる（これが事実かどうかは現在のところ定かではない）。

　弱い家康時代の浜松城では、地元の人も盛り上がらなかったのではないだろ

188

うか。また家康自身も、浜松城への思い入れは薄く、さらに東側に位置する末広がりのシンメトリーがきれいな富士山が見える、駿河の駿府城を気に入っていたことは、駿府を大御所政治を行う拠点としたことをみても明らかであろう。また死後、日光と並び称される久能山東照宮が創建された。

　このような徳川家康にまつわる歴史によってかどうかは定かでないが、浜松城の城主の入れ替わりが相当あったことも記録に残っている。市のシンボルのひとつである岐阜城と浜松城では、戦後建てられたレプリカの城の規模を見ても明らかである。前者は金華山の頂上に聳え立つ、岐阜市街からもよく見え、夜はライトアップされる山城で、後者は車が行きかう大通りから少し離れると城の存在がわからなくなるような、小ぢんまりとした平城である。それにもかかわらず2023年5月の浜松まつりは3日・4日・5日の3日間で約250万人の観光客を集めたとも言われている。これはNHKの大河ドラマの主人公、松潤（松本潤）効果であることは言うまでもない。ちなみに、60年程前は5月1日〜5日の5日間の開催で公立小学校は臨時休校であった。教育委員会も含めた市あげての一大イベントであった。

　浜松をこのように紹介したのは、お城はあるが城下町ではない、むしろ宿場町として栄えた地域であることを再確認したかったからである。宿場町で発展したなら、岐阜市などの城下町とは違い、商人や職人はそれほど集まらなかったと推測できる。しかし60年ほど前の浜松市の人口はすでに岐阜市より多かったことがわかっている。また1960年代前後に、当時本社が浜松にあった世界で名前が知られるようになった大企業が3社存在して、お互いにしのぎを削っていた。

　ピアノなどの楽器で名が世界に知られるようになった日本楽器（ヤマハ）、世界のオートバイレースで連勝を重ねていた本田技研（ホンダ）、もうひとつは鈴木式織機からスタートしてオートバイを製造して成功した鈴木自動車工業（スズキ）である。東京と名古屋の間に位置していて、しかも大きな港が近くにない浜松で、世界に通用する大企業が3社も生まれたという事実は、産業史に残る出来事ではないかと思っている。

城下町らしくない、宿場町らしくない、商業の町でもない、しかしヤマハや
ホンダやスズキ（すべて現社名）の下請中小企業が林立しているといった風景
が1960年代には確立していた。まさに企業城下町である。四日市や川崎のよ
うに、石油や石炭を大量に使う産業ではなく、中程度の大きさの機器や道具を
製造する企業だったので、大気汚染などの公害はあまり目にしなかった（1960
年代の話だが）。

　そのような地域でどのような文化が根付いていたのかは、拙著『危機に対応
できる学力』（明石書店、2022年）に詳しいので、ここでは簡潔に述べてお
く。60年程前の浜松は、男と女の役割がまだはっきり分かれていた時代であ
った。小学生でも男子と女子が一緒に遊ぶことはまずなかった。また知ってい
ることを隠したり、陰で人の悪口を言ったりするのは「男らしくない」と思わ
れていた。ケンカはあったが1対1でするのが浜松の男の子であり、陰湿ない
じめはなかったという記憶があった。そのようなことが起こりそうになると腕
力が強そうな先輩が出てきて、仲裁（？）しているのを見たことがある。上・
下関係は、岐阜よりも相当あるな、と子ども心にも気がついていた。

　観光客を200万人近く集めると言われている、ゴールデンウイークに行われ
る「浜松まつり」は壮大で、力強いイベントであった。昼は、俗に「けんか
凧」と言われる「凧揚げ合戦」、夜は「御殿屋台引き回し」が行われ、現在ま
で続いている。前者は6帖から8帖ほどの凧を10数人で揚げて、町同士が糸を
切り合う合戦凧だ。16世紀頃、男の子の誕生を祝って大凧を揚げたと言われ
ている。まさに典型的な「男の祭り」のひとつであった。後者は80台近くの
屋台の引き回しが夕方から行われる。これも相当な数の若衆が参加する。参加
者が多くないと長時間引き回すことが不可能なほどの大きさである。これも昔
からの各町には1台あったようだ。

　浪曲によく出てくる森の石松風の荒っぽい文化が450年以上続いていた地域
なので、岐阜のような貴族的・商人的雰囲気が漂う街ではない。物理的条件の
ひとつである地勢は、三方ヶ原台地のような土地が多く、稲作に適した場所は
江戸時代から少なかったと思われる。みかん・お茶・野菜といった畑が中心の

農業であったから、浜松藩の財政はそれほど豊かではなかったはずである。昭和に入ってから東海道やJR東海道線が整備され、東京や名古屋といった人が多く集まる地域に、野菜やくだもの（一時期は高級マスクメロンの産地でもあった）などの畑作が中心であった。

　米がたくさんとれるわけでもない地域は、いろいろなことを工夫しなくてはならない。常に新しいことにチャレンジして、交通の利便性を生かし、大規模な機械産業が発達したと思われる。これを地元では「やらまいか」という方言で表現している。今までの伝統を重んじる品のよい貴族文化、商売をうまくするための人と人との交流を重んじる商人文化とは違う。成功するかどうかはやってみないとわからない、生まれてきた限りにはチャレンジしてみよう、そういうはたから見るとちょっと無茶な文化は、武士の文化と、物理的な土地の形態と、温暖な気候とがつながっているような気がしてならない。浜松は「やらまいか」精神と「浜松まつり」という勇壮な祭りの融合文化と考えてもよいだろう。

　現在の浜松は、外国人労働者が約27,000人、そのうちブラジル人が約35％を占める。他にフィリピン人やベトナム人など多文化の街として知られている。

④庶民の文化

　庶民の文化として全国に知られている場所は、第1章で取り上げた浅草文化ではないだろうか。（江戸を中心とした時の）下町文化と言い換えてもよいだろう。浅草は江戸時代に全国から自然に集まってきた、元武士・元農民・元商人・元職人さらには穢多非人といった階層の人々で構成されていた。共通しているのは故郷がもともとないか、何かの事情で故郷を捨てた、といった人々が集まってきて、下町文化というものを形成していった。浅草寺や吉原や隅田川界隈にはいまだその痕跡が残っている。この下町文化は、農村文化・武士文化・商人文化・貴族文化が融合してできた庶民文化と言ってもよいだろう。下

町の庶民文化は「来る者は拒まず」という精神が根付いている。映画『男はつらいよ』や、向田邦子や橋田壽賀子のドラマには、庶民文化の家族がよく取り上げられていた。

　庶民文化には、下町文化とは違った中間層の市民が集まっている山手文化（中間層）もある。庶民文化の定義を「農村・商人・武士・貴族など様々な文化が融合している」としているとすると、東京には下町文化と山手文化の2つがあることになる。

　ここでは戦後の高度経済成長期に、東京という大都会に移り住んだ中間層（ホワイトカラーを中心）の文化を簡単に考察してみることにする。

　東京23区の杉並区は、戦後急速に人口が増えた地域である。東京丸ノ内のような都心に出るのに30分以内で行けるロケーションのため、大企業のホワイトカラーが全国から集まってきて新興住宅街を形成していった。

　杉並区に荻窪という駅がある。大正の終わり頃中央線に乗って甲府に行った親族（当時浅草に住んでいた）に聞いた話だが、荻窪駅の周りはビルが立ち並ぶわけでもなく、雑木林が残っていて閑散としていたとのことだった。武蔵野台地の中央に位置し、自然豊かな田畑が残っていた土地に、中央線の荻窪駅が作られ、少しずつ開発されていった。昭和の初めには、井伏鱒二、与謝野晶子といった文化人や、政治家近衛文麿の別荘があったことでもよく知られている。戦後1950年代後半から急速に開発が進み、1戸建ての住宅やよくニュースで取り上げられた公団の荻窪団地が、西田町、東田町といった地域に次々と建てられていった。この町の名前の通り、1950年代以前は田や畑であったことがわかる。荻窪の駅から15分から20分は徒歩でかかるところに、急速に中間層を中心とした住宅がふえていった時期が1960年代であった。

　高学歴を中心とした労働者が、各地方（県）から、東京に職を求めて集まってきたり、東京に転勤になりそのまま移住したりして、最初は中野区や杉並区や練馬区の新住民がふえていった。

　地方から来て、故郷より高い地価の土地や住宅（マンション含め）を杉並区の荻窪あたりに購入できる層は限られていたであろう。農村地帯で土地を江戸

時代から受けついでいる地主の子孫、中小企業で成功した家族の子ども、親族に援助してもらい大学まで行った若者、彼ら彼女らはそこそこの学歴を獲得して、高賃金の安定した大企業に就職できる確率は高かった。またそのような企業は東京に本社があることが多いので、自然に中間管理職のホワイトカラーが東京近郊に集まってくる。1960年代は先程述べた23区内、1970年代以降は多摩地区へ中間層の家族が広がっていった。そのひとつが多摩ニュータウンと言えるだろう。

北は北海道から南は九州・沖縄まで、実に多くの地方から中間層の人々が集まる場は、各地の文化の集積場のようになっている。1960年代はNHKなどのテレビやラジオを、全国でみたり聴いたりすることができる時代になっていた。そのため各地方から来た家族の子どもは、生まれた土地の方言はクラス内ではほとんど聞かなかった。たとえ青森や九州から来た中学生でも、ほぼ標準語を話す。しかし友人などの話から、かなりの人が地方出身で盆暮には「いなかに帰る」といった話を聞いた。墓参りで故郷の話をする友人もいた。

そこそこの経済資本を手に全国各地の文化を背負って集まってきた人々は、新しい土地で力強く生きていくために、ボロを出さないといった賢い行動をしていたように思う。

荻窪駅から歩いて20分ほどのところに、戦後設立されたS中学校があった。M小学校とN小学校の卒業生が入学してくる。それ以外に近県から越境入学してくる生徒がクラスに2、3人はいる、といった中学校であった。M小学校は荻窪駅からそれほど遠くないところにあり、主に駅周辺の商店街や戦後まもなく移り住んでいた、非サラリーマンの子どもが多くいたようだ。旧住民といっても戦後荻窪に来た人が主で、戦前からというのは少数派だと思われる。人が集まり出したという歴史は浅いので当然かもしれない。

一方N小学校は、少し前までは田・畑であったところに設立されていた。多くの在校生は地方から来た新住民であり、ほとんどが教育熱心な家庭だったと思われる。大企業の管理職や銀行の支店長クラスの労働者でないと、当時（1960年代）でも、杉並区内で住宅を手に入れることは難しかった。当然高学歴を手に入れることを希望する親子は地方都市は言うまでもなく、都内の下町

の住民よりも多かったはずである。

　S中学には、地方でそこそこの生活ができていた人々の子どもが集まっていた空間でもあった。経済資本に恵まれた地方のちょっとした名士の家族で、日本の大都会の文化的薫りを肯定的に考えていた階層の人々は、当然のごとく高学歴獲得競争に参加する。当時の難関大学に大量の合格者を出している、超進学校は、東京の場合日比谷・西・戸山・新宿といった都立高校であった。S中学は西校レベルの高校に毎年30～40人合格者を出す公立中学で、教育熱心な家族には人気があった。先程述べたように都立の進学校に行くために単身（たぶん親族の家などから通学していた）地方から出て来た中学生も在籍していた。

　当時の日比谷・西といった都立を受ける中3生は、私立の開成や早慶の付属校を滑り止めにしていた。ただし東京教育大学附属駒場（教駒）だけは別格で、日比谷・西に受かった中学生の多くは教駒に行ったようだ。中堅の都立の受験生は私立の海城・城北・巣鴨などをかけもちで受け、たいがいは都立高校へ進学した時代であった。そのため都立の進学校に多くの卒業生を送り出す公立の中学（千代田区の麴町中学、杉並区の神明中学など）に全国から秀才が集まってきたが、そのことを知る人は少なくなってきた。

　ここでなぜ杉並区の荻窪界隈のローカルな話を持ち出したのかを、少し説明したいと思う。

　当時のS中学の周りには、結果的に教育に熱心な家族が住んでいただけでなく、高学歴を得るために都立の進学校を選択するという地方の秀才がいた。これは単に象徴的な学歴を得るためでなく、学ぶことに価値を置くという文化に、多くの市民が注目し始めたからである。このような動きが出てきたのは、高度経済成長期（1950年代終わり～1970年代初め）の頃からだというのが、教育界では定説になっている。

　杉並区は教育熱心な中間層がふえ、進学のための勉強に力を入れる公立中学もあった。この地域は、明治の頃から住んでいたという住民は少ない。戦後に地方を何らかの理由で離れた家族で、経済資本がそこそこあり、学びに関した

文化資本も豊富に所有していたのではないか。各県特有の文化が持ち込まれた地域では、ムラの自慢や故郷の話をするのは御法度で、よほど近しい人でない限りプライベートなことは話さない。たとえ近隣に住んでいても、よく知らない人には自分の出身地は言わない。相手より知られていない地名であることが判明すると、マウントをとられたような気がするので、できるだけそのような機会は減らす。故郷ではお互いの家族や近隣のことを知っていて安心感はあったが、いつもコミュニティの「おつとめ」をするのはきつい、と思っていた人もいたはずだ。そのような都会の文化と地方のコミュニティの文化の両方を経験している人々が住んでいた住宅街と言ってもよいだろう。

　故郷を離れた人が集まる大都会では、お互いを詮索するようなことは避ける。それが都会の文化人が生きていく上での知恵となったのではないか。都会では税金を使った公共の施設が整っていることが多いので、特別にコミュニティを作らなくても、そこそこのセーフティネットは生まれ故郷よりも充実している地域もある。このような、お互いあまり深入りしない文化が育っていくと、子育てや教育が競争になる可能性が高くなるのではないか。しかし、東日本大震災級の災害が起きたら、都会のセーフティネットは頼りにならないとも言われている。

　ムラ時代の「おつとめ」はわずらわしいが、お互いをよく知るイベントでもある。ふだんから人脈を作っているようなものではないだろうか。都会ではそのような機会が減るので、孤立化していく家族が社会問題にもなってきている。孤立化していく孤独な人間は、見栄を張ったり、マウントをとることに喜びを感じ、熱心になる傾向がある（第2章「2 小説の神様・滋賀直哉とリベラルアーツ」に詳しい）。これは日本よりもアメリカの方が一足先に注目された現象である。

　1960年代の杉並区の教育熱心な地域で、このような雰囲気を中学生ながら何となく感じていた。なぜ私が感じたかと言えば、浜松の武士的な文化や岐阜の貴族的な文化を知っていたからだと思われる。岐阜市や浜松市では中心街の地域や学校でも、横のつながりがかなりあった。子ども会では地域の青年や世話役の大人が、映画会やバスなどでのミニ旅行なども行っていた。また学校の

PTAは地元の人達との交流も活発であった。しかし同じ時代にもかかわらず、物理的な文化的な経済的な条件が異なる杉並区の荻窪地域は、すでにそのような「つながり」は全くなかったという記憶がある。リースマンの『何のための豊かさ』『孤独な群衆』（みすず書房、1968年、1964年）、さらにはパットナムの『孤独なボウリング』（柏書房、2006年）の世界のような中間層が住居している地域であった。文化資本という視点からみると、当時の杉並区の荻窪地域は、様々な文化が集まっていたことがわかる。

　ここで岐阜市・浜松市・杉並区の街の雰囲気をお伝えしたのは、地域によって「文化資本」がかなり異なっている。そしてそこから醸し出す立居振舞もそれぞれ個性があったからだ。ブルデューが広めた「文化資本」やハビトゥスを理解しやすい実例として、紹介した（岐阜市や浜松市の横のつながりは1960年代のことであり、現在は定かではない）。

3 ｜ 文化資本とは

　文化資本をあらためてフランス語で表示すると「Capital Culturel」となる。Culturelは「文化」でCapitalは「資本」である。先程示したように、文化を意味する範囲はとても広い。広すぎて学問的な定義が難しい用語であることが、様々な辞典や百科事典を検索すると判明してくる。社会学者の定義も論者によって多様化しているのではないかと感じている。

　第1章で少し触れたが、ここでは日本の文化のことを加味して、文化資本とは何かを検証してみることにしよう。

①文化資本の辞典的定義

　「文化資本」という用語は、市販されている現在の一般の辞典では、私の知る限り広辞苑にのみ出ている。社会学系の辞典にはほぼ出ているが、ピエー

ル・ブルデューが広めたことばとなっている。『広辞苑』には「言葉遣い・振舞い方・知識・学歴・資格など個人が身につけていく文化的な特性。上層階級出身者の方が獲得しやすい」と解説されている。

②ピエール・ブルデューの文化資本

ピエール・ブルデューの『再生産』を翻訳した宮島喬が編集した『岩波小辞典社会学』（2003年）では、次のような解説がなされている。

「学校教育、職業生活、社交などの活動の場において個人または集団の有する文化的有利さの可能性の大小をいう。＜言語資本＞＜芸術資本＞＜学校的資本＞＜社会関係資本＞などの用語の上位概念。」（小宮山が簡略化している）

「文化的有利さの可能性の大小」とあるが、これは他の人との差異化（Distinction：ディスタンクシオン）を示すために使われる文化資本（立居振舞や学歴）と考えることができる。ディスタンクシオンは英語ではDistinctionと表し、差別・相違・差異・名声・特質などの訳があてられている。

文化資本の定義は「広い意味での文化に関わる有形・無形の所有物の総体を指す」となっていて、それは具体的に3つに分類されていた。

A：身体化された文化資本：家庭環境や学校教育を通して各個人のうちに蓄積されたもろもろの知識・教養・技能・趣味・感性など。これに地域社会の交流・教育も拙著では加える。

B：客体化された文化資本：書物・絵画・道具・機械のように物資としての所有可能な文化的財物。これにCDやIT機器も拙著では加える。

C：制度化された文化資本：学校制度やさまざまな試験によって賦与された学歴・資格など。公的・私的を問わずの資格。

（『ディスタンクシオンⅠ』（藤原書店、1990年）を参考にまとめた）

文化資本は、文化的再生産のメカニズムを説明する道具のひとつと考えても
よいだろう。文化的再生産とは、階層の再生産ととらえると、階層が固定化し
た格差ある社会を再生産していると、とらえることが可能である。しかし格差
ある社会をそのままにしておくと、分断化した社会へと進み議会制民主主義が
成立しにくくなることは明らかであろう。

③文化資本を再考する

　本来の意味の文化資本は、他の人との差異化（差別）を示す道具のひとつと
考えられている。今風に言うなら「マウントをとる」ための文化資本と言って
もよいかもしれない。その差異化は学校文化を通過して階級社会の再生産につ
ながっていく。ではその文化資本となる文化に、優劣の差はあるのだろうか。
　前節で日本にも様々な文化が発生し根付いていることを具体的に示したが、
その文化の良い悪いという評価を下すことは不可能であることは明白であろ
う。農村文化は閉鎖的で武士文化は力勝負のようでやぼったい、貴族文化は上
品だが生きる力は弱い、そういう先入観は、その時代の社会の状況を説明でき
るが、文化そのものが上級か庶民的かという判断はできない。
　江戸時代以前から日本にあった楽器に三味線と琴がある。16世紀頃日本に
入ってきた三味線は、江戸時代の初期は上流階級が嗜むものであったが、中頃
から民謡とともに地方に広まるにつれて庶民階級が気軽に手にする楽器となっ
た。一方琴は平安時代から貴族が嗜む楽器のひとつと言われ、上流階級の重要
な教養ととらえられていた。江戸時代以降もその流れは変わらず、明治・大
正・昭和の初期の文学作品には、上品な女性が琴を奏でる描写が時折出てく
る。
　この三味線と琴の文化が表す又はイメージする階層や階級は、時代によって
違ってくるだけでなく、封建制社会、資本主義社会、社会主義社会、といった
政治経済体制によっても違うことが推測できる。熱帯・温帯・寒帯といった地
理的気候の違いでも、文化に対する評価が異なってくることは、世界各国の民

族や歴史をみれば明らかであろう。

　ブルデューの『ディスタンクシオンⅠ・Ⅱ』（前掲）には、1960年代のフランス人の文化のことが詳しく分析されている。シャンソンのような軽音楽は職人・商人・事務労働者といった庶民階級に高い支持率（約50％）を得ているが、管理職・上級技術者・大学教授といった中間階級の支持率は10％弱である。クラシック音楽では、職人・商人・事務労働者は18％前後であるが、新興プチブル・管理職・大学教授は50〜70％弱である。

　これらの資料から、フランス人が好む音楽は庶民階級と中間階級・上流階級とでは、かなり異なっていることがわかる。まさに差異化（ディスタンクシオン）を示す（フランスの）文化資本である。ただしこれは庶民階級と中間階級・上流階級を固定化して、文化と階級の再生産を証明しているにすぎない。このような文化資本が学校教育の文化を通して再生産していることを明らかにするための道具が、文化資本と言ってもよいだろう。シャンソンのような軽音楽はクラシック音楽よりも、音楽の質として良いか悪いかを論じているのではない。シャンソンのような軽音楽を聞くのを止めて、クラシックの音楽会に行けば、上流階級の雰囲気は味わえる。しかし、上流階級に追いつけるかと言えば、それは定かではない。ブルデューもそのことは重々承知の上で文化資本を使い、世に広めたと思われる。

　三味線と琴の歴史を見ても同じようなことが言えるのではないか。三味線は最初は上流階級が嗜む道具であったが、多くの人々が使うことによって大衆化していったと考えられる。一方宮廷や貴族文化に好まれた琴は、その大きさや型から、ふつうの人が気軽に使える道具ではない。持ち運びが不便で三味線よりも琴の製作費は高くなることもあり、一般庶民には広まっていかなかったと思われる。では、人の気持ちがはずんでくるような三味線の曲や音と、何となくゆったりした優雅な琴の曲や音色の違いは何か、どちらが文化的に優れているのかの判断は、だれにもできないのではないだろうか。ここで日本の三味線と琴、フランスのシャンソンとクラシックの文化資本を対比して論じたのは、ある階級を維持する、そこに到達しようという一部の市民は、教養としてのク

ラシック文化を身につけようと勘違いをすることがあるからだ。一昔前の日本の女性なら「琴を習うのがステイタス」と考えていた階層の家庭があったが、これは差異化には役立つかもしれないが、はたして生きていくために役に立つ文化資本であるかどうかは、はなはだ疑わしい。当然、軽音楽とクラシック音楽が混在した文化もある。文化的オムニボア（雑食性）と言ってもよい（片岡栄美「文化的オムニボアとハビトゥス、文化資本」）。

④新しい文化資本の考え方

　文化（Culturel）に資本（Capital）がつく限り、資本に関した文化ととらえることができる。では資本とは何であろうか。再び『広辞苑』を引いてみると次のような解説があった。

　1. もとで。事業の成立・保持に要する基金。営業の資金。
　2. 生産の三要素（土地・資本・労働）の一つ。新たな営利のために使用する過去の労働の生産物。（傍点は小宮山）

　1の解説は、我々がふだん使っている資本のことである。2は経済学用語（特にマルクス経済学）であり、ブルデューは2の用法を頭に描いて文化資本と名付けた可能性が高い。
　文化と階級を再生産する重要な用語が「文化資本」であると考えると、これは「過去の労働すなわち勉強をして」得た文化であり、それを活用して新たな経済資本（営利）を手にする文化とみなすことが可能となる。文化＝教養と単純にとらえていると、文化資本は何かの（個人）に役立つ文化であることがわかりづらくなる。利益を生む文化であると定義すると、すっきりするのではないか。このように文化資本を解釈すると、この文化によって経済資本をふやし、生活に役立ち、精神を安定させる、という役割を担っているととらえることができるのではないだろうか。そのため拙著では、単なる知識の集積で物知

りを思わせるような場合は「教養」という用語を使っている。

　階級社会の再生産は、文化資本・社会関係資本・経済資本の3つの要素によってなされるが、各資本は個人と公共の2つに分けることができる。具体的には個人の再生産、階級の再生産、社会の再生産の3つの再生産がある。

　また経済資本には、個人だけでなく『社会的共通資本』（宇沢弘文、岩波新書、2000年）がある。ゆたかな生活、すぐれた文化、人間的に魅力ある社会を安定的に維持する社会的装置が必要であることは、20年も前から指摘されていた。いま持続可能な社会が教育界・経済界で話題になっているが、そのキーワードは、いかに環境を考えたセーフティネットを構築するかではないだろうか。それを実現するには「共通資本」という概念は重要である。ここでは文化資本と社会関係資本の公共性を取り上げたいと思う。

⑤社会共通文化資本

　我々が文化資本を考える時、まず最初に、個人の立居振舞や所有物を思い浮かべる。しかしここでは、個人の文化資本の相互のやりとりを考えてみたい。家庭や学校、さらには地域社会から何らかの文化を手に入れたとしよう。この場合は知識とほぼ同様とみなす。

　受験のことを考えると、子どもや親が受験勉強で得た知識や情報を独占しようとすることがある。格差ある社会が進み分断化してくると、競争相手に知られたくない、知識は独占したい、と思う市民がふえてくるかもしれない。ふえなくても、学校や塾などで手に入れた知識・情報・文化を、他の人と共有するという行為は、教育関係者がプッシュしなければ、積極的には行わないであろう。しかし、グループディスカッションやアクティブ・ラーニングのような双方向性のやりとりの授業がふえると、ひとつの課題を「共有」するという発想になるだろう。

　このような授業は、内発的動機づけの学びが中心であることは明白である。強いて勉める勉強は知識の量をふやす、という観点から、全面的に否定はでき

ない。しかし外発的動機づけの勉強を小学校から高校まで続け、そして選挙権を得た市民（公民）になった時、今までかなりの経済資本を投下して得た文化資本を、そうやすやすと他の市民に移譲するであろうか。内発的か外発的かで、手にした文化資本を共有するか独占したがるかが分かれるのではないか。

　2週間後に数学と英語の試験があるとする。A君は数学が苦手だが英語が得意、Bさんは数学はいつも満点近いが英語は半分ぐらいしかとれない中学生である。A君とBさんが学校などで、自分の持っている知識を交換したらどうなるであろうか。「英文の読み方のコツや英文法」の知識をA君はBさんに伝えようとする。他の人に伝えるには、自分がマスターした以上に工夫しなくては、相手はよくわかってくれない。逆にBさんがA君がわからない数学の証明問題を教えようとした場合、やはり自分で解く以上に慎重に解きほぐしていかなくてはならない。これはA君とBさんがお互いに知識を無償で交換していることになる。これはお互いの文化を「共有」していることになる。そして入学試験などでその文化（知識）が役立てば、それは文化資本とみてよい。共有することで、1人で学んでいる時よりも、その内容がしっかりと身体の中に入っていき、A君・Bさん共有の文化資本となっていく。まさに、win win（ウィン・ウィン）である。

　ブルデューが定義した文化資本は3つあったが、そのうちのAの身体化された文化資本は、内的動機づけの学びと共同学習によって無償で共有化される。Bの客体化された文化資本は、所有物をお互い交換したり共同利用したりして共有化される。しかしCの制度化された文化資本のみ共有化は難しい。

　個人が公共の施設などを利用して文化資本を手に入れることも、文化資本の共有化ととらえることができるのではないか。公共の施設には、自治体の図書館（学校の図書館も含める）、博物館、植物園、美術館、動物園、生涯学習センター、スポーツセンター、運動広場、その他教育施設などがある。個人及び団体の市民が公共施設を利用して、何らかの知識を得ることができれば、それは文化資本に転化することがある。

　もし個人の文化資本が脆弱なら、公共施設を使ったり、友人同士で文化資本

の相互乗り入れをすることによって、経済資本に頼らなくても文化資本を蓄積していくことができる。「親ガチャ」という運命論的な考えに流されることなく、税金で作られている公共施設（社会的共通資本といってもよい）をいかに上手に利用するかが、格差ある社会を緩和するためにも重要である。文化資本が他より多くない家庭では、そして経済資本がたとえ少なくても、学校教育・公共施設・個人間のつながりなどを活用していけば、少ない部分の穴埋めが可能となるのではないか。このような文化資本を、「社会共通文化資本」と名付けたいと思う。

　分断化しつつある社会であるからこそ、フランスの階級社会を再生産している要素のひとつと考えられている文化資本を活用することを、学校教育だけでなく成人の学習という広い範囲で考えていくことが求められている。

　文化資本の差異化（ディスタンクシオン）は、フランスと日本では異なっていることは容易に推測できる。片岡栄美は文化的雑食性をキーワードに、文化資本の相互交流を詳細に分析している（片岡栄美「文化的オムニボアとハビトゥス、文化資本」）。

4 ┃ 社会関係資本とは

　文化資本は運命論的な用語と思っている市民と、文化資本を充実させて子どもの学力向上を狙っている市民（親）とがいる。ここでは文化資本をふやすと思われている、社会関係資本について検討してみよう。

①ピエール・ブルデューの社会関係資本

　社会関係資本（Social Capital）という用語を教育関係者にまで広めたのはブルデューと言えるだろう。一般の社会人が手に入れることが可能な辞典を調べてみることにしよう。私が調べた限りでは、最新版の『広辞苑』のみに掲載

されていた。同じ『広辞苑』でも旧版には見当たらなかった。「人々の間の信頼関係や、地域社会におけるつながりのこと。生産性の向上や経済発展に寄与するとされることからいう」と『広辞苑』には出ている。文化資本と同様、何らかの役に立つ、利益になる、という意味が含まれていると推測できる。

　ブルデューの『ディスタンクシオンⅠ』（前掲）の解説にはもう少し具体的に次のようになっている。

　「さまざまな集団に属することによって得られる人間関係の総体。家族、友人、上
　司、同僚、先輩、同窓生、仕事上の知人などいろいろあるが、そのつながりによ
　って何らかの利益が得られる場合に用いられる概念で、いわゆる＜人脈＞に近
　い。」

　ここでははっきり「利益が得られる」となっている（この解説は翻訳者石井洋二郎である。先程の文化資本の定義も同様）。ブルデューは社会関係資本を個人に属するととらえているため、「利益」という用語が出てくるものと思われる。それを武器として差異化（ディスタンクシオン）をはかり、今風の言葉なら「マウントをとる」ための資本となるのかもしれない。この社会関係資本は階級社会を再生産する基本的な要素のひとつとも考えられている。階級社会を、格差ある社会を再生産する、または各階級の差異化の道具、という観点が重視されている。

②コールマンの社会関係資本

　ジェームズ・コールマン（1926～1995年）はアメリカの社会学者で、社会関係資本の研究者として知られている。彼の社会関係資本の定義は多岐にわたっている。「家族関係やコミュニティ社会組織に内在する一連の資源であり、子どもや若者の認知的ないし社会的発達にとって有用な一連の資源である」としている。また教育との深い関連を想定して次のようにも述べている。

「子どもの成長にとって価値ある規範・社会的ネットワーク、そして大人と子ども
　の関係性である社会関係資本は、家族内だけではなく、家族の外、コミュニティ
　にも存在している。」

　このようなコールマンの見解を読むと、日本の農村共同体のコミュニティを
思い出す方もいるのではないだろうか。大都会に人口が集中し、孤独な群衆
（リースマン）になりがちな、現代の分断化されつつある市民社会に欠けてい
るものを見出そうとしているのがわかる内容である。ブルデューは社会関係資
本を、格差ある社会を再生産すると考えたが、コールマンは逆に格差を縮める
道具のひとつととらえている。「社会関係資本は単に特権階級のみが持つ道具
ではない。社会的不利益層の集団にとっても資産（資本……小宮山）となる」
と、コールマンは認識していた。社会的なセーフティネットワークのひとつに
なると考えていたようだ。
　私が何回か文化資本の相互のやりとりを述べたが、これはコールマンの発想
と似ているところがある。

③パットナムの社会関係資本

　『孤独なボウリング』の著者として知られている、アメリカの政治学者ロバ
ート・パットナムの社会関係資本の定義は次のようになっている。

「ネットワーク、規範、信頼など、社会生活の特徴を意味し、共有された目的を追
　求するために、参加者がより効果的に行動することを可能にするものである。」

　パットナムは主に2つの基本形態を示している。

社会関係資本 ⎰ Ⅰ 結束型（排他的）… 排他的アイデンティティ
　　　　　　　⎱　　　　　　　　　　　 同質性。具体的には、肉
　　　　　　　　　　　　　　　　　　　 親、親友、隣人など類似
　　　　　　　　　　　　　　　　　　　 した境遇にある人々のあ
　　　　　　　　　　　　　　　　　　　 いだの紐帯を表す。

　　　　　　　　Ⅱ橋渡し型　………… 多様な背景を持つ人々
　　　　　　　　（包摂的）　　　　　　 を結びつける。具体的
　　　　　　　　　　　　　　　　　　　 には、緩やかな友人関
　　　　　　　　　　　　　　　　　　　 係や仕事仲間など、距
　　　　　　　　　　　　　　　　　　　 離の離れた同種の人々
　　　　　　　　　　　　　　　　　　　 の紐帯を含む。

＜パットナムはもう1つの型も提唱している。＞

　　　　　　　　Ⅲ連結型　　………… 完全にコミュニティの外
　　　　　　　　　　　　　　　　　　　 にいるような、異なる状
　　　　　　　　　　　　　　　　　　　 況にある異質な人々を結
　　　　　　　　　　　　　　　　　　　 びつけ、コミュニティ内
　　　　　　　　　　　　　　　　　　　 で利用可能な範囲よりも
　　　　　　　　　　　　　　　　　　　 はるかに広域の資源を活
　　　　　　　　　　　　　　　　　　　 用可能にするもの。

5 ｜ これからの社会関係資本とつながり

　前節の社会関係資本は、ジョン・フィールド『社会関係資本』（前掲）を参
考にしてまとめた。これを基にして日本の社会関係資本について考えてみるこ
とにしよう。

　日本の場合も社会関係資本は、文化資本・経済資本・リベラルアーツ・学校
教育との関連が密であることは明らかである。

　Ⅰの結束型社会関係資本は、第1章で詳しく具体例を示した、江戸時代から

の農村共同体と類似性が強いことがわかる。水利や田植えといった農作業を共同ですることによって生産量がふえることを、ほとんどの農民が経験で知っていた。しかもそこでは「つとめ」のようなムラの仕事をしなくてはいけないという、わずらわしさはあったが、セーフティネットの役割を担っていたことも事実であろう。社会関係資本がある種の「資本」となるのは、相互扶助といった行為と信頼であったと思われる。

　日本の場合は特に家族（一族）の結束が強かったと言われている（西日本よりも東北の家族の方が結束力はより強かった（拙著『危機に対応できる学力』前掲）。東北型農村の「同族結合」と呼ばれているものと、ほぼ同じと考えてよいだろう。また神社を中心に横の結束も強い地域では、知らない人がずかずかとコミュニティに入ってくると排除することがあった。心の安定にもなる人と人とのつながり、連帯の強さというメリットと同時に、他の文化資本はなかなか取り入れることができないというデメリットの両面性があることは、明らかであろう。

　若者の認知的発達における家族の役割を強調していたコールマンの社会関係資本の論理が、日本に受け入れられやすいのは、農村の共同体の文化資本をみれば容易に推測できる。

　Ⅱの橋渡し型の社会関係資本は、江戸時代に成立した「日本橋の文化」と「浅草の文化」を思い起こせば、その意味がすぐわかってくるのではないだろうか。このことは第1章で詳しく紹介した通りである。これは日本なら、西南型農村の「構組結合」に相当する。

　日本の場合は戦後の高度経済成長期に、労働者が大都会に集中してきたが、その中で社会的に成功した中間層の市民が集まる新興住宅街は、やはり多様な文化資本を背景とした独特な地域社会を形成していた。このような地域はⅡとⅢの中間のような社会関係資本となると思われる。

　Ⅲの連結型社会関係資本は、つながりが一番弱い型である。コミュニティ外という状況は、多摩ニュータウンのような大きな住宅街のコミュニティと似ているところがある。自治会や理事会はあるが、Ⅰの結束型には程遠く、Ⅱの橋

渡し型のような、人々の一定のつながりがあるような関係でもない。住んでいる市民の出身地はほとんどが地方であり、職業も多様化している。さらに同じニュータウン内でも、経済資本が比較的豊かな地域と、非正規労働者が多く集まる節約しながら生活している地域が混在している。このような市民を結びつけるには、自治体などが、共同で利用できる生涯学習センター、文化センター、図書館、スポーツ施設（テニスコート・運動場・体育館）といった公共施設（広域の資源と言ってもよい）を設立する必要がある。それらを利用することで、ゆるい連結型の社会関係資本を構築し、それが結果的にセーフティネットの役割をしていることになる。自治体では、災害時のことを考えて、自治会などを活用して何らかのコミュニティを作る動きが、2011年3月11日の東日本大震災後、少しずつ広まってきている。

　Ⅰ、Ⅱ、Ⅲの社会関係資本の具体的な状況を調べていくと、社会階層の低い文化資本の脆弱性をカバーする役割が期待できることがわかってくる。さらに一歩進めて考えれば、学校文化や自治体の公共施設などを活用して、社会関係資本を充実させていけば、文化資本の量や質の差をある程度縮めることが可能であることは容易に推測できる。

　社会学などでは、経済資本と文化資本が充実していると、社会関係資本も同様に豊富であるという定式が一般的には成立する。しかし逆も成立することは意外と知られていない。すなわち、人との交流をためらわず社会関係資本を意識してふやしていけば、文化資本もふえていくことになる。しかも社会関係資本を築きながらチャンスを見逃さないで、経済資本をふやすことも可能となる。日本は「ゼロサム社会＊」に近づいていることには変わりないが、お互いを認め合いながらの交流は、排他的な発想を軽減するのではないだろうか。

　社会学的見地から、超富裕層と超貧困層は、排他的なネットワークを保有する傾向がわかってきている。アメリカの大都市の富裕層と貧困層が住む街がほぼ完全に住み分けられているという報告・報道をよく見たり聞いたりする。こ

＊　ゼロサム社会とは、経済成長が停止して、ある人の取り分がふえると他の人の取り分が小さくなるような社会を指す（L・C・サローのことば）。

れが分断化した社会の象徴的な街の構図だが、国や地方の自治体が何らかの公共施設を充実させることにより、社会関係資本が文化資本の質や量を均等化することにつながっていく。そういう営みで生活を豊かにするような文化資本が貧困層にもふえてくるのではないか。

　セーフティネットが弱い地域で所得格差（経済格差）があれば、格差ある社会だと多くの市民は思うようになる。さらに資産格差にまで波及すると、相当な市民が分断化した社会であると感じてくる。このような社会では、2016年以降のアメリカを見ていると、お互いの信頼の水準が低いことが推測できる（前掲『社会関係資本』）。

　格差ある社会で、リーダーシップをとらなくてはいけない政治家が、国会や国民の前で不誠実な発言を続ければ、それが法に触れるかどうかよりも、政治家さらには政治に対する不信感が増幅する。直接的な法に触れる行動だけでなく、選挙にあえて行かない（がっかりした）市民がふえてくるだろう。その時、少ない国民の支持率の政治家集団がさらにエスカレートする可能性は否定できない。分断化した社会の亀裂が拡大して、最終的には議会制民主主義が成立しなくなってしまう。知らないうちに独裁国家の入口に立っていることになってしまうこともありえる。

　このような生産的でもない民主的でもない社会の構造は、指導的立場の中間層・富裕層にはプラスになる結果を、その他の大多数の庶民階級にはマイナスの結果をもたらすと、警鐘をならしている知識人もいる。

6 ┃ リベラルアーツで分断化した社会を修復する

①経済資本と文化資本の違い

　経済資本には、貨幣・国債・株式・不動産などがあるが、ここでは貨幣（G）のこととする。市民Ｘさんがある商品Ａを売り商品Ｂを買うという流れ

を図式化すると次のようになる。

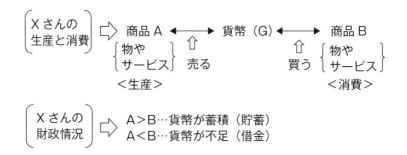

　Xさんが商品Aを生産し、それを売ってGを得、そのGで気に入った商品B
を買って消費する。売るための商品Aは物・サービス・労働力などである。
労働力の価値は学校文化と家庭の文化資本に左右されることは意外と知られて
いない。小・中・高でしっかり学び労働力の質を高めれば一般的には賃金が高
くなる、さらに大学卒という学歴を手にすれば、日本では労働力の価値が上が
る可能性が高い。物やサービスという商品も付加価値をつけて売れば、より多
くのG（貨幣）をゲットできる。そのような付加価値が高い商品やサービスを
売るには、一定の文化資本をXさんが身につけていなくてはならない。

　商品Bは、生活必需品から奢侈品まで、ピンからキリまであるが、その購入
金額はXさんが持っているGの量に左右される。商品Aが商品Bより多く（高
く）売れたなら、Gの貯蓄は増えるが逆なら減少し、ついには借金をすること
になる。商品Bが際限なくふえるとXさんは破綻する。そうならないための消
費者教育が必要になってくるが、これも文化資本の質や量に左右されることは
明らかであろう。

　このように経済資本が関係する営み（生産と消費）を単純化すると、Gを媒
介とした商品Aと商品Bの交換であり、原則として有償であるという「交換活
動」である（第6章の「貨幣の循環図」を参照）。すなわち消費は有償であり
ボランティアは消費ではない。一定の生産者をサポートするふるさと納税のよ
うな「応援消費」はあるが、それもGを媒介として成り立っている。

　では文化資本の場合はどうであろうか。YさんとZさんの文化資本Cと文化資本Dのやりとりを想定してみよう。この場合YさんやZさんは個人だけではなく企業・NPOといった組織の場合もある。

　　Yさん（文化資本C）　←→　Zさん（文化資本D）

　これも経済資本と同様に交換活動のひとつである。金銭（G）が発生するのは、民間教育機関（塾・スポーツクラブなど）などで、学校やNPOなどの組織や地域の自主的な勉強会では原則として金銭（G）の動きはない。ボランティアの場合もある。

　文化資本はそれを所有している人にとっては「資本」であるが、交換する時は必ずしもG（貨幣）が必要とは限らない。このような経済資本と文化資本の決定的な違いを知っていると、文化資本の量や質を均等化するのは、経済資本よりもやりやすいことがわかる。経済資本の均等化は社会主義社会で実現しようとしたが、それは1991年に計画経済社会は失敗に終わったことを我々は記憶している。

②知識と文化資本

　知識と文化と文化資本については第1章で詳しく論じたが、社会関係資本とリベラルアーツの関連をふまえて、再確認したいと思う。

　幼少期は主に家庭と幼稚園・保育園といった場所で、経験をつみながら知識をふやしていく。小学校から高校までは主に学校で教科書を使用して、世の中のしくみや自然などについて、ほとんどの子どもは12年間学ぶことになっている（義務教育期間は9年だが、高校進学率は約98％になっているので）。第4章で述べたように、日本で生きていくための知識を全市民が獲得してほしいと願って、小学校の教育は行われている。生活に必要な知識のライフラインと言ってもよいだろう。

次の中学での学びは、第5章、第6章、第7章、第8章で詳しく調べてみた通り、かなり奥が深い内容である。学校を卒業した社会人が中学の教科書を読んでいくと、新しい発見をすることが多い。4年制の大学を出ている方でも、「こんなこと習ったかな？」と思わず口に出してしまう項目もある。社会人になってから、これを知っていると、生活する時や仕事をしている時に役立つな、と思う記述に必ず出会うはずである。高校の教科書になると専門的になり文学系・社会科学系と自然科学系とに分かれた授業をしているところもある。この高校の教科書を、平均的な日本人のリベラルアーツとすると、一部の階層の市民だけの知識という特権的な用語になってしまう。より多くの市民のリベラルアーツを考えるなら、中学の教科書が最適ではないかと思う。

　日本人の生活の質を高めるミニマム（最小限）のリベラルアーツのもとになる知識や文化は中学での学びであることは、第5章から第8章をていねいに読むと、納得していただけるのではないだろうか。各教科で学んだ知識は、それぞれの知識を結びつけ（教科横断型の学び）「知恵」として、文化となって知らないうちに身体に入り込んでくる。この文化がなければ、文化資本という概念も成立しないのは言うまでもないだろう。

③文化資本と社会関係資本

　家庭の経済資本の量と文化資本の量には相関関係があることがわかっている。また学校と親和的な文化資本も学力や学歴と相関関係があることもわかってきている。これが格差ある社会や分断化する社会へとつながっていく。どこかでこの悪の連鎖を断ち切らなくてはならない。そのひとつが様々な情報や知識を市民に提供する公共施設で得る（社会）共通文化資本である。

　社会関係資本の有用性を挙げると次のようになる（『ソーシャル・キャピタルからみた人間関係』稲葉陽二編著、日本評論社、2021年）。

（ア）市民の教育力や健康を増幅して安定した地域社会をつくる。

（イ）災害時の対応能力・水準が向上し、結果的に被害を少なくする。

（ウ）社会システムの経済の効率化が進み、安心してその地域で生活できる。

　これは経済学者宇沢弘文が提唱した『社会的共通資本』（前掲）との親和性が強いことが推測できる。社会関係資本を仮に「人脈」とすると、セーフティネットを含む社会でバックアップする公共施設や交通網は、「人と人とをつなぐ」重要な役割をする、社会的共通資本である。このように考えると社会的共通資本によって社会関係資本をふやすことができ、逆に社会関係資本を活用して、適切な、人に役立つ社会的共通資本を蓄積・構築していくことが可能となるであろう。

　Ｚさんの文化資本・社会関係資本・社会的共通資本をトライアングルで考えると、次のようになる。

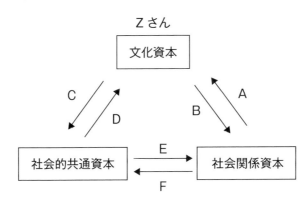

A：社会関係資本（人脈）を活用してＺさんの文化資本をふやす

B：Ｚさんが持っている文化資本を活用して社会関係資本をふやす（人脈を広げる）

C：Ｚさんの文化資本を活用して持続可能な社会の土台作りをする（インフラ）

D：社会的共通資本を活用することでＺさんの文化資本をふやす。

E：Ｚさんは社会的共通資本を利用して社会関係資本をふやしていく。

F：Ｚさんは自分の社会関係資本（人脈）を活用して社会的共通資本をふやすことに貢献する。

④文化資本とリベラルアーツ

　学校文化の中で子どもは多くの知識を得、それが人々と交流しながら、知識と知識を結びつけて「知恵」とし、それを使用することによって文化となる。その文化となったものが何らかの役に立ったり利益になると、それは文化資本となる。その文化資本が集積してリベラルアーツになり、身体に入り込んでハビトゥスとして身体の外に表現される。このような流れで拙著の論を進めてきた。

　それをフローチャートのような図で簡潔に示すと次のようになる。

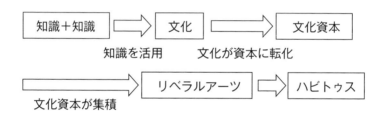

　リベラルアーツのArtsは芸術と翻訳されている。一般的に芸術は「一定の材料・技術・身体などを駆使して、鑑賞的価値を創出する人間の活動および所産」(『広辞苑』)とされている。このように考えてくるとブルデューが広めた「ハビトゥス」はリベラルアーツと親和的であることがわかってくる。単なる教養は文化資本に転化しない。マウントをとる時に役立つだけである。しかし文化資本が集まってくると、それは自然にリベラルアーツとなってくる。ハビトゥスとはリベラルアーツから醸し出される立居振舞と、とらえてもよいのではないだろうか。

　第2章でリベラルアーツについて詳しく検討したが、実は定義のしかたが、時代によって変化してくるのではないかと、中学の5教科の教科書を調べていくうちに気がついた。イケイケドンドンの経済成長期 (日本なら1950年後半

〜1970年前半）のリベラルアーツは、『広辞苑』や『日本国語大辞典』の記述が当てはまるであろう。余裕ある人が、美術や音楽といった芸術や文化に造詣が深い人が、リベラルアーツを堪能すると考えられた時代であった。リベラルアーツは労働者階級の側から見れば、一部の富裕層の特権的な文化資本と言ってもよいかもしれない。あこがれと嫉妬が同居している、アンビバレンスの心理状態に陥る人もいたのではないか。

　もともとリベラルアーツという用語は、ヨーロッパ中世における中等及び高等教育程度の基礎的な教科のことであった。具体的には、文法・修辞学・論理学の3学科と算術・幾何学・天文学・音楽の4科の計7学科からなっている。これらの科目は古くはギリシア・ローマ時代までさかのぼることができると言われている。

　この記述をみても、リベラルアーツは特権階級の用語であることがわかる。しかし成熟した経済社会では、すべての市民が身につけてほしい「Arts」である。具体的には議会制民主主義が成立するための知識・文化が「Arts」のひとつである。その「Arts」の源泉となる知識・文化は中学の教科書にあることに、我々は今まで気がつかなかったのではないか。まさに灯台下暗しである。成熟経済社会は独裁国家ではない。全ての市民が社会に目を向け、つながりを保つことが求められている。そのキーワードが「リベラルアーツ」ではないだろうか。『ランダムハウス英和辞典』で「Liberal」をひくと、「自由主義・進歩主義・代議制政治の、個人の自由を尊ぶ偏見のない考え方、けちけちしない、豊かな、厳密でない、伝統にとらわれない人」といった多様な意味が出ている。ここに示した語義は、私が提唱した「社会共通文化資本」の発想との類似性がある。

　成熟した経済社会では、リベラルアーツはもっと自由に、一部の人でなくすべての市民が身につけてほしい「Arts」と解釈できるのではないか。文化資本が特権階級を、学校教育を通して再生産していることは確かだが、その文化資本を共有することの大切さを、親や教育関係者が気がつけば、現在の日本のような閉塞した社会を打破する起爆剤になるのではないか。成長経済社会の段

階では、強烈なリーダーシップをとる特権階級は時として必要なことがあるかもしれない。しかし成熟経済社会ではその特権階級は大きな弊害となることは、世界の歴史が証明しつつある。成熟経済社会では多くの市民がリベラルアーツを身につけ社会の動きに関心を持ち、社会が円滑に動いているかどうか見守ることが、求められているのではないだろうか。「資産選好」が日本でも話題になっているが、一般庶民のリベラルアーツが普及すれば、経済の安定化につながることは明白であろう。環境問題と経済の発展のバランスをとりながら、格差ある社会がさらに分断化しつつある社会を修復するためにも、成熟した経済社会にふさわしい「市民のためのリベラルアーツ」を再構築する必要に我々は迫られている。このような意味でも、中学で学ぶ時に使う教科書は侮れない。

参考文献

稲葉陽二（編著）『ソーシャル・キャピタルからみた人間関係——社会関係資本の光』日本評論社, 2021年.

宇沢弘文『社会的共通資本』岩波新書, 2000年.

片岡栄美「文化的オムニボアとハビトゥス、文化資本」『教育社会学研究』第110集, 2022年.

ギデンズ, アンソニー『社会学』松尾精文［ほか］（訳）, 而立書房, 2004年.

小宮山博仁『危機に対応できる学力——分断化した社会を修復する文化資本と連帯感』明石書店, 2022年.

須田努・清水克行『現代を生きる日本史』岩波書店, 2022年.

鳥越皓之『村の社会学』ちくま新書, 2023年.

パットナム, ロバート・D『孤独なボウリング——米国コミュニティの崩壊と再生』柴内康文, 柏書房, 2006年.

宮島喬（編）『岩波小辞典社会学』岩波書店, 2003年.

リースマン『何のための豊かさ』加藤秀俊（訳）, みすず書房, 1968年.

リースマン『孤独な群衆』加藤秀俊（訳）, みすず書房, 1964年.

補論1　日本経済をよく知るための4冊

　文化資本・社会関係資本・リベラルアーツのことを理解するには、今の日本の現状を知っておく必要がある。

　日本経済の現状を知るために、マクロ経済学や金融論を専攻している経済学者及び社会学者の啓蒙書を4冊紹介しておく。各著書の簡単な紹介文も添えておく。

① 『日本の分断』（吉川徹、光文社新書、2018年）

② 『平成時代』（吉見俊哉、岩波新書、2019年）

③ 『平成経済衰退の本質』（金子勝、岩波新書、2019年）

④ 『資本主義の方程式』（小野善康、中公新書、2022年）

　日本はかつて「ジャパン　アズ　ナンバーワン」（エズラ・ヴォーゲル、1979年）とアメリカの社会学者に持ち上げられていた時代があった。バブル絶頂期の1989年は、世界企業時価総額ランキング50社中、日本の企業は32社であった。日本の産業の「コメ」と言われた半導体は1990年から2012年の間に、世界の中でのシェアを激減させた。半導体メーカーの1990年の世界での売り上げトップ3は、NEC、東芝、日立であったが、今では見る影もない。半導体復活を願って、トヨタ、NTT、NECなど主要8社で「ラピダス」という新会社を2022年8月に設立した。しかし、その見通しは定かではない。

　1990年前後をピークとして、その後の日本の経済は低迷したままで、アベノミクスと言われる経済政策（2013年から2022年の約10年）も不発に終わろうとしている（この概要は拙著『危機に対応できる学力』（前掲）を参照）。

　海外に目を移すと、第2次大戦後の最大の社会的変動が起きた。1989年のベ

ルリンの壁が開放され、1991年にソ連が消滅したことにより、東西の対立がほぼ解消したのである。これにより、資本主義社会と社会主義社会のイディオロギー闘争は日本も含めた西側諸国では、事実上決着がついたと言ってよいだろう。資本主義経済体制以外の経済体制は存在しないことが、日本の多くの文化人（哲学・社会学・経済学など）は認識することになり、それ以降政治やイディオロギーの活発な議論はなされてこなかった。イディオロギーに疲れた文化人らしき人々は、懐古趣味に浸ることもあるようだ。労働者と資本家の階級対立、さらには、保守と革新の対立、といった構図は明確に提示できないまま、今日に至っている。その対立の解消と、バブル崩壊とが重なっていたことだけは、我々は頭の中に入れておきたい。このような社会状況下、教育基本法に「国と郷土を愛する」といった、いかようにも解釈できそうな文言が挿入されたことは記憶に新しい。

　日本の経済の現状をよく知ることによって、中学社会科さらには他の教科の学びの大切さが、よりよくわかるのではないだろうか。今の日本の現状を知るには、新聞やテレビの報道を見たり聞いたりして、新しい情報を仕入れなくてはならない。正しいか、それともフェイクなのかの判断は、しっかりとした「文化資本」を身につけていることが求められることは言うまでもないだろう。知識の寄せ集めではなく、「文化資本」が身体の中に取り込まれる必要がある。これが「生きる力」として滲み出てきて、その人の学びがリベラルアーツという名称に転化していくのではないだろうか。

　このような視点から、今の日本経済の状況をよく知るのに役立つ、啓蒙書（新書のみ）を4冊紹介したいと思う（この4冊は業界誌〈塾と教育〉の書評をもとに加筆修正している）。

1　『日本の分断』（吉川徹、光文社新書、2018年）

　分断化した社会の前段階は、格差の拡大であると私はとらえている。経済格

差は経済学者の間では「ジニ係数」がよく用いられる（所得や資産の分配の不平等を測る指標のひとつ。0～1の値をとり、1に近いほど不平等度が高い）。このジニ係数が高くなりつつあることを、1998年に橘木俊詔氏が『日本の経済格差』（岩波新書）で指摘してから、格差が話題になってきた。

『日本の分断』という新書は今の日本の現状を、社会学の見地から分析している。

2016年にアメリカ合衆国でトランプ氏が大統領選挙を制した頃から、日本のマスコミでも「分断化した社会」という用語を目にするようになった。計量社会学を専門とする研究者が、日本の社会を計量的（統計などの数字をもとに）に分析し、一般の人々にもわかりやすく書いた、「日本分断論」である。

2020年の10月、コロナ禍の最中5年ぶりに国勢調査が行われた。このデータは、日本の社会の状況が時系列でわかることでよく知られている。しかしこの新書で用いられている主なデータは、1955年から10年おきに継続的に行われているSSM調査（社会階層と社会移動全国調査）のものであり、直近の2015年度版のデータを使っている。

SSM調査に関して少し説明を加えておく。日本の社会学者を中心とした研究グループが10年ごとに実施している社会調査である。調査項目は、職業、学歴、収入、階層意識、家族関係、耐久財の保有、政治意識、教育意識など、広範囲に及ぶ（『岩波小辞典』の「社会学」を参照）。

吉川は、SSP調査（階層と社会意識全国調査）（2015年）も利用している。SSM調査は経済・産業・家族などに重点が置かれていたが、SSP調査は社会的態度（社会に関心があるかなど）や社会的活動への関心を中心に調査している。現代日本人の「社会に関与する心」を知ろうとするものである。

労働力人口にほぼ当てはまる、20歳から60歳までを8つのセグメントに分けて、具体的に日本はどのような分断化した社会になりつつあるかを、一定のエビデンスのもとに論じている。若年は20歳から40歳、壮年は41歳から60歳とし、それぞれ大卒と非大卒に分け、さらに男女別に分けている。その結果、A：若年非大卒男性、B：若年非大卒女性、C：若年大卒男性、D：若年大卒女

性、E：壮年非大卒男性、F：壮年非大卒女性、G：壮年大卒男性、H：壮年大卒女性の8セグメントが成り立ち、2015年では対象となる総数は約6,025万人となる。

　第4章では「人生の分断」と題して、この8つのセグメント別に、SSM調査とSSP調査のデータをもとに、次のような項目を分析している。稼得力（所得など）、家計、仕事の内容、職業威信の高低、結婚と子ども、家族、自由と不平等、居住地域など。

　その結果、8つのセグメントに次のような見出しをつけている。Aは不利な境遇、長いこの先の道のり、Bは不安定な足場だが大切な役割、Cは絆の少ない自立層、Dは多様な人生選択、都市部で最多数派、Eは貢献に見合う居場所、Fは弾けていた女子たちは目立たない多数派、Gは20世紀型の「勝ちパターン」、Hはゆとりある生き方選び、となっている。

　同じような傾向がSSP調査の分析でも明らかになった。社会への関心や自分の肯定感の度合いも詳細に調べているが、生きづらいセグメントがAの若年非大卒男性層で、「勝ち星のつかない」という修飾語がついた分析結果となった。

　日本の社会ではAが一番日が当たらず、Gがとても恵まれているセグメントということになる。Eの人生の選択は限られているがそれなりの居場所（地方が多い）がある。一方Dは多様な人生選択があり都市部に多い。しかしEとDは住む地域と職種がかなり違っているという意味では対極と言える。

　このように8つのセグメントに分けて検証すると、日本はかなり分断化されてきた社会であることが判明する。しかし著者は第6章「共生社会に向かって」のところで、この分断化されつつある社会に対する処方箋を提示している。

　AからHまでのセグメントに位置している人々が、積極的に交流することを提案している。特にほとんど接点がないと思われるBとG、DとEの人々の間で何らかの共感性を持つことができる社会は、分断化が希薄になっていくことが予想できる。なぜ交流が必要なのかそして可能なのかはひとつの章を当てて「共生社会に向かって」で詳細に提言している。私は終章の社会関係資本のと

ころで、文化資本を共有化する「つながり」を重視した見解を述べているが、共通する部分が多い。

　Aの若年非大卒男性に、日本の分断化を縮小させていく可能性があることに言及している。セグメントAの生活を向上させる政策努力は、雇用対策のほかには、2020年12月当時の首相が好きな言葉である「自助努力」という名のもとに、今までは実施されてこなかったことも検証している。

　期待する根拠として、OECDの成人力調査（PIAAC）の結果を挙げている。あまり知られていないが、日本の低スキル労働者の比率は8.5％で、OECDの平均22.7％よりかなり小さい。アメリカやフランスの3分の1ぐらいである。これは日本のAに所属する男性は、世界的レベルからみると、スキルが高いことを意味している。このAのセグメントが光を浴びる政策が有効である根拠のひとつが、PIAACといえるだろう。共生社会は、お互いの文化資本を等価で交換する営みと考えることができる。吉川のデータをみれば、セグメントAに属する市民の文化資本と社会関係資本の充実が急務であると言える。

2 ┃ 『平成時代』（吉見俊哉、岩波新書、2019年）

　今の経済状況を知るには、平成の文化や政治や生活風景はどうだったのかを検証することが求められるが、この新書はそれらの疑問を解決する糸口を提供している。

　平成が始まる1年前の1988年に、社団法人全国学習塾協会が、当時の通産省管轄で設立されたが、教育界で日の当たらない学習塾関係者にとっては画期的なことであった。なぜなら経済の分野で一人前の企業・職業として認められたからである。教育関係者の視点から見ると、平成になってから教育に市場原理が導入された、大転換点であった（バブル経済ピークのほぼ直前である）。

　1990年代末になると株式を上場する学習塾が出現し、2000年（平成12年）以降ふえていった。また、1990年代の前半は新聞や出版社などのマスコミは

学習塾の存在をあまり重視していなかったが、毎日新聞などは学習塾に早くから注目していた。1990年代中頃から日本経済新聞は学習塾の記事を取り上げるようになり、経済同友会が「学校から『合校』へ」という提言を1995年に発表した時期と重なる。読売新聞も学習塾をテーマとした記事が多くなる頃、1999年には文部省（当時）が民間教育機関のひとつとして学習塾を活用するという流れになってきた。

　ここで民間教育のことを詳しくお伝えしたのは、平成時代の教育や一般市民の生き方を象徴している出来事であったからだ。成熟経済社会に日本が突入していった頃の消費のあり方とも関連する。経済が成熟したゆえに、民間教育機関が発展してきたと、とらえることができる。経済が成熟した社会での消費のあり方のヒントになるのではないだろうか。ここではフカボリはしないが、そういう事実は頭のどこかに入れておいてほしい。

　教育に熱心な親がふえ以前にもまして学歴、正確には学校歴を気にする市民が多くなってきた。少子化になってもこの流れは変わっていない。しかし、どういうわけか、小・中・高での学びの基本テキストである「教科書」は疎んじられ続けた。受験が終わったら、学校を卒業したら、もう見たくない本のように思われてしまったことは、拙著の第3章で詳しく論じた。教科書にとっては平成時代は無視され続けてきた苦難の時代と言ってもよい。しかし格差を縮める文化資本として、もっと注目してもよいのではないか、ということを考えながらこの新書を読むと、面白さも増すと思われる。

　平成時代を私なりに振り返ってみると、教育界にとって画期的な時代であることがわかる。しかし平成の、経済、社会、文化はどうだったのかは、何となく記憶しているが、どのような時代であったのかは、実はあまりよくわかっていなかったのではないだろうか。

　難しそうな社会学用語はまず出てこない。日本の文化（カルチャーと言った方がよいかもしれない）のことを実によく知っている社会学者である。この新書に出てくる固有名詞を挙げると次のようになる。

Ⅰ. 芸能関係

安室奈美恵、石原裕次郎、宇多田ヒカル、藤圭子、美空ひばり、YMO、小室哲哉、宮崎駿、加山雄三、坂本龍一、ブルー・コメッツなど。

Ⅱ. 政治家

安倍晋三、小沢一郎、翁長雄志、小池百合子、小泉純一郎、竹中平蔵、鳩山由紀夫、細川護熙、宮澤喜一、村山富市、土井たか子など。

　帯には、「『失敗』と『ショック』の30年史」と書いてある。ベルリンの壁が崩れ、東西の冷戦が終息してから平成は始まった。そしてすぐ次に来たのはバブル崩壊で、失われた20年ということばを生み、現在に至っている。

　第1章「没落する企業国家」では、日本の経済の歩みを東芝の凋落から日産の苦悩までを、一気に概説している。第2章「ポスト戦後政治の幻滅」では、経済の衰退と重ねて、いかに政治が混迷してきたかを、詳細に検証している。リクルート事件から、森友・加計問題までの政治の世界を論じている。第3章「ショックのなかで変容する日本」は、経済の凋落と政治の混迷の中で、どのように日本の社会が変化してきたかということを、「格差」をキーワードにして論じている。第4章「虚構化するアイデンティティ」は日本の文化論となっている。先程の芸能人や作家の名前がよく出てくるのはこの章である。団塊の世代の方は、ほとんど知っているはずだ。

　著者は最後に次のような言葉で本書をしめくくっている。

「危機の実相を正面から見据え、危機を危機として誰しもがしっかり理解することである。本書を通じ、平成の失敗とは何であり、この時代の日本を襲った様々なショックはどのような成り立ちをしていたのかを、経済、政治、社会、文化という、いささか単純ではあるが基本的な歴史の次元について考えてきた……。そのようにしてこの時代の危機の風景を総覧してみること、それこそが、私たちが失敗を成功のもととし、ショックを構造転換のための契機としていくための出発点なのである。」

このような時代を経て、令和を迎えたことを知っておきたい。経済が長期停滞する現在の社会を考え、打開する糸口を発見できるかもしれない。この新書は、コロナ禍の前に書かれている。感染症対策と経済のバランスを取るのが大変困難であることを我々は経験したが、ここに書かれていることを知っていると、まさに役立つ知識、すなわち「リベラルアーツ」の大切さがわかってくるのではないだろうか。

3　『平成経済衰退の本質』（金子勝、岩波新書、2019年）

　平成経済が衰退している状況とそれに対する処方箋が提示されている、コンパクトな啓蒙書である。
　日本の経済は平成に入ってから「閉塞」状態が続いていると感じている人々が多いのではないだろうか。経済に多大な影響を与えた事件などを、時系列に書くと次のようになる。

1. 1989年はバブルの頂点
2. 1990年はバブル崩壊
3. 1997年山一証券・北海道拓殖銀行倒産などの金融危機
4. 1998年日本長期信用銀行と日本債券信用銀行の実質的な倒産
5. 2008年のリーマンショックによる100年に1度と言われたグローバル化した時代での金融危機
6. 2011年東日本大震災による経済不況

　以上の通り、5年から10年ごとに経済を停滞させる危機が平成時代に発生していた。
　その約30年間、日本の製造業の凋落は目に余るものがあった。バブル絶頂期である1989年、世界の企業の時価総額ランキングのトップ5は上位から、

NTT、日本興業銀行、住友銀行、富士銀行、第一勧業銀行であった。製造業だけに限れば上位50社中11社であった。「ジャパン　アズ　ナンバーワン」と言われていたのもまんざら誇張ではなかった。

　日本の製造業の中でもイノベーションを期待できる半導体企業が、1990年は目白押しであった。半導体メーカーの売り上げトップ10に、日本企業は6社入っていた。しかし2012年にはトップ10は東芝の1社のみとなってしまった。その東芝も会社が存続するかどうか、風前の灯火である（2023年6月現在）。

　ほとんどの産業に必要とされ、「産業のコメ」と言われる半導体のシェア低下は、1986年と1991年の日米半導体協定が要因であると、金子勝は指摘する。2018年の世界の企業ランキングでは、上位50社に入っている日本企業は35位のトヨタ1社となってしまった。1989年に絶頂にあった日本の大手企業は、ことごとく壊滅していったが、半導体産業の凋落がきっかけであったことが、この本を読むとよくわかる。

　1990年代以降、日本では世界に通用する目立ったかせげる技術は、トヨタのハイブリッドぐらいになってしまった。日本のGDPは1994年を基準にすると、現在までそれほどの伸びは示していない。これが失われた30年と言われている所以である（最初は10年、次は20年、つい最近はとうとう30年になってしまった）。

　平成時代がいかに低迷しているか、そして衰退しているかが明白である。1995年のアメリカのGDPは日本の約1.4倍、それが2017年には4倍となった。1995年の中国のGDPは日本の約7分の1であったが、2017年は逆に中国は日本の約2.5倍となった。

　日本のお家芸と言われた家電や半導体の落ち込みは激しく、かろうじて自動車産業が踏ん張っている。IT関連では完全に出遅れ、GAFA（グーグル・アマゾン・フェイスブック〈現在はメタ〉・アップル）などは、はるか先の大企業となっている。しかし、2023年5月現在では、そのGAFAと呼ばれている企業でも、大人数のリストラが始まっている。コロナが収束すれば再び雇用が

ふえるかは、今のところ定かでない。

　世界に通用する売れる商品が少なくなり、国内の消費は飽和状態に近くなってくれば、30年間に渡りGDPが低迷するのは当然と言えよう。このような社会状況下でも、原発を維持したり、輸出をしようとするような発展性のない企業がある。新自由主義の市場原理に頼るだけの政策では、同じ失敗をくり返す企業がふえ、産業の衰退は止まらないと、著者は警告している。

　異次元の金融緩和を続けて貨幣が市中に出回るようにしても、企業は投資先を控えて内部保留し、個人富裕層は魅力ある商品がないため貯蓄し、中間層の個人は将来のためにできるだけ消費をためらう、といった行動に出ることが多くなるに違いない。この論調は次に紹介している小野善康とかぶる部分が多い。

　市中に貨幣が大量に出回り、それが投資や消費に向かわないと、株式にそれらの資金が投入され、経済活動は停滞しているにもかかわらず株式市場は活況といった、投機的な金融資本がばっこする社会に向かっていく。マネーゲームやカジノ資本という用語が飛び交う社会は、金融危機をくり返すだけであることが、説得力ある論理で述べられている。

　再び金融危機が懸念される異変がアメリカで生じた。総資産全米16位のシリコンバレー銀行が2023年3月10日に破綻してしまった。続いて3月19日クレディ・スイスも経営危機に陥り、何億円もの資産を失った日本人もいた。現在その危機が全世界に広まらないような、緊急金融政策が行われている（2023年6月現在）。

　また今の金融政策は「出口のないネズミ講」であると金子勝は断言する。なぜなら日銀が金融緩和を止めたとたん、国債価格が下落して金利が上昇し、日銀を含む金融機関が大量の損失を抱え込むからだと言う。この麻薬のような金融緩和で株式市場が支えられていることを忘れてはならない。この株高の恩恵を受けているのは富裕層であり、経済政策の失敗や政治的不祥事が続いても、ここ8年間はそのような政権を支持する一定の根強い階層があった。ただし、この金融政策で株価を維持してメリットを受けるのは、年金や生命保険などもある。これらが株の運用で利益の一部を出している組織であることは意外と知

られていない。株の運用利益の一部が一般庶民に渡っているが、これと出口の
ない金融政策とは分けて考えなくてはならない。これらのことを考えると、現
在の金融政策が困難であることが我々素人でもわかってきた。

　先の出口の見えない金融政策から、社会基盤として透明で公正なルール作り
から始めることを金子勝は提唱している。それはIT関係も含めたイノベーシ
ョンを期待しているからだと思われる。財政学・金融論が専門の経済学者とし
ての具体的提言もしっかりと述べている。その改革の概要は次の通りである。

（ア）産業の国際競争力を低下させてきた経産省の業界利益追求型体質を解体す
　　　る。
（イ）エネルギー転換、情報通信技術、バイオ医薬、電気自動車と自動運転など最
　　　先端産業に関して産業戦略を策定する。
（ウ）イノベーションは速度が命なので、研究開発のためには企業横断的・研究機
　　　関横断的なオープン・プラットフォームを作るとともに、若手研究者・技術
　　　者の育成と活躍の場を提供する。
（エ）ただし、こうした激しい技術転換が起きる時には、政府が常に正しい判断を
　　　する保証はない。情報公開と決定プロセスの徹底的な透明性、公正なルール
　　　を保証する。
（オ）持続的に財政資金でイノベーション研究開発投資を支援する。

4 　『資本主義の方程式』（小野善康、中公新書、2022年）

　失われた30年間確実にわかっていることは、金融政策も公共投資も思った
ほどの効果が出ないという未知の現象が続くことである。いくら金融や公共投
資で経済を刺激しても、消費も投資（生産）も活性化しないという異次元の世
界に入っている、成熟経済社会の中で我々は生活している。ケインズ経済学で
よく知られるようになった「乗数効果（乗数理論）」も成熟経済下では効果が

薄れてきていることも判明した。ではなぜこの効果が減少したのか、なぜ成熟経済では消費が伸びず生産も停滞しているのかを、わかりやすく説明できる「経済理論」は私も含めて一般の市民は知らなかった。

　しかし、この新書では「資産選好」というキーワードでその原因に切り込み、さらに政策提言も行っている。

　1990年代の初頭から日本の経済は停滞し始め、1995年前後の金融危機で多くの人は、高度経済成長の時代を懐かしむようになった。それから約30年、日本の経済成長は止まり、GDPもそれほど増えていない。欧米と比べても長期停滞が続く成熟経済化した社会となって、今日に至る。その間、教育がにわかに注目されるようになり、教育改革が何回か行われ、新しい学習指導要領のもとに2020年から、学校の学び方が変わってきている。

　ここ30年の日本経済の特徴は、物価も賃金も上がらず（2021年までは）、常に供給（生産）より需要（消費）が少ない状況が続き、1995年は1人あたりのGDPが世界第3位だったのが少しずつ順位を下げ、2019年には25位になっている。しかし1人あたりの個人金融総資産（ドル）は常に10位前後で1995年から25年間、あまり変化がない。日本経済の存在は以前に比べて低下しているが、1人あたりの個人金融総資産は堅実だと言うことも認識しておきたい。

　日本は総需要がふえないが一定の生産力を保っているため、この25年間常に生産能力が総需要を上まわっている状況が続いている。商品を作っても、消費が伸びず、総需要不足が起きる。それを打開するために市場に大量の貨幣を注げば投資がふえ、賃金が上がり、商品を買う市民がふえ、デフレから脱却できる、というシナリオで政府（国）は国債を大量に発行している。日銀がそれを買い取り、市場に大量の貨幣（増刷して）を流通させるという経済政策で、何とか需要不足を解消してデフレを脱し、長期の安定した経済成長を復活させようとしている。これを「出口のないネズミ講」と先の著書で金子勝は喝破している。

　2020年までは、いくら貨幣の量をふやしても消費活動が活発化することはなく、物価・賃金及びGDPはほとんど影響がなかった。2020年1月からのコ

ロナ禍では逆にGDPがマイナスになることさえあった。また2021年12月からのアメリカの高金利政策による急激な円安と2022年2月からのロシアのウクライナ侵攻による原油や穀物の物価高によって、日本の消費者物価が急激に上がりつつある。これは外からの圧力による物価高であり、日銀の金融緩和政策のためでないことは明らかだ。この2つの外圧がなくなれば、元のデフレ状況に陥る可能性は高い。

　ケインズ経済学では、金融緩和をして公共投資をすれば、経済は回復すると言われていた。しかし成熟経済社会では公共投資による乗数効果（仮に100億円公共投資したら、波及的に経済資本がふえ500億円になるような状況）が薄れてきたと多くの経済学者は指摘している。この効果が期待できない金融政策や公共投資にしがみついていたのが、2023年4月8日までの黒田日銀総裁のような気がしてならなかった。金融経済論が専門の他の経済学者（金子勝や伊東光晴など）は、今の金融政策では、需要と供給のギャップを埋めることはできないと、指摘していた。

　しかし、なぜ成長経済の時に通用していた政策が、成熟経済では機能しないのか、私も含めて一般の市民は不思議に思っていたのではないだろうか。経済停滞と格差拡大の謎を解く、という副題が小野善康が一番言いたいことである。金融経済に関しての著書が多い経済学者だが、一般の人にも読めるように工夫してある。

　経済停滞と格差拡大の謎を解くキーワードはずばり「資産選好」と著者は断言する。この経済用語をもとにして、成長経済と成熟経済を分けて考えている。

　「資産選好」という用語を、著者は次のように説明している。

　「何の役にも立たないカネ（貨幣）の魅力がどんどん膨れあがり、もともとモノ（商品）に付随していたカネへの欲望がモノから独立して、人々は何を買うかという具体的な目的を持たなくても、カネの保有そのものに魅力を感じるようになった。このような欲望を資産選好と呼ぼう。」（（　）内は小宮山。ここは拙著6章の

「貨幣循環の図」を参照していただければ、よりよくわかると思われる)

　これを「生産能力」をキーワードにして考えると、次のように言うこともできる。生産能力が小さい経済（発展途上国など）では総需要は不足しないので経済活動は生産能力が決める。しかし生産能力が大きすぎると（成熟経済社会）消費が伸びず、総需要不足が起き、この時経済活動は総需要が決めることになる。もう少し具体的に言うなら、発展途上国では生産能力が、成熟経済社会では消費の量で経済が発展するか停滞するかが決まるということになる。このことを消費関数の数式（高1の数学の関数知識で理解可能）で論理的に説明しているが、もし大学時代経済学を専攻していなかったら、ここは飛ばして最後の第5章と第6章を読むだけでも十分納得のいく答えが得られる。

　高度経済成長期を支えた金融緩和や小泉政権の構造改革、アベノミクスの減税やバラマキ政策、さらにはポイントがずれた教育改革のことなどが、説得力あるロジカルな文章で明らかにされている。2022年1月の発売なので、コロナの経済対策や増税や国債乱発についても詳しい。最近急速に一部の政治家にもてはやされているMMT理論にも言及している。この新書を読むと、いかに教育と経済が密接な関係かが、わかるに違いない。

　小野善康の政策提言などを次に簡単に紹介しておく。

「消費が大きくなりすぎて、それ以上、総需要が伸びず、生産能力を使い切れなくなった成熟経済では、生産能力の一層の拡大ではなく、新たな消費を考えることが経済の活性化につながる。しかし、必要と思われるモノがそろっていれば、新たな消費を考えることは難しくなる。新たな消費創出の可能性があるのは、遊びや余暇の過ごし方に関連する分野、たとえば、美術や音楽などの芸術、歴史や文化の探究、スポーツ、観光などであろう。」
「豊かな国になったからこそ、生産効率化ではなく、純粋な知的興味の探求、真理の探究を行う余裕が生まれ、それこそが新需要の創出にもつながって、経済を活性化させる。」

　ここの部分の文言は、生涯学習さらに文化資本と親和性があることは明らかである。また私が度々終章などで言及しているリベラルアーツとも関係してくるであろう。

　「公的事業の対象としては、民間製品の代替品ではなく、そのため民間の生産活動を妨げない、環境、観光、医療、介護、保育、教育などの分野が望ましい。たとえば観光インフラの整備が観光業を発展させるように、これらを整えていけば私的消費の分野においても新たな需要が創出される可能性が生まれる。」

　成熟経済社会だからこそ、成人が学び続けられる環境づくりが急務となるが、その土台になる文化資本は中学の教科書で築くことが可能であることは、第5章・第6章・第7章・第8章を読むと納得していただけるのではないだろうか。
　3と4の著者は金融経済論や財政学の専門家だが、違う視点から日本の経済の長期停滞を分析している。しかし、その打開策は同じような提言をしていることが多く、門外漢の私としては驚いている。

参考文献
小野善康『資本主義の方程式——経済停滞と格差拡大の謎を解く』中公新書, 2022年.
金子勝『平成経済 衰退の本質』岩波新書, 2019年.
橘木俊詔『日本の経済格差——所得と資産から考える』岩波新書, 1998年.
吉川徹『日本の分断——切り離される非大卒若者（レッグス）たち』光文社新書, 2018年.
吉見俊哉『平成時代』岩波新書, 2019年.

補論2 「令和の日本型学校」答申を冷静に読み解く

　社会・経済の動きと密接に連動する教育界の最近の状況を知るための論考である。社会関係資本やリベラルアーツとも関連しているICTやAIについて言及する。

1 ┃ 「令和の日本型学校」答申（2021年1月26日）の概略

①総論

　「令和の日本型学校」答申（以下、「令和答申」）は、日本の経済や環境のような様々な負の問題が山積していることを大前提に論が進められていることを、まず頭のどこかに入れておいていただきたい。

　2020年代を通じて実現すべき日本の学校教育の姿を示した答申で、その柱は2本あると明言している。1本目は、個別最適な学び、2本目は協働的な学びである。

　現行学習指導要領では、「個に応じた指導の充実を図る」ことが明記され、コンピューターやインターネットなどを活用することが求められている。いわゆる「GIGA[1]スクール構想」の実現に強い決意を感じる。

　そして、それぞれの子どもが「主体的・対話的で深い学び」を実現させることを望んでいる、と書かれている。これらの文言からGIGAスクール構想を早

---

1 GIGA⇒Global and Innovation Gateway for All（すべての子どものためのグローバルで革新的な入口）
　すべての小・中・高生に1台のコンピューター（PCやタブレットなど）を持たせ、高速ネットワーク環境を構築する計画（2023年度中に完成予定）。

急に構築して、それを個に応じた学習に活用していくという、文部科学省（以下、「文科省」）の強い決意のようなものを感じた（2021年度で、ICT機器を半分以上活用している小・中学校は約70％となっている＜ベネッセ教育総合研究所＞）。

　ここで「対話的で深い学び」という文言に注目したい。ICTを活用した学習は、1人でPCやタブレットに向かって勉強している、というイメージを一般的には持たれている。文科省は5年程前から、「双方向的な授業」のひとつとしてアクティブ・ラーニング（A・L）を推し進めようとしている。このことを強く意識して、個に応じた学びだけでなく、「対話的」という用語を入れたと思われる。2021年度の中学の5教科（国・数・社・理・英）の教科書をチェックすると、すべてに対話的・討論的・実践的な項目がこれでもかというぐらい出てくる。しかし、資質・能力・意欲というものを含んだ、私たちが今まで考えていた「学力観」に、どのような影響を与えるかは、実践しながらわかってくるのが現実ではないだろうか。

　もうひとつの柱として、「協働的な学び」を強調している。（PCやタブレットを使って）孤立した学びに陥らないように、探求的な学習や体験活動等を通じ、子ども同士で、あるいは多様な他者と「協働的な学び」をすることが重要だと指摘している。そして一人ひとりのよい点や可能性を生かすことで、異なる考え方が組み合わさり、よりよい学びが生み出されることを期待している。これは、中学国語の教科書（私がチェックしたのは光村図書版）に出てくる「話し合いの方法」といった項目に目を通すとよくわかる。そこにはブレーンストーミング、ワールド・カフェ、グループ・ディスカッション、ディベート、パネルディスカッションといった、具体的な方法を詳しく紹介している（拙著5章を参照）。ここに出てくる内容は、以前から多くの学校で実践されており、従来から文科省が求めているコミュニケーション能力や態度・意欲といった、「広い意味での学力」のことであるのは言うまでもないだろう。ICTの活用法の「スキル（技術）」を求められているのが、従来の学力観との違いと言ってもよい。

②義務教育に関して

　小・中学校に通う子どもに求められている学力・能力は次のようになっている。

　ICTの活用等による学習の基礎となる資質・能力の確実な育成をする。同時に興味・関心等に応じ意欲を高め、やりたいことを学べる環境を提供する。さらに、児童生徒同士や多様な他者との学び合いを通して、地域の構成員（地域社会……小宮山）の1人として、社会への関心を高めることを求めている。社会への関心を高めることが今の教育の最大の目標ともとれる文言である。

　この令和答申を読む限り、小中学校での学力観は、従来と基本的には変わっていない。ICTの積極的活用が加わっただけと考えてよいだろう。これからのリベラルアーツのひとつとしてICTを使いこなす、という項目が加わったと考えてよい（ICT機器を使って、グループや学級全体での発表・話し合いを行っているのは、「ときどき」も含め約50％＜ベネッセ教育総合研究所＞）。

③高等学校教育に関して

　義務教育で学んだことをさらに発展させる教育を望んでいる。社会の形成に積極的に参加するための資質・能力を育む。社会的・職業的自立に必要な能力・学力を高等学校で身に付けることが、最大の目的である。これはキャリア教育のことがさかんに言われた従来の学力観・教育観とそれほど違いはない。

　地域社会の問題を解決するためには、地方公共団体・企業・高等教育機関・国際機関・NPO等の機関や組織と連携し協働する学びが重要である（ここになぜか国の組織、官僚や国会議員などの政治家が入っていない）、と答申には書かれている。

　高校で求められる能力・学力の中で、今までと異なる考え方が提示されている。それが一般の市民には縁がない「STEAM（スティーム）[2]教育」という用

語である。

　GIGAスクール構想はまだしも、いきなり一般市民には馴染みが薄い用語が出てくると、教員でなくてもほとんどの人は、とまどうに違いない。ここで、なぜSTEMにArtsを入れてSTEAMにしたのか、さらになぜ文科省がこの用語を使いだしたのかの謎が出てくる。次にそれを詳しく検証してみることにする。

2 ｜ STEAM教育とは

　令和答申の高等学校教育の文言を読むと次のようなことが書かれている。「多様な生徒一人一人に応じた探求的な学びが実現されるとともに、STEAM教育などの実社会での課題解決に生かしていくための教科等横断的な学び」（傍点は小宮山）との記述がある。教科等横断的な学びを、STEAM教育でさらに推し進めようという考えとみられる。これからは科学技術の発展が国力（経済力）を左右するし、持続可能な社会にするためには、環境・エネルギー、食糧問題などを解決しなくてはならないという願いがこめられている（これに関しては大賛成である）。

　STEMはすべてが理系の学問の頭文字であるから、社会と数学、理科と社会、数学と国語といった教科等横断的な学びを推進してきた文科省としては、都合があまりよろしくない用語であった。アメリカでもSTEMの用語が世に出てきた時（2000年前後）、文学・哲学・社会学を中心とした文系の学問を専攻する学者や市民は、違和感を覚えたのではないだろうか。教養を意味するより範囲が広いArts（リベラルアーツ）という用語の頭の文字を入れれば、理系と文系の双方の学問を発展させるための教育、ということになる。これは

2　STEAMは、STEMにArtsのAをはさんだ用語である。両用語とも21世紀初めの頃からアメリカから広まった。STEM⇒Science（科学）、Technology（技術）、Engineering（工学）、Mathematics（数学）の頭文字。STEAM（スティーム）⇒STEMにArts（リベラルアーツ）を入れる。

「教科等横断的な学習」をさらに広めようとする文科省にとっては、都合のよい用語であったことは言うまでもない。文科省が広めようとしているSTEAMのリベラルアーツは従来の意味で使っている。第2章や終章に出てくる私の庶民的な一般市民のためのリベラルアーツではないような気がする。

　STEAM教育を参考にして、教科等横断的学習で、多面的なものの見方ができる能力や学力を身につけてほしいという願いが強いのではないだろうか。

　しかし、このSTEAMは、教育学、教育社会学、教育心理学などでは、まだ学術的認知は受けていない用語である。教育関係の学会であまり話題になっていないということは、これらの科目を大学の教職課程で学ぶ機会が学生は大変少ないことを意味している。当然この用語を初めて聞いた現役教員は多いはずだ。このような目新しい用語が文科省から降り注いでくると、大切な子どもをあずかる現場で混乱が生じる可能性が高いことが推測できる。

　ちなみに、STEMに入れたAのリベラルアーツを、もう一度『日本国語大辞典』で引くと次のように出ている。

「職業に直接関係のない学問、芸術のこと。実用的な目的から離れた純粋な教養。」

　これを文字通り解釈すると、理系の学問の集合体のようなSTEMの中にどのように入れることができるのか、疑問に思う方が多いのではないだろうか。この辞典の定義では現実の社会ではこのArtsが経済資本を豊かにするとは考えられていない。経済資本が多いと芸術や文学やスポーツに余暇を費やす、その日暮しの労働者はそのような余裕はないから、Artsとはほとんど縁がないと、普通はみなされる。もう少し「リベラルアーツとは何か」という議論をすべきである。その叩き台のひとつとして第2章及び終章をもう一度読んでいただければ幸いである。

　2007年からの全国学力・学習状況調査では、学力だけでなく家庭の環境、具体的には本が何冊本棚にあるか、博物館などに行くか、親子の会話の多寡、朝食をとる習慣があるか、といった、ブルデューが広めた「文化資本（Capital

Culturel）」と思われる項目を調べる機会がふえている。

　日本の調査では文化資本の豊かな家庭の子どもの学力が高いことが証明され
つつある。実はこの文化資本、Artsと大変相性がよい用語である。一定の文
化資本が豊かであると、親の立居振舞（ハビトゥス）などの影響で、子どもの
学力が高い傾向があるとも考えらえるからである。

　このように、Artsと文化資本の関係を考えると、Artsは学力と関係があり
そうだ。一見、理系の学問のSTEMとArtsはミスマッチのようだが、実は大
変相性のよい用語であることが推測できる。このように考えるとSTEAM教
育は、これからの教育のメインストリートになるかもしれないと、高い学力を
保持している官僚や一部の学者が頭の中で構想するのも、何となくうなずけ
る。

　しかし、科学と技術と工学と数学を融合させ、そこにArtsを接合する、こ
れを実現するのは相当な学問的知識と経験が必要であることは、だれが見ても
明らかであろう。先程まだ学術用語として定着していないと言ったのは、この
ような理由からである。

　STEAMという概念を私は否定するつもりは全くない。広まってほしいと願
っている。しかしそれを高校の教育の段階で導入するには、かなりの無理があ
る。このような用語が文科省に入ってくると、従来の学力観はどうなってしま
うのかと、現場のまじめな教員は困惑するに違いない。

　STEMのそれぞれの学問の基本的知識は、高校までに学習する。国語や社
会科の教科をその枠に入れて、教科等横断的な学習や総合学習をうまく機能さ
せようという意図があるものと思われるが、STEAMという概念を高等学校教
育に下ろしてくるのは、まだ時期が早すぎるのではないか。各教科の学びがど
のように「Arts」と結びつくのかが、文科省のHPではブラックボックスとな
っている。現代の「Arts」とは何かという議論もされていない。もう少し研
究者及び大学での実践例を豊富にしてからでないと、理念だけでは現場が混乱
するのは明白であろう。STEAMをよく知るためには、文化資本・社会関係資
本及びリベラルアーツの関係を調べることが急務であることは、拙著を読んで

いただければ伝わるのではないだろうか。

　次に参考までに、文科省が思い描いているSTEM教育とSTEAM教育の定義の違いを示しておく。

- STEM（Science Technology Engineering and Mathematics）⇒科学・技術・工学・数学の教育分野を総称する語。2000年代にアメリカで始まった。複雑に関係する現代社会の問題を各教科・領域固有の知識や考え方を統合的に働かせて解決する学習としての共通性を持つ。その目的は2つある。①科学・技術分野の経済的成長や革新・創造に特化した人材育成を志向する。②すべての児童生徒に対する市民としてのリテラシー（読み書きの能力）の育成を志向する。
- STEAM⇒現実社会の問題を創造的に解決する学習を進める上で、あらゆる問いを立てるために、Liberal Arts（A）の考え方を取り入れる。自由に考えるための手段を含む美術、音楽、文学、歴史に関わる学習などを取り入れるなどSTEMを広く横断的に推進していく教育。

（文部科学省HP「STEAM教育等の教科等横断的な学習の推進について」を基に引用している。官報特有の句読点がほとんどない長いセンテンスなので、適宜小宮山が手を入れている。詳しく知りたい方は、HPにアクセスしていただきたい。）

　ではSTEAM教育は今までの学力観とどう違うのかという難問は、SとTとEとAとMに分解すればよい。それぞれの頭文字の学問の基礎はしっかりと高校までに学習するという構図が明らかとなる。それらの融合のしかたが問題であるが、チャレンジと考えれば、従来の学力観とほとんど相違がないことがわかるのではないだろうか。

　このように令和答申の総論を読み解くと、学び方は変わるが、「学力観（求められる学力・能力）」に関しては、今までとそれほど変化していないことがわかる。変化があるとしたら、情報や知識の集め方や活用のしかたであろう。では文科省が将来の社会をどのように考えているのかを、生成AIを含めもう

少しフカボリしてみたいと思う。

3 ┃ Society 5.0を考える

① Society 5.0とは

　教育界の令和答申でSociety 5.0（ソサイエティゴテンゼロ）はどのように紹介されているかを、検討してみよう。

　「『令和の日本型学校教育』の構築に向けたICTの活用に関する基本的な考え方」の中で、次のような記述がある。

　「（ICTの）全面的な活用は、学校の組織文化にも大きな影響を与えうる」「教師に求められる資質・能力も変わっていく」「その中で、Society 5.0時代にふさわしい学校を実現していくことが求められる」

　ICTを活用すべきという項目で突如「Society 5.0」という用語が出現する。ではSociety 5.0とはどのような社会なのであろうか。内閣府のHPに、かなり詳しくそのことが書かれている（2023年6月現在内閣府Society 5.0でヒットする）。

- Society 5.0の定義：「サイバー空間（仮想空間）とフィジカル空間（現実空間）を高度に融合させたシステムにより、経済発展と社会的課題（SDGsなど……小宮山）の解決を両立する、人間中心の社会（Society）」

　5.0があるなら、当然1.0から4.0もある。Society 1.0は狩猟社会、Society 2.0は農耕社会、Society 3.0は工業社会、Society 4.0は情報社会としている。その次にSociety 5.0は目指すべき未来社会の姿として提唱された（2016年に初めて言及される）。

このHPにはさらにSociety 5.0で実現する社会を、詳しく紹介している。

「Society 5.0で実現する社会はIoT（Internet of Things）で全ての人とモノがつながり、様々な知識や情報が共有され、今までにない新たな価値を生み出すことで、これらの課題や困難を克服します。」

　課題や問題とは、地球温暖化、少子高齢化、介護の人手不足、地方の過疎化、貧富の格差、停滞している日本経済などを想定しているようだ。人工知能（AI）で閉塞状態を打破し、希望の持てる社会にすると言う。コンピュータのネットワーク、それから得られるデータ蓄積で、人に役立つ確かなエビデンスを探り出そうという考えもあるようだ。これを次のように表現している。

「Society 5.0では、膨大なビックデータを人間の能力を超えたAIが解析し、その結果がロボットなどを通して人間にフィードバックされることで、これまでには出来なかった新たな価値が産業や社会にもたらされることになります。」（提案されてまだ日が浅いので、学術用語としては認知されていない……小宮山）

　経済発展に寄与して、持続可能な社会を考えているように思える。そこには「Innovation：技術革新・新しい組織」を期待していることは言うまでもない。さらにもう一歩踏み込んで「社会的課題（再生可能エネルギー、地球温暖化などの環境問題）の解決」も目指している。
　ここまで読んで、7年程前から注目されている「SDGsの17の目標」を意識していることに気がつかれた方も多いのではないだろうか。
　資本主義社会のシステム上の問題で発生する、閉塞的な社会を打開するために、IoT、ロボット、人工知能（AI）、ビッグデータを活用する社会ととらえることもできる。

②Society 5.0の問題点

　Society 5.0の、仮想空間と現実空間という、抽象度がかなり高い用語で説明しているので、第三者には大変理解しにくい定義となっている。しかしよく読んでいくと、コンピュータでSDGsの17の目標などをクリアし、人と人とをつなぐ未来の社会を構築する、という概念であることがわかってくる。

　長期的な日本経済の停滞から脱出するには、技術革新しかないと多くの経済学者が指摘している（補論1を参照）。また地球温暖化のような環境問題、限りあるエネルギー資源（主に化石燃料）の問題、食糧難の問題、南と北の国の経済格差と貧困の問題、大地震やコロナ禍のような災害に対応できるインフラを構築して強い国にするという課題、これらを解決するにはIT及びAIしかない、そう受け取れるのがSociety 5.0の構想と言えよう。

　ITを活用するのは大賛成であるが、様々な困難な問題を「すべてITにまかせる」という考えの市民が大多数になったら、今までの学力観だけでは社会が機能しなくなるという危惧がある。AIで様々なデータ（ビッグデータ）を集めて問題を解決できるのではと期待されている。しかし期待しすぎるとむしろ社会問題に今以上関心を持つ市民が少なくなってしまうかもしれない。関心を持たないということは、脳の一部を使わないことになり、その部位の脳が退化することもありうるだろう。逆に人間に害を与える情報が蔓延するかもしれない。

　苦労しなくても何でもAIに頼れば良い、そして「楽をして目的のものをゲットできるなら」という若者がふえたらどうなるのであろうか。SNSを活用すれば犯罪とわかっていても「手っ取り早く資金をゲット」できる方法を考える人も出てくるのではないか。もし人と人の交流を大切にした文化資本を、親からも教育関係者からも、周りの大人からも引き継いでいなかったらどうだろうか。SNSの活用法に長けていれば、孤立化した市民にとっては、何でもありの世の中になってしまう可能性が高くなる。それを防ぐには幼少期からの人を思

う心と世の中に関心を持つことが大切な気がしてならない。「つながり」や「連帯感」をどのようにつくり上げていくかが、生成AIの時代になったとしても重要となってくる。

このような時、子どもに大人が正しいと思っている倫理感を押しつけようとする政治家や教育関係者が出現する。しかし子どもは親・教育関係者・政治家の言動をよく見ている。何か都合が悪いことがあると、「知りません。検討しています。その件にはかかわっていません」と強弁している政治家を、テレビのニュースや報道番組で時々見ることがある。大人だけでなく、これから公民権を手にする若者や小・中学生も当然見ている。教科書に書かれていることと違う、学校で教わることとは反対のことを言っている、という矛盾をすぐ発見してしまう。

アメリカなどでは指導的な立場の政治家が、フェイクなニュースを「事実」だと言い張り、社会が分断化しようとしている。日本でもそのような流れがここ10年顕著になってきた。不都合な反対意見なら、論戦もしないで多数決で押し切る、このような国会を見ている子どもや若者は、「皆さん公民になったら選挙に行きましょう！」と呼びかけても、何か白々しく感じるだろう。

最近の例では、2020年9月に生じた「日本学術会議会員の任命問題」を挙げることができる。内閣が任命を拒否するのが問題なのではない。拒否する権利は内閣にもある。しかし拒否をするならその説明が重要となることは明らかである。国が関係する機関である限り、市民（公民）にわかるような理由を述べるのが義務であり、これがなされないと議会制民主主義が成立しないことは、中学の公民の教科書や高校の政治・経済の教科書を真剣に学んだ生徒ほど、よくわかるはずである。このようなことが強行され続けるなら、教科書を必死に勉強してきた秀才が「政治に嫌け」がさし世の中に関心を持つことが少なくなる気がしてならない。なぜなら公民や歴史といった社会科学系の教科書だけでなく、数学・理科を含めた自然科学系の教科書、さらには国語といった人文科学系の教科書は、日本学術会議を中心とした研究者の研究や論文をもとにして作られていることが多いからだ。日本の教科書は現時点の研究レベルで「エビ

デンス」と多くの研究者が認めている項目がほとんどである。現在の中学の教科書を見ても、監修者のほとんどは日本学術会議の会員か元会員であることに気がついている方は少ないと思われる。

　日本学術会議の任命問題は、単なる「好き・嫌い」の問題ではない。そのような大人の立居振舞を見て育った選挙権を持った公民（市民）は、政治に期待するだろうか。文科省の令和答申はグローバル化した社会で日本が沈没しかけている危機感を持っての内容であることは明白である。しかし学校の勉強を必死にしてきたデキル子は、このような国会を見ていて、どの程度世の中に関心を持つだろうか。様々な文化資本やそこそこの経済資本を遺産として受けついだ若者は、「この世の中で一番大切なのは貨幣であり資産だ」と思ってしまうかもしれない。彼らは大学までに学んで得た知識で、金融資産がふえることに熱心になり、それをふやすことにしか興味を示さないことにもなりかねない。

　学校の勉強に今ひとつ身が入らず、コースから外れた若者は、SNSなどを活用して、合法的に、しかし時には非合法的な手段で資産を手に入れようとするかもしれない。まだ断定的には言えないが、ここ半年でSNSを利用した、富裕者層をターゲットにした荒っぽい方法の強盗が話題になっている。10年前は小学生・中学生だった年齢の容疑者が多いのが気になる。

　ここで再度確認しておく。とくに小・中の教科書と乖離した行動をとる社会を動かす立場の大人が多数派を占めたら、気合いを入れて勉強する子ども、さらに自分から何かを学ぼうとする高校生や大学生がどれだけいるだろうか。この問題に気付いている大人がまだ少ないような気がする。このような社会状況になってきた時に、Society 5.0はどのように考えればよいのだろうか。データを集めて、どれを最初に入力するかを選ぶのは人間であるということを忘れてはならない。それによって出力されてくる内容が違ってくるからだ。いくつかの例で手短に考えてみよう。

　人類の食糧危機を救う栄養に満ちたのＡという穀物が、ITのおかげで発明されたとする。それを栽培するには肥料を与え病虫害の対策をして大量生産しなくてはならない。B社は、とにかく生産量をふやして、化学肥料や農薬を使

い多くの貧しい人々にＡを供給したいと考えた。Ｃ社は環境を優先にし、長期的に見れば人類のプラスになる有機肥料や、病虫害を防ぐ方法で栽培することを考えた。AIを使えばＢ社もＣ社も同じような商品Ａを世に送り出すことが可能である。Ｂ社Ｃ社それぞれの考えに基づいたデータを入力すれば、AIが具体的な生産方法を考え、両社とも問題を解決できる可能性が高い。

　しかし、Ａという商品をつくるＢ社とＣ社の考えの違いが、世の中の将来を左右する可能性があることは明らかであろう。Ｂ社の商品は長期的には土地がやせていき、人間に害を与える薬剤が大地などに蓄積していくかも知れない。一方Ｃ社の商品は人の健康にやさしい持続可能な循環型の農業に貢献する可能性が高い。その結果、医療費が削減されることも期待できる。

　このような例を示したのは、Ａという商品を作るプロセスは、AIがほぼ決める。しかしどのような商品にするかの決定は、Ｂ社・Ｃ社の人間（経営者）の考えで違ってくる。Ｂ社のやり方がいいのか、それともＣ社の方法がいいのかは、人の倫理観と世の中を見る知識と能力にかかわってくることは言うまでもない。いくらAIが発展しても、理想的なSociety 5.0の社会をつくり出すのは、AIではなく人間であることを忘れてはならない。AIにふり回されない能力・学力が強く求められるだろう。SNSの活用も同じである。このようなことをふまえた教育をどのように考えてSociety 5.0を提言しているのかは、内閣府のHPを見る限り、定かではない。

　今、医療の世界でも急速にAIを活用しようという動きになってきている。エビデンスという用語はコロナ禍で知られるようになったが、1990年代後半、アメリカの医学界から広まった用語であることは、あまり知られていない。

　ある研究論文がエビデンスと認められるには、数人の研究者が査読をするというプロセスをふむのが一般的である。これは医学界から広まったと思われる。

　現在多くの自治体で無料の健康診断が行われているが、それらのデータを蓄積してビックデータとし、それを治療に生かそうという試みが始まっている。肺がん、高血圧、高脂血症、糖尿病などに関するデータを集め、治療に役立てようとしている。Society 5.0の社会はAIで様々な難問を解決すると期待され

ているが、医学界ではそれがすでに始まっていた。

　AIの診断で、「あなたの数値はリスクが高い状態ですから、高血圧の薬を飲みましょう。高脂血症の値も高いので、その薬も」という診断に直結してしまう可能性が高くなる。しかし、AIが出した数値がいくら高いとしても、医師と患者とのコミュニケーションがとれていなければ、患者にとってはありがたくないアドバイスがある。患者がどのような生活をしているのか、どのような食生活・運動をしているのか、どのような人生観をもっているのかを考慮しないで、AIの数値だけで人間の体を判断すると逆にリスクが高くなるような気がしてならない。

　私にとって門外漢の医療に関して言及するのは、以前からの知り合いの医師（精神科）に、エビデンスのことを聞いた時（5年ほど前）の彼の返答が、今でも耳に残っているからである。その場を簡単に再現すると次のようになる。

　「教育界ではエビデンスという用語が使われ始めたけど、医療はもっと前だよね。エビデンスについてどう思う」「う〜ん。エビデンスは確かに必要だけど、医療はアートだよ！」「え、あのリベラルアーツのアート？」「そうだよ。数値で人体の不具合を発見しても、どのように治療するのかは、患者さんをよく診て、お互いが納得するのが医療だよ」「そうか、美術や音楽といった芸術・アートは、人と人との触れ合い、気持ちの通い合いでつながっていると考えると、医療をアートととらえることができるね。そうか、教育も同じだ！」

　ここで農業と医療を例にとったのは、Society 5.0が想定する仮想空間で必要とされる人間の能力・学力を示したかったからである。このように考えてくると従来の学力観とSociety 5.0の社会で求められる能力・学力は、それほどの違いはないと思われる。あるとしたら、AIの活用法、正しい情報を収集する「力」とAIにふり回されない意思、そして他の人のことを思う倫理感が求められるのではないだろうか。

　机に向かって勉強させるのが大変な生徒が多い公立中学があると聞く。その

ような学校では、「Society 5.0」どころではない。このような提言をする官僚の方はどのくらい現場を知っているのであろうか。このような危惧をいだくのは私だけなのであろうか。

4 ┃ AI時代の文化資本とは

　先程も触れたが、今の大人の世界や政治家が集まる国会を見ていて、倫理感に疑問を持つ子どもや若者がふえるのではないかという危惧を強くいだくのは、私だけではないだろう。

　最近、ChatGPTというAIが話題になっている。ネットで検索すると、人間のような自然な対話形式でAIが答える、とあった。小説を創作したり、数学の問題を解いたり、感想文を書くことも可能という報道もある。AIを利用すれば、将来困っている問題を解決できそうだと思う人も出てくるだろう。どこかSociety 5.0と似ているところがある。

　「成人学習」という視点から見ると、Society 5.0とChatGPTも検討課題が次から次へと出てくる。人間の脳は生物学的には20代中頃までに発達が終わるとされている。しかし脳細胞は使うことによって複雑につながり、認知機能を向上させると言われている。

「私たちの脳は、認知作業をやればやるほど、脳のさまざまな場所で秩序立った神経回路が形成され、情報伝達が効率的になり、高度な情報処理が可能となる。」（岩崎久美子『成人の発達と学習』第4章、前掲）

　もし、作文を書く、感想文を書く、数学の問題を解く、といった課題をAIに頼ったとしたらどうなるであろうか。書いたり、考えたりする人間の脳の神経回路が形成されにくくなるのではないだろうか。我々の脳の一部は確実に機能を低下させるであろう。

AIを活用することは賛成だが、その活用のしかたを工夫しなければ、人間の脳の認知機能は低下していくという矛盾を、我々はどのように解決していくかという難題をかかえてしまったような気がしてならない。

注記
補論2は教育実践ライブラリ Vol.5「ぎょうせい 2023.2」の特別寄稿文を加筆修正した。

あとがき

　社会経済が発達するにつれて、大都市に人口が集中し、半世紀も前からアメリカやヨーロッパでは、産業社会ゆえの「孤独」が話題になっていた。分業化が進み、労働者が会社の中で何をしているのかが見えづらい世の中と言ってもよいかもしれない。その当時からアメリカでの精神科医の地位は高く、著名人の多くは専属の医者（精神科など）をかかえていたと言われている。経済資本に恵まれている人ほど孤独を感じるのであろうか。

　経済資本が豊かであることを庶民に知らしめるために、上流階級の人々は「顕示的消費行動」をとることを、詳細に分析したアメリカの経済学者ソースティン・ヴェブレンの『有閑階級の理論』は約120年前に出版され、今でも読みつがれている。『何のための豊かさ』や『孤独な群衆』をアメリカの社会学者デイヴィッド・リースマンは約60年前に著した。それ以外にも「孤独」や「つながり」をテーマにする社会学者や経済学者は多い。最近は格差ある社会がさらに発展した、分断化した社会になりつつある状況である。

　日本でもSNS（インターネット上）でのつながりから犯罪に走る若者が急激にふえてきた。全国各地で幼稚な押し込み強盗や殺傷事件が、頻繁に報道されている。

　「孤独」の対極の用語を探そうとすると、哲学的な世界に入っていきそうである。私は「連帯」が近いと考えている。その流れで人と人との「つながり」という用語を拙著では使ってきた。「連帯」は人の数が多い集団のイメージがあるが、「つながり」は個人対個人の関係が強いという違いがあることは、しっかりと押さえておきたい。

　20世紀の終わり頃、日本の経済格差は拡大しているという警告があった。まもなく格差ある社会になりつつあると、社会学者や経済学者から指摘される

ようになり、最近は分断化した社会へと進んでいるような状況になりつつある。

　このような経済・社会に近づいてきた日本では、21世紀に入ってから2008年のリーマンショック、その3年後の東日本大震災を経験し、30年近く経済の低迷が続いている。グローバル化した社会では、地球温暖化の問題、食糧危機の問題、再生可能エネルギーの問題、地球環境の問題などが山積している。日本国内に目を移せば、グローバル的な問題以外に、低迷している経済状況からの脱出、化石燃料や原子力発電に頼らない再生可能エネルギーの充実、食糧自給率のアップ、感染症も含めたセーフティネットの再構築、格差ある社会の縮小、といった難問を抱えている。そのため岸田政権は「新しい資本主義」という壮大な経済政策のテーマを掲げている。

　SNSでの人と人との交流は、メリットとデメリットがあることを、我々は経験上学んできた。孤立化しつつある人間は、大都市や農村地帯を問わずふえてきているような気がしてならない。何かのつながりを求めてSNSから情報を仕入れ、あまりよく知らない人と、何らかの「価値観」がマッチングすると、想像力だけで「つながり」が増幅してしまう可能性があるのではないか。

　SNSをほとんど利用しない私は、相手の目を見て直接話すことが多いが、その人の考えや立居振舞を知ることに役立っているような気がする。SNSの画面上だけでは、その人のよい部分だけしか見ていないのかもしれない。直接会って話せば、その人はどのような雰囲気で話すのか、その人の目はこちらを見ているのかそれとも「目が泳いでいる」のかがよくわかる。熱い話になれば顔の表情の変化は顕著になり、手の動かし方も異なってくる場合が多い。当然足も微妙な動きになり、さらに声の大きさが変わり、抑揚も変化してくる、このように全体から熱意が伝わってくるのは、直接の対面であるのは言うまでもないだろう。

　一部の人だけが利益を独占化してしまう、分断化された社会では、人と人との行き来は、特定の階級又は階層の間だけに限定されてくることが予想できる。これを打破するには、階級や階層をこえての人と人との交流が重要になっ

てくる。この交流はしっかりとした「つながり」になっていくということは、我々は経験上知っている。

　この「つながり」をふやしていくため、文化資本・社会関係資本・リベラルアーツの3つの道具が必要になってくるのではないかと考え、「文化資本とリベラルアーツ」と題した本をまとめてみた。

　従来のリベラルアーツは「特権階級」が独占的に所有しているというイメージが強かった。東京大学の教養学部や論壇で活躍する知識人を思い浮かべる人もいるであろう。しかしお互い協力して「つながり」をもつ仕事や地域社会でのサークルの活動は、新しい文化を獲得する機会でもある。知識や文化を一部の人だけが独占するのではなく、一般の市民もそれを共有することによって、格差ある社会は縮まり、分断化した社会が修復することを、小・中学校で学ぶ教科書を材料として検証していった。このように考えてくると、義務教育で使われている教科書は、格差ある社会を縮小し、分断化を修復するための重要な道具であり、かつキーワードであることが判明してくる。当たり前かもしれないが、我々は大人になると教科書のことは忘れてしまっている。庶民のための「リベラルアーツ」を意識して論を展開したつもりだ。

　都会出身の私が知っている稲作の知識で、文化資本の具体的なことを援用しながら、「つながり」の大切さを簡単にお伝えしたいと思う。

　八王子市は自然が残っている緑が豊かな地域が目立ち、都市の文化と豊かな自然が同居している。そのため農村共同体の文化の名残りがまだある、人口が比較的多い自治体である。公園が多い市ということでも知られているが、そのひとつに自然保全型長池公園がある。江戸時代に作られた灌漑用の溜池、長池を中心に自然の雑木林が残されている。園内に長池公園自然館という休憩所を兼ねた展示室がある。

　ここを度々訪れているうちに、雑木林は手を入れない自然林とは全くちがうことがわかってくる。常に下草を刈り、定期的に枝払いをし、落ち葉は集積所に移動させ堆肥を作っている。またこの中に、「長池里山クラブ」という民間組織があり、田植え、稲刈り、脱穀、餅つき、どんと焼き、炭焼き、といった

活動を、子どもたちと共に行っている

　ここで地元の自然を相手にした江戸時代から行われている仕事や行事のことを取り上げたのは、人と人との「つながり」を強く意識した活動であり、これからの社会を考える上でも参考になると思ったからである。私自身は組織には属していないが、たびたび1年間の行事を見る機会があったので、それらの光景が印象深く脳裏にやきついている。

　1か月ほど前、書評のための本を書店で探していたら、『村の社会学』（鳥越皓之、ちくま新書、2023年）が目に入ってきた。サブタイトルは、日本の伝統的な人づきあいに学ぶ、となっていたので、つながりを重視したムラの社会を知る新書と思い、すぐ手に取って家で読んだが、私にとっては有益なものとなった。江戸時代からのムラは、一時期封建的な農村共同体というイメージがまとわりついていたが、それらを払拭する内容であった。

　そこではムラでどのような仕事をして、人々をどのように「結びつけて」いたかが、生き生きと書かれてあった。また共同体（コミュニティ）はセーフティネットの役割をしていたことへの言及もあった。詳細は別の機会に譲るが、ここでは稲をつくる水田について感じたことを述べる。

　苗を植えた頃の水田を見ると、水が常に一定の深さに保たれている。この風景を農村地帯だけでなく都会の人も覚えているのではないだろうか。鳥越は読者に次のような言葉を投げ掛ける。「水田にいつも満々と水が張られているの、不思議だと思いませんか？」。都会で育った私は一瞬「え？」と考え込んでしまった。「田の水が底や畦からそうたやすく抜けないのは、そのようにならないために、田の底や畦を毎年手を入れてケアしているからです」という記述を読み、稲作は奥が深い作業だということが理解できた。正確に言えば「理解できたつもり」でいた。

　今年の6月の上旬、長池里山クラブが運営している田畑まで散策に行った時、ちょうど3つある田のうち2つに水を張り、その1つは苗代からの苗と思われる株が整然と並んでいた。水がない田、水が張られているが苗はまだない田、そして苗を植えたばかりと思われる田、その3つを同時に見て、「村の社会

学」に書いてあった、田の作り方の過程を全身で実感したという体験をした。

　まず印象的なのは「畔塗り」を施したばかりに見える畔である。この用語は
広辞苑には「田の土を鋤や鍬などで畔に壁のように塗りつける作業。崩れた畔
を正し、灌漑水の漏出を防ぐ」とあった。春の季語にもなっていて、別名「く
ろぬり」と称することも書いてあった。長池で見た畔は、まさに粘土質のよう
な「黒光り」する土を、手作業でていねいに塗っているのがわかる作り方で、
感動を覚えた。それだけでなく、水のない田の底も同じような黒い土で整備さ
れていて、いつでも水を張れる状態になっていた。苗を植え稲刈りをするまで
の田を、江戸時代から多くの人が協力して「畔づくり」から始めていたことを
思い浮かべると、感慨深いものがある。

　私は今まで何回か長池里山クラブの田や畑は見ているはずである。田植の6
月の時期にも行っていて、その光景が目に入っているはずである。しかしなぜ
今回はこのような強烈な経験となったのであろうか。それは私が最近農村共同
体の連帯感やつながりに関心を持ち、それに関した文献を読み、文字での理解
という限定付きだが、水田の作り方の基本的な部分を「村の社会学」で知識と
して知ったばかりであったこと、そして村に関する文化も表面的ではあるが知
っていた、という先行経験があったからではないか。前もっての経験資本が頭
のどこかに蓄積していたため、その整然とした黒く光っている実例を見て、そ
れがしっかりとしたリベラルアーツになっていたのではないだろうか。

　この経験がきっかけで、15年程前瀬戸内の小豆島に観光に行ったことも思
い出した。小豆島の強烈な印象は、千枚田と言われる棚田と農村歌舞伎であっ
た。千枚田は下から見ても上から眺めても壮観と言うしかない眺望であったこ
とを記憶している。江戸時代は「米」が税金のようなものだったので、悪条件
の土地でも工夫して水田をつくっていったという歴史がある。そこにはムラ人
の共同作業やつながりや約束事があり、皆それらを守ってきたため、何百年に
わたり千枚田が存続したものと思われる。

　米作りひとつにしても、様々な「文化資本」が代々引き継がれてきたことに
なる。その地域ごとに少しずつ違う文化資本によって、そのムラ人の立居振舞

も微妙に異なってくることは、容易に推測できる。

　畔ぬりや棚田を作る技術は立派な文化資本であることは言うまでもない。資本とは、過去の労働の生産物であるとすると、文化資本は過去の労働で得た文化（技術・知識）であると明言してもよいだろう。ムラを維持していく知識・技術が文化となり、それが役に立ち利益につながる、そう考えればムラ人だけでなく共同体（コミュニティ）の文化資本ととらえることができるだろう。

　このように考えてくると、本来の文化資本はお互いのつながりを強める役割をはたしていたのではないだろうか。現代では文化資本は階級・階層を固定化して再生産するものととらえられているが、社会関係資本も含め、江戸時代から現在まで引き継がれている文化資本は、お互いの「つながり」を強化する役割に転化するのでは、そういう気持ちを第1章から終章で読み取っていただければ幸いである。

　自分だけでなく社会に役立つ知識や文化、さらにリベラルアーツや社会関係資本をふやすには、正しい情報の集め方やチェックのしかたを我々は学ぶ必要があると思われる。その土台作りは、小中学校の教科書でできることを示してみた。これは今回の新コロナウィルス感染症によるパンデミックを経験した我々は、現実味のある提言であると思っていただけたのではないだろうか。

　2023年の4月頃から、生成AIのことが話題になり、メリット・デメリットが明らかにされつつある。もし生成AIで真実らしいフェイクニュースを意図的に流す人がいたと思うと、ぞっとするのは私だけではないだろう。ここでAIに関した私の体験を簡単に紹介したいと思う。

　ある編集者が提示した数学の原稿を最近チェックしたことがある。「ユークリッドの原論」又は「幾何学原本」に関しての原稿であった。この本はギリシアの数学者、ユークリッドの代表的な著書であるが、ギリシア語読みではエウクレイデスとなる。このことを知っていれば、ユークリッドとエウクレイデスは同一人物であることは明白である。しかし、ユークリッドの幾何学をまとめた本が、「ユークリッド原論」なのか「幾何学原本」なのか、数学の専門家でないと判別できないことがあるだろう。またユークリッドとエウクレイデスは

同一人物であることを知らないと、「ユークリッド原論」はユークリッドが著し、「幾何学原本」はエウクレイデスが著した、という原稿が出てきてもおかしくない。

　正確な事実（エビデンス）でロジカルに論を進めなくてはいけないテキスト（拙著）で、なぜつじつまの合わない話をしているのかと、訝る方がいるのは当然であろう。実はここで示した例は、実際に生成AIが作成した文章とほぼ同じものである。ユークリッド幾何学は一般の人々にとってはなじみが薄く、難しい内容と思われている。そのためAIが検索して作ってくる文章は、ユークリッドとエウクレイデスが同一人物とは見抜けなく、専門家から見たらありえない文章を平気で提供してくる。

　このようなフェイクな文章を見抜く眼力を養わなくてはならない。その眼力は文化資本の質や量が重要になり、フェイクなことを見抜くためのリベラルアーツが重要となる。もしリベラルアーツを特権階級が独占していたとしたら、もしリベラルアーツが庶民階級にまで普及していなかったら、分断化した社会はさらに強固となり、一部の人々が経済資本だけでなく文化資本も独占してしまう。そのようにならないために庶民のリベラルアーツの普及が、今ほど急務の時代はないのではないだろうか。

　もし文化資本に恵まれていない家庭に生まれたら、もしリベラルアーツとは縁が薄い親に育てられたら、それを悲嘆する必要はない。もう一度、中学の教科書を安心して気軽に読めばいい。中1から中3までの5教科（社会科・理科・国語・数学・英語）全部そろえたとしても全15冊で約11000円の投資ですんでしまう。社会人なので「試験」のことは気にする必要はないから、時間さえみつけられれば気軽に読める。強制された勉強ではないから、人目を気にしないで学べばよい。他人との競争ではない、ゆっくり進んでもかまわない、といった気持ちが大切だ。このように割り切ればマイペースで生涯学習も続くのではないだろうか。私はヨガのレッスンを受けて10年近くになる。ヨガは自分を見つめる時間が多く、他の人と競争する場面は皆無である。自分のペースでできるが、しかしダラダラとするのではなく、自分に課題を与えて行うスポ

ーツとも言えそうだ。レッスンを担当するインストラクターは「他の人を見ないで意識しないで！　でもギリギリ一歩手前までチャレンジしてね！」とやさしく同じことを言う。

　文化資本を身近に感じていただきたいと思い、個人的な体験を書き留めた。岐阜市・浜松市・東京の荻窪・浅草・日本橋、それぞれの地域の文化は何となく違っていたなと感じていた。1990年代中頃に藤田英典氏に送っていただいたピエール・ブルデューの文化資本に関した文献（『文化と社会』宮島喬・藤田英典編、有信堂、1991年）に出会ったのが教育社会学に関心を抱いたきっかけである。そこで知った文化資本やハビトゥスは、私の少ない体験ではあったが、とてもわかりやすい用語であった。なぜそれぞれの地域で文化や立居振舞が違うのかということを考えるきっかけを与えてくれたテキストであった。21世紀に入った頃、当時国立教育政策研究所の立田慶裕氏と出会い、『人生を変える生涯学習の力』（立田慶裕・小宮山博仁編著、新評論、2004年）を上梓したことをきっかけに、生涯学習を本格的に学ぶようになった。その頃知り合った当時同じ研究所の岩崎久美子氏から『教育研究とエビデンス』（明石書店、2014年）、『経験資本と学習』（明石書店、2016年）、『成人の発達と学習』（放送大学教育振興会、2019年）を送っていただき、そこで学んだことがかなり生かされている。また私の学生時代のゼミなどの恩師（島崎美代子・島崎稔）は農村社会学の造詣が深い御夫婦で、農村共同体に対する関心度は他の人より高かったという、私なりの文化資本があった。このような様々な文化資本が融合して、拙著が出来上がったという経緯がある。多くの人のおかげであることは、言うまでもない。感謝あるのみである。

　私は、格差ある社会や分断化した社会を分析しただけの本では、まったく満足できなかった。身近な教科書を材料に具体的に「格差」や「分断」を修復する方法を提案したいと考えた。そのため文化・文化資本・社会関係資本・リベラルアーツという社会学によく出てくる用語は、従来の定義と異なっている場合もある。忌憚のないご意見をいただければ幸いである。

　3年前に明石書店から『持続可能な社会を考えるための66冊』を、昨年には

『危機に対応できる学力』を上梓した。前者は、現在の日本や世界の現状を、エビデンスを中心に概説したもので、66冊の紹介した部分を読むだけだ、私たちのいる場所のことがよくわかる本である。後者は、今の時代を生きていくためには、どのような学力が必要かを提示した。今回の『文化資本とリベラルアーツ』は、私たちはどのように危機に対応できる学力、すなわち文化資本を手に入れることができるかを示した。これら3冊はすべて関連性があり、3部作でひとつの作品と考えていただければ幸いである。この3冊ともに、明石書店の安田伸氏には大変お世話になりました。タイトルのつけ方も含め、貴重なアドバイスをしていただきました。また校閲の方には気がつかなかったことを指摘していただきとても助かりました。感謝申し上げます。

　2023年7月12日

小宮山　博仁

索　引

―――――― 人　名 ――――――

芥川龍之介　16, 88
アンソニー・ギデンズ　184, 187
伊藤整　16-7, 52
伊東光晴　229
稲葉陽二　212
井伏鱒二　16, 192
岩崎久美子　28, 139, 247
宇沢弘文　201, 213
エズラ・ヴォーゲル　217
L・C・サロー　208
オードリー・ヘップバーン　53
大石慎三郎　33
小野善康　14, 39, 40, 42, 217, 226-7, 229-30
片岡栄美　200, 203
金子勝　217, 224, 225-9
ガルブレイス　18
黒田東彦　229
ケインズ　38, 119, 227, 229
ジェームズ・コールマン　168, 204-5, 207
志賀直哉　16, 55, 58-9, 60-2, 64, 195
ジョン・フィールド　168, 206
千石保　35
ソースティン・ヴェブレン　54-5, 62, 249
太宰治　16, 88
橘木俊詔　219
徳川家康　186, 188-9
鳥飼玖美子　179
鳥越皓之　186

夏目漱石　16, 32, 52, 88-9
パットナム　29-30, 196, 205-6
バーンスティン　53
速水敏彦　60
ピエール・ブルデュー　6, 17-20, 23, 55, 90, 118, 136, 147, 163, 167, 182, 184, 196-7, 199-200, 202-5, 214, 237, 256
宮澤賢治　16, 62
宮島喬　197, 256
ミルトン・フリードマン　119
森鷗外　16, 88-9
吉川徹　217-9, 221
吉田洋一　79
吉見俊哉　217, 221
リースマン　196, 205, 249

―――――― 事　項 ――――――

［アルファベット］

AI（人工知能）　176-7, 233, 239, 241-3, 245-8, 254-5
ChatGPT　247
Cultivate　183
Culture　183
ETF（上場投資信託）　120
GIGAスクール　117
GIGAスクール構想　117, 233, 236
OECD（経済協力開発機構）　5, 25, 167, 176-7, 221
PISA型問題　167, 171

SDGs　22, 45, 83, 103, 119, 125, 142, 154,
　158-61, 173, 176, 240-2
SNS　62, 103, 109, 242, 244-5, 249-50
Society5.0　98, 176, 240-2, 244-7
SSM調査　219-20
SSP調査　219-20
STEAM（スティーム）教育　176, 235-9
WHO（世界保健機関）　126

［あ行］

アクティブ・ラーニング　46, 168, 201,
　234
浅草文化　31-3, 191
アベノミクス　117, 124, 217, 230
1次エネルギー自給率　108-9
遺伝子組換え　155-6
イノベーション　155, 225, 227
ウクライナ侵攻　35, 14, 104, 108, 127, 229
エビデンス　19, 22-3, 27, 29, 65, 68, 73,
　124, 130-1, 150, 162-3, 219, 241, 245-6,
　255
応援消費　210
荻窪団地　192
『男はつらいよ』　33, 64, 192
親ガチャ　167, 203

［か行］

外発的動機づけの勉強　72, 202
化石燃料　3-5, 126-7, 142, 160, 242, 250
学校文化　16, 45-7, 78, 90, 95, 132, 138-9,
　167, 198, 208, 210, 214
貨幣循環　121, 230
環境問題　22, 25, 34, 83, 86, 108, 127, 142,
　145, 150, 155, 161-2, 216, 241-2
議会制民主主義　7, 27, 51, 110, 112, 114,
　163, 198, 209, 215, 243
客体化された文化資本　→文化資本

教科横断型の学び　161, 167, 171, 212
金融緩和　120, 124, 226, 229-30
経験資本　90, 139, 253
経済格差　5, 14, 126, 156, 209, 219, 242,
　249
経済資本　14, 20-1, 24-5, 35, 37, 39-40, 52,
　54, 114, 117, 124, 163, 167, 179, 193-4,
　200-3, 206, 208-12, 229, 237, 244, 249,
　255
芸術（Arts）　7, 21, 28, 36, 50-1, 54, 100-1,
　109, 132, 141, 159, 183-4, 214-5, 230,
　237, 246
ケインズ経済学　119, 227, 229
結束型社会関係資本　→社会関係資本
限定コード　53
憲法　107, 109-12, 114
公共投資　38-9, 119, 124, 229, 120, 122, 227
光合成　76, 86, 140, 143-4
高度経済成長（期）　3-4, 35, 38, 148, 185,
　192, 194, 207, 228
公民　26, 37, 91, 100, 106-7, 109-10, 112-4,
　118, 120-1, 123-5, 126, 128, 158, 161,
　202, 243-4
国債　40, 117, 119, 122, 124, 180, 209, 226,
　228, 230
国籍別在留外国人の割合　174
『孤独な群衆』　196, 205, 249
『孤独なボウリング』　196, 205
御殿屋台引き回し　190
琴　32, 173, 198-200
コミュニティ　185, 195, 204-8, 252, 254

［さ行］

再生可能エネルギー　83, 126-7, 161, 241,
　250
産業革命　59, 62, 118, 160
三種の神器　37, 148
資産選好　39-42, 216, 228-9

自然科学（Natural Science）（系） 6, 86, 97, 116, 130-1, 135, 137, 161, 176-7, 212, 243

持続可能な社会 45, 107-8, 125, 142, 150, 158, 160-3, 201, 213, 236, 241

資本 7, 20, 122, 180, 182, 196, 200, 205, 207, 211, 254

社会科学（Social Science）（系） 6, 16, 97, 115-6, 130-1, 141-2, 161, 176-7, 212, 243

社会関係資本 5, 19, 41, 44, 47, 50, 71-2, 86, 105, 162, 167-8, 171, 174, 182, 201, 203-8, 211-3

　　結束型―― 206

　　橋渡し型―― 206

　　連結型―― 206-7

社会共通文化資本 24, 201, 203, 215

社会的共通資本 201, 203, 213

ジャパン アズ ナンバーワン 3, 35, 217, 225

三味線 32, 198-9

10歳の壁 76

生涯学習 25-8, 47, 51, 53, 55, 71, 92, 110, 143, 179, 231, 255

生涯学習センター 26, 51, 202, 208

乗数理論 38, 119, 227

消費と生産 39, 118, 120, 122

食糧自給率 35, 108-9, 250

庶民文化 33, 191-2

新型コロナウイルス感染症 5, 14, 19, 78, 127, 130-1

身体化された文化資本 →文化資本

セーフティネット（ワーク） 29, 123, 186, 195, 201, 205, 207-9, 213, 250, 252

成熟経済社会 40-1, 186, 215-6, 222, 227, 229-31

成人力調査（PIAAC） 221

「成長の限界」 3-4, 160

制度化された文化資本 →文化資本

精密コード 53

ゼロサム社会 208

全国学力・学習状況調査 19, 23, 237

千枚田 185, 253

『卒業』 17-8

[た行]

凧揚げ合戦 190

棚田 185, 253-4

炭素の循環 76, 86, 150

地球温暖化 5, 34, 104, 119, 241-2, 250

チャタレイ裁判 16, 52

つながり 6-7, 29-31, 47, 50, 64, 109, 121, 148, 154, 159, 161-2, 185-6, 195-6, 203-4, 206-8, 215, 221, 241, 243, 247, 249-54

つながり・連帯感 6

ディスタンクシオン（差異化） 6, 18, 23, 36, 65, 197, 198-9, 203-4

出口のないネズミ講 226, 228

電気エネルギー 140, 154, 158, 160-1

[な行]

内発的動機づけの学び 72, 201, 202

長良川の鵜飼 187

南南問題 5, 126

『何のための豊かさ』 196, 249

南北問題 5, 126, 127

日本学術会議会員の任命問題 243-4

農村共同体 24, 28-31, 34, 54, 64, 159, 185-6, 205, 207, 251-3, 256

農村文化 182, 185, 191, 198

[は行]

橋渡し型社会関係資本 →社会関係資本

ハビトゥス 19, 21, 25, 53, 85, 89, 102, 117-8, 136, 147, 163, 184, 196, 214, 238, 256

浜松まつり 189-91

東日本大震災　4, 34, 108, 127, 158, 161, 195, 208, 224, 250
フェアトレード　125, 127-8
武士文化　182, 191, 198
ふるさと納税　85
プログラミング　86, 97, 130
文化　5, 104, 109, 136, 159-60, 180, 182-4, 187, 190-1, 195-6, 198-202, 211-2, 214-5, 221-3
　　──の定義　182
文化資本　5-7, 14, 17-9, 21-5, 27-8, 31, 36-7, 40-1, 43-4, 47, 50, 53, 55, 62, 64-6, 68, 71-2, 77, 84, 89-90, 94, 104-5, 112-3, 118, 123-4, 131-3, 135-6, 138, 141-4, 146-8, 150, 156-60, 162-3, 166-8, 171-3, 179-80, 182, 184, 185, 195-204, 206-8, 210-4
　　客体化された──　19, 64-5, 197, 202
　　身体化された──　64-5, 197, 202
　　制度化された──　64-5, 197, 202
文化的再生産　198
文化の定義　→文化
分断化した社会　6, 14, 198, 209, 218-9, 249-51, 255
「坊っちゃん」　16, 52, 88

[ま行]

『マイ・フェア・レディ』　53

メタ認知　15, 89, 95, 144

[や行]

「宿かりの死」　55, 58-63
やらまいか　191
『有閑階級の理論』　54, 249
ヨミ・カキ・ソロバン　76-7, 81

[ら行]

リーマンショック　4, 224, 250
リベラルアーツ　5-7, 28-9, 36, 41, 46-7, 50-5, 58, 66, 68-73, 77-9, 84-6, 88, 91-3, 95, 97, 101-2, 105-6, 110, 114, 121, 123-4, 127, 130, 132-3, 135-6, 138-9, 141-3, 145, 147, 150, 152, 155-7, 159-62, 166, 173, 178-80, 182-3, 195, 206, 211, 212, 214-5
令和答申　98, 233, 235-6, 239-40, 244
「令和の日本型学校」答申　233, 240
連結型社会関係資本　→社会関係資本
連帯感　6, 30, 64, 86, 186, 243, 253
ローマ・クラブ　3-4, 160

[わ行]

「吾輩は猫である」　52, 32

◎著者紹介

小宮山 博仁 （こみやま・ひろひと）

1949年生まれ。教育評論家。日本教育社会学会会員。放送大学非常勤講師。教育書及び学習参考書を多数執筆。最近は活用型学力やPISAなど学力に関した教員向け、保護者向けの著書、論文を執筆。

［著書・監修書］
『学歴社会と塾』（新評論、1993年）、『現代教育の常識を疑う』（新評論、1994年）、『塾―学校スリム化時代を前に』（岩波書店、2000年）、『面白いほどよくわかる数学』（日本文芸社、2004年）、『子どもの「底力」が育つ塾選び』（平凡社新書、2006年）、『新聞コラム活用術』（ぎょうせい、2009年）、『「活用型学力」を育てる本』（ぎょうせい、2014年）、『はじめてのアクティブラーニング 社会の？〈はてな〉を探検』全3巻（童心社、2016年）、『眠れなくなるほど面白い 図解 数と数式の話』（日本文芸社、2018年）、『眠れなくなるほど面白い 図解 数学の定理』（日本文芸社、2018年）、『眠れなくなるほど面白い 図解 統計学の話』（日本文芸社、2019年）、『大人に役立つ算数』（角川ソフィア文庫、2019年）、『眠れなくなるほど面白い 大人のための算数と数学』（日本文芸社、2020年）、『持続可能な社会を考えるための66冊』（明石書店、2020年）、『危機に対応できる学力』（明石書店、2022年）、『数と数字の本』（三笠書房、2023年）など。

［小論］
「教育改革の論争点：予備校・進学塾の指導方法の採用」（教育開発研究所、2004年）、「ドリル的な学習は算数の学力を育てるか」『児童心理（2009年2月）』（金子書房）、「文章問題・記述式問題が不得意な子どもにどうかかわるか」『児童心理（2009年12月）』（金子書房）、「活用型学力のすべて・活用型学力と向き合う」（ぎょうせい、2009年）、『「10歳の壁」プロジェクト報告書：10歳の壁を超えるには（算数を中心に）』（NHKエデュケーショナル、2010年）、「学校外の子どもの今①～④」『児童心理（2013年9月～12月）』（金子書房）、「第9章 PISAにみる活用型学力とその育み方」『管理職課題解決実践シリーズ2』（ぎょうせい、2015年）、「受験のいまとこれからの学力観」『新教育課程ライブラリvol.5』（ぎょうせい、2017年）、「第7章 生涯学習と地域社会＜民間教育事業＞」『教育社会学事典』（丸善出版、2018年）、『新教育課程ライブラリ（プレミア全6巻）』（ぎょうせい、2020年～2021年）、『教育実践ライブラリvol.5』（ぎょうせい、2023年）など。

文化資本とリベラルアーツ
人生を豊かにする教養力

2023年8月25日　初版第1刷発行

著　者：小宮山 博仁
発行者：大江 道雅
発行所：株式会社　明石書店
　　　　〒101-0021
　　　　東京都千代田区外神田6-9-5
　　　　TEL 03-5818-1171
　　　　FAX 03-5818-1174
　　　　https://www.akashi.co.jp/
　　　　振替 00100-7-24505

装丁：金子 裕
組版：朝日メディアインターナショナル株式会社
印刷・製本：モリモト印刷株式会社

（定価はカバーに表示してあります）　　　　　　　　　ISBN 978-4-7503-5619-8

社会関係資本　現代社会の人脈・信頼・コミュニティ
ジョン・フィールド著　佐藤智子、西塚孝平、松本奈々子訳　矢野裕俊解説
◎2400円

社会情動的スキル　学びに向かう力
経済協力開発機構（OECD）編著　ベネッセ教育総合研究所企画・制作　無藤隆、秋田喜代美監訳
◎3600円

差別と資本主義　レイシズム・キャンセルカルチャー・ジェンダー不平等
トマ・ピケティほか著　尾上修悟、伊東未来、眞下弘子、北垣徹訳
◎2700円

SDGs時代にみる教育の普遍化と格差　各国の事例と国際比較から読み解く
澤村信英、小川未空、坂上勝基編著
◎4800円

14歳からのSDGs　あなたが創る未来の地球
水野谷優編著　國井修、井本直歩子、林佐和美、加藤正寛、高木超著
◎2000円

10代からの批判的思考　社会を変える9つのヒント
名嶋義直編著　寺川直樹、田中俊亮、竹村修文、後藤玲子、今村友則、古閑涼二著
◎2300円

持続可能な社会を考えるための66冊　教育からの社会を読み解こう
小宮山博仁著
◎2200円

危機に対応できる学力　分断化した社会を修復する文化資本と連帯感
小宮山博仁著
◎2000円

創造性と批判的思考　学校で教え学ぶことの意味はなにか
OECD教育研究革新センター編著　西村美由起訳
◎5400円

知識専門職としての教師　教授学的知識の国際比較研究に向けて
ハナ・ウルファーツ編著　OECD教育研究革新センター編　西村美由起訳
◎4500円

こころの発達と学習の科学　デジタル時代の新たな研究アプローチ
パトリシア・K・クールほか著　OECD教育研究革新センター編　篠原真子、篠原康正訳
◎4500円

学習の環境　イノベーティブな実践に向けて
OECD教育研究革新センター編著　立田慶裕監訳
◎4500円

OECD教育DX白書　スマート教育テクノロジーが拓く学びの未来
経済協力開発機構（OECD）編著　濱田久美子訳
◎7200円

教育のデジタルエイジ　子どもの健康とウェルビーイングのために
トレーシー・バーンズ、フランチェスカ・ゴットシャルク編著　経済協力開発機構（OECD）編　西村美由起訳
◎3000円

教育のワールドクラス　21世紀の学校システムをつくる
アンドレアス・シュライヒャー著　経済協力開発機構（OECD）企画・制作　鈴木寛、秋田喜代美監訳
◎3000円

感情的ウェルビーイング　21世紀デジタルエイジの子どもたちのために
トレーシー・バーンズ、フランチェスカ・ゴットシャルク編著　経済協力開発機構（OECD）編　西村美由起訳
◎3500円

〈価格は本体価格です〉